Jürgen Möller

Flak im Endkampf Leuna 1945

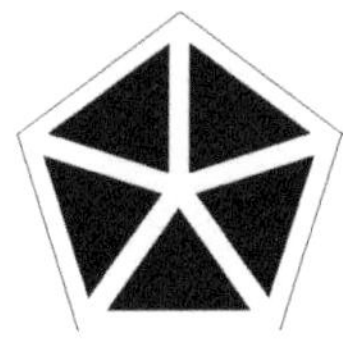

Wappen des V. US Corps

Die Besetzung des mitteldeutschen Chemiezentrums Schkopau – Merseburg – Leuna durch das V. US Corps im April 1945

Verlag Rockstuhl

Impressum

Umschlaggestaltung: Harald Rockstuhl, Bad Langensalza

Titelbild:
Eroberte deutsche Flakstellung im Raum Leuna – Weißenfels
Foto: Fighting 69th Infantry Div. Ass.

Umschlagrückseite:
Gefallene Luftwaffenhelfer in einer Flakstellung
Foto: Sammlung Eiermann, Sinsheim

Bisherige Auflagen: 1. Auflage 2013

2. Auflage 2022
ISBN 978-3-86777-457-4

Satz und Layout: Jürgen Möller

Lektorat unter Verantwortung des Autoren

Druck und Bindearbeit: Digital Print Group Oliver Schimek GmbH, Nürnberg/Mittelfranken

Gedruckt auf alterungsbeständigem Papier nach ISO 9706

Die Deutsche Nationalbibliothek verzeichnet diese Publikation in der Deutschen Nationalbibliografie. Detaillierte bibliografische Daten sind im Internet über *http://dnb.d-nb.de* abrufbar.

Inhaber: Harald Rockstuhl
Mitglied des Börsenvereins des Deutschen Buchhandels e.V.
Lange Brüdergasse 12 in D-99947 Bad Langensalza/Thüringen
Telefon: 03603 / 81 22 46 Telefax: 03603 / 81 22 47
www.verlag-rockstuhl.de

Inhaltsverzeichnis

Mein Dank gilt an dieser Stelle

The Fighting 69th Infantry Division Ass. Inc.
Mr. Joseph Lipsius, Norcross, Georgia, U.S.A.

741st Tank Bn, 2nd US Infantry Division, Littleton,
Mr. Al Heintzleman, Colombia, U.S.A. †

100th Bomber Group Foundation, Studio City, California, U.S.A.
Mr. Michael P. Faley

Palm Springs Air Museum, Palm Springs, California, U.S.A.
Mr. Brooke Anderson

Museum Schloss Neu-Augustusburg Weißenfels
Herrn Martin Schmager und Mike Sachse

Museum Burg Querfurt – Bauernmuseum
Herrn Heiko Einecke

Landeshauptarchiv Sachsen-Anhalt, Abteilung Merseburg
Frau Marion Schatz

Kultur- und Heimatverein e.V. Mücheln
Archiv der Stadt Mücheln
Herrn Hubert Storch

www.dasgeiseltal.de
Herrn Matthias Koch, Mücheln

Luftbilddatenbank Dr. Carls, Würzburg-Estenfeld
Herrn Dr. Hans-Georg Carls und Wolfgang Müller

documentation office Berlin
Herrn Ulrich Koch

sowie

Egon Beßler, Schkopau; Dr. Wolfgang Blochowitz, Bad Homberg; Gerry Conway Morenski, Middleton, Massachusetts, U.S.A.; Manfred Demmer, Duisburg; Richard Eiermann, Sinsheim; Werner Erbe, Dresden; Dr. agr. Werner Fernau, Schweßwitz; Adolf Fischer, Schkeuditz; Wilhelm Hanauer, Augsburg; Prof. Kurt Hesse, Düsseldorf; Hans Irrgang, Berlin/Bad Kösen; Friedrich Kilian, Heiligenstadt; Fred Knauth, Markwerben; Horst Knopf, Spergau; Mario Köhler, Röblingen; Dr. med. Richard Kretzschmar, Hopsten-Schale; Rainer Lautenschläger, Querfurt; Egon Leser, Weißenfels; Dr. Reinhard Nitzsche, Leuna; Prof. Dr. Hans-Dietrich Nicolaisen, Büsum; Dr. Hasso Pacyna, Swisttal-Odendorf; Joachim Pfauter, Weißenfels; Heinz Rehmann, Schkopau; Gerhard Rose, Berlin; Stephan R. Schilling, Leipzig; Prof. Dr. Peter Schunk, Speyer; Ruthardt Sieland, Gotha; Wolf Thieme, Belzig; Andreas Tümmler, Leipzig; Herbert Wenzel, Reichardtswerben; Thilo Ziegler, Sangerhausen

Zur Erinnerung an:

Winfried Czepluch †, Halle/Saale

Bernhard Rox †, Münster

Ein besonderer Dank gilt meiner Frau
die in unendlicher Geduld meine Forschungsarbeiten über die ganzen Jahre hinweg unterstützt.

„Ohne Dich hätte ich nicht den Rücken frei,
um diese Dokumentationsreihe mit Leben zu erfüllen!“

„Frieden kannst du nur haben, wenn du ihn gibst“

Maria von Ebner-Eschenbach

Vorwort

Im Jahr 2005 erschien als Fortsetzung der, beim Arps-Verlag Weißenfels erschienenen, Dokumentation zum Kriegsende 1945 in Weißenfels die Dokumentation „Die amerikanische Besetzung des mitteldeutschen Chemiezentrums Schkopau – Merseburg – Leuna durch das V. US Corps im April 1945". Sie war der Versuch, erstmals die Rolle des mitteldeutschen Flakgürtels während der Kampfhandlungen zwischen den zurückweichenden Resten der deutschen Westfront und den amerikanischen Truppen im April 1945 darzustellen.

Trotz einer großen Anzahl von Veröffentlichungen deutscher Militärhistoriker, wie Georg Tessin und Horst Adalbert Koch zu den deutschen Flakverbänden, den Veröffentlichungen von Prof. Dr. Hans-Dietrich Nicolaisen zum Einsatz der Luftwaffenhelfer auf Grundlage der Archivunterlagen des Reichsbildungsministeriums, Erinnerungsberichten von ehemaligen Luftwaffenhelfern wie Dr. Hasso Pacyna, Prof. Dr. Peter Schunk, Prof. Kurt Hesse und Franz Dülk oder den Arbeiten von regionalen Chronisten und Heimatforschern, wie des verstorbenen Winfried Czepluch aus Halle, von Gerhard Rose aus Berlin und Heinz Rehmann aus Merseburg war bis zu diesem Zeitpunkt die Beteiligung dieser Flakeinheiten an den Endkämpfen in Mitteldeutschland nur bruchstückweise erforscht.

Nur wenigen war bekannt, dass die Masse dieser Einheiten, bestehend aus jungen Flaksoldaten, „flak-v"-gestellten Luftwaffenhelfern, RAD-Männern, frontuntauglichen Soldaten und ausländischen Hilfswilligen, in den letzten Tagen des Zweiten Weltkrieges noch einen hohen Blutzoll gezahlt haben, um im Erdkampf eingesetzt einen übermächtigen Feind aufzuhalten. Und, dass sie mit ihren Geschützen den anrollenden amerikanischen Panzerverbänden große Verluste zufügten und diese stellenweise für Tage aufhielten. Das Ende des 1000jährigen Reiches konnten sie jedoch nicht verhindern. Ihr Kampf und Tod war letztendlich sinnlos.

Wie schwer es dabei war, Material zu diesem Thema zu finden, lässt sich daran erkennen, dass die Forschungsergebnisse auf gerade einmal 50 Textseiten Platz fanden. Doch damit war ein wichtiger Grundstein für spätere Arbeiten gelegt. So fand die Thematik des mitteldeutschen Flakgürtels, der sich nicht nur auf den Raum Schkopau – Merseburg – Leuna beschränkte, Eingang in alle weiteren Dokumentationen meiner Buchreihe zum Kriegsende 1945 im mitteldeutschen

Raum. Von Dessau über Bitterfeld-Wolfen, Halle, Schkopau – Merseburg – Leuna, Weißenfels, Zeitz, Borna, Leipzig und den gesamten Leipziger Südraum konnte so im Verlauf der letzten Jahre der Kampf und das Ende der meisten dieser Flakstellungen ermittelt und im Zusammenhang mit den weiteren Ereignissen dieser Tage dokumentiert werden.

Daher war es an der Zeit jene erste Dokumentation aus dem Jahr 2005 mit den neuen Fakten zu ergänzen, die sich auf den Raum Schkopau – Merseburg – Leuna beziehen und in den anderen Dokumentationen noch nicht veröffentlicht wurden. Dies war jedoch nur Dank Herrn Hartwig Arps vom Arps-Verlag Weißenfels und Herrn Harald Rockstuhl vom Verlag Rockstuhl Bad Langensalza möglich, die beide ihre Zustimmung für dieses Projekt im Rahmen meiner Buchreihe zum Kriegsende in Mitteldeutschland beim Verlag Rockstuhl gaben.

In gewohnter Weise stellt das Buch den direkten Zusammenhang mit den weiteren Büchern der Reihe her und bildet dennoch eine, in sich geschlossene, Darstellung der regionalen Ereignisse.

Neben weiteren Arbeiten zum Luftkrieg und zum Einsatz der Flak sowie Veröffentlichungen im Internet, von denen die Webseite www.dasgeiseltal.de von Matthias Koch besonders zu erwähnen ist, fanden eine Vielzahl von Wortmeldungen deutscher Zeitzeugen, Chronisten und Geschichtsinteressierter Eingang in das überarbeitete Buch, die sich hauptsächlich nach der Ausstellung zum Kriegsende im Raum Querfurt – Naumburg im Sommer 2010 im Museum Burg Querfurt gemeldet hatten. Weiteres Material zu den amerikanischen Verbänden fand sich in den umfangreichen Beständen des National Archives Maryland und den Materialsammlungen der amerikanischen Veteranenorganisationen.

Von besonderer Bedeutung für die Gestaltung dieser Neuauflage sind jedoch die neu entdeckten Bild- und Luftbilddokumente. Neben dem amerikanischen Bildmaterial sind hier insbesondere die seltenen deutschen Bilddokumente, die mir Dank Herrn Richard Eiermann zur Verfügung stehen, und das Luftbildmaterial aus dem Bestand der Luftbilddatenbank Dr. Carls zu nennen. Was könnte Geschichte besser dokumentieren?

Aber auch jetzt noch sind Fragen offen und trotz der jahrelangen Forschungen sind weiße Flecken geblieben. Und so bleibt es auch weiterhin das Ziel dieser Buchreihe, diese, unsere, Geschichte mit Hilfe von Zeitzeugen, Historikern,

Heimat- und Hobbyforschern, Chronisten und Geschichtsinteressierten fortzuschreiben.

Ich kann Sie also alle nur aufrufen und ermuntern, sich zu melden und Ihre Geschichte zu erzählen, in einen Erfahrungsaustausch mit mir zu treten, gerne auch kontrovers zu diskutieren und wissenschaftlich zu streiten. All das kann nur im Interesse der Geschichtsschreibung sein und hilft uns bei der Klärung der offenen Fragen und bei der Korrektur von überlieferten Fehlern.

Wer in dem Buch eine ausführlichere Behandlung des Luftkrieges über dem mitteldeutschen Industriegebiet vermissen sollte, den bitte ich um Verständnis, denn dies ist nicht Thema dieses Buches und der Bücherreihe. Ich hoffe jedoch, dass eines Tages auch dieses Thema durch kompetente Forscher umfassend dokumentiert und publiziert wird. Gleiches gilt für die amerikanische Besatzungszeit, die in meinen Büchern nur kurz angeschnitten wird, und natürlich die nachfolgende sowjetische Besatzungszeit mit all ihren Facetten, die auch heute nachwievor mehr Fragen aufwirft als Antworten bereit hält.

Ich freue mich auf Ihre Wortmeldung.

Jürgen Möller
Aschhausenstraße 66
D-97922 Lauda-Königshofen
Tel.: 09343 - 615998
E-Mail: juemoehistory@yahoo.de

oder

Verlag Rockstuhl Bad Langensalza

* * *

I. Das mitteldeutsche Chemiezentrum Schkopau – Merseburg – Leuna

Die Entwicklung der Region Schkopau – Merseburg – Leuna zu einem der größten Chemiestandorte Deutschlands findet seinen Ausgangspunkt im 1. Weltkrieg. Bedingt durch die umfassende englische Seeblockade gelangt der kriegswichtige Rohstoff Salpeter, welcher für die Produktion von Sprengstoff und Düngemitteln erforderlich ist, nicht mehr von Chile nach Deutschland. Bei der Suche nach Auswegen stößt der deutsche Wissenschaftler Fritz Haber auf das Verfahren der Ammoniaksynthese, mit deren Hilfe der dringend benötigte Sprengstoff massenhaft hergestellt werden kann. Der Vorstand des deutschen Chemiekonzerns BASF verspricht daraufhin der Obersten Deutschen Heeresleitung schnellstmöglich die Voraussetzungen für die industrielle Produktion zu schaffen. Hierzu benötigt man vor allem Kohle und die findet man unter anderem im Geiseltal, einem der größten Abbaugebiete in Mitteldeutschland.

Bereits 1897 war im Geiseltal, westlich von Merseburg die erste Brikettfabrik gebaut worden und 1906 wurde mit der industriellen Braunkohleförderung in dieser Region begonnen. In den Jahren 1916/17 wird in Leuna die größte Chemiefabrik Europas zur Herstellung von Ammoniak aus dem Boden gestampft, das Ammoniakwerk Merseburg GmbH. Es beginnt aber erst 1919 nach dem Ende des 1. Weltkrieges mit der Produktion.[1] Doch auch in anderen Bereichen arbeiten die Forscher in den Laboren des Werkes. Als Nebenprodukt der Ammoniaksynthese entwickeln sie für das Deutsche Heer ein tödliches Giftgas - Phosgen - den für die damalige Zeit giftigsten Stoff der Welt. Es soll unter dem Namen Grünkreuzkampfstoff einen unrühmlichen Platz in der Geschichte einnehmen.[2] Als 1927 dann auch noch die synthetische Herstellung von Treibstoff aus Kohle anläuft, spricht man auf Grund der Produktionspalette bereits von den Leuna-Werken.[3]

Nach der Machtergreifung Hitlers im Jahr 1933 beginnt bereits nach kurzer Zeit die Ausrichtung der gesamten deutschen Wirtschaft auf einen späteren Krieg. Eines der Hauptziele stellt die Herstellung der Unabhängigkeit der deutschen Wirtschaft von Rohstoffimporten dar. Hierzu gehört die massenhafte synthetische Herstellung von Rohstoffen. Bereits am 28. September 1934 erlässt das Reichswirtschaftsministerium die „Verordnung über die Errichtung von Pflichtgemeinschaften in der Braukohlenwirtschaft“, welche am 26. Oktober 1934 zur Gründung der Braunkohle-Benzin-AG (BRABAG) führt.

Ansichtskarte mit Luftaufnahme der Leuna-Werke Sammlung Möller

Am 4. April 1936 wird Hermann Göring von Hitler zum „Rohstoff- und Devisenkommissar" ernannt. Gleichzeitig wird mit dem Ausbau der Hydrier- und Synthesewerke begonnen.[4]

1943 erreicht die Produktion von Treibstoffen für die Wehrmacht in Leuna mit 202 000 Tonnen Flugzeugbenzin, 42 753 Tonnen Autobenzin und 277 058 Tonnen Dieselkraftstoff seinen höchsten Stand.[5] Neben dem Ammoniakwerk Merseburg GmbH der I.G. Farbenindustrie in Leuna, das auch als Leuna-Werke bezeichnet wird, wird 1936 mit dem Bau der Buna-Werke GmbH Schkopau der I.G. Farben zur Herstellung von synthetischem Kautschuk und des Mineralölwerkes Lützkendorf der Wintershall AG Kassel begonnen.

„Die Grundsteinlegung der Großversuchsanlage Buna-Werke Schkopau erfolgte am 25. April 1936. Am 20. April 1939 ‚meldete' der Aufbauleiter Otto Ambros dem ‚Führer' Adolf Hitler anlässlich seines 50. Geburtstages die Aufnahme der Großproduktion des Synthesekautschuks in Schkopau. Gebaut wurde die Anlage für eine Jahresproduktion von 24 000 Tonnen, erreicht wurden 1939 20 550 Tonnen."[6]

Das Mineralölwerk Lützkendorf, mit dessen Bau am 26. Oktober 1936 im Geiseltal nördlich von Krumpa auf 70 Hektar begonnen wurde, liefert im Dezember 1939 das erste Schmieröl aus und 1941 wird der Bau, des damals größten Treibstofftanks Europas, des „Europatanks", mit 20 000 Kubikmeter Fassungsvermögen beendet.[7] Doch erst Anfang 1944 ist der Aufbau des Werkes abgeschlossen.

Verbunden mit dem Ausbau des mitteldeutschen Industriegebietes ist ein erhöhter Bedarf an Arbeitskräften, der sich ab Kriegsbeginn 1939 auf Grund der Einberufung der männlichen Bevölkerung kaum noch decken lässt. Da der Einsatz von Frauen in der Industrie auf Grund des, von Hitler und den Nationalsozialisten geprägten Frauenbildes, erst in der letzten Phase des Krieges in größerem Umfang zum Tragen kommt, greift man ab 1940 zu einem anderen Mittel. Tausende polnische, französische, belgische und holländische Kriegsgefangene sowie KZ-Häftlinge und Häftlinge der nahegelegenen Strafanstalten werden zur Arbeit in der Wirtschaft herangezogen. In den besetzten Gebieten versucht die Deutsche Arbeitsfront DAF mit geringem Erfolg Freiwillige für die Arbeit in Deutschland zu rekrutieren. Doch auch das reicht nicht aus, um den Bedarf zu decken. Zuwachs bekommt das Heer der Zwangsarbeiter erst Anfang 1942 mit dem Einsatz von russischen Kriegsgefangenen in der deutschen Wirtschaft. Obwohl zu Beginn des Russland-Feldzuges Millionen russische Soldaten in den großen Kesselschlachten in deutsche Gefangenschaft. geraten waren, hatte man die meisten von ihnen erst einmal in den großen Gefangenenlagern im Osten sterben lassen.[8]

Italienische Militärinternierte werden zu Zivilarbeitern
Foto: Bundesarchiv, 183-J30385/Schwahn/CC-BY-SA

1943 kommen italienische Militärinternierte hinzu. Im September 1943 hatte der italienische Marschall Badoglio einen Waffenstillstand mit den Alliierten unterzeichnet und sich somit von seinem bisherigen Achsenpartner Deutschland gelöst. Daraufhin ließ Hitler etwa 600 000 italienischen Soldaten im deutschen Machtbereich festnehmen und entwaffnen. 180 000 dieser, als Badoglio-Soldaten bezeichneten, Soldaten erklärten sich bereit, weiter auf der Seite Hitlerdeutschlands als Kampf-, Hilfs- und Arbeitswillige zu dienen. Die anderen wurden zu Militärinternierten. Man erkannte ihnen den Kombattantenstatus ab und setzte sie als Zwangsarbeiter ein. Diese italienischen Militärinternierten (IMI) erhielten nach dem Krieg keinerlei Wiedergutmachung, da sie nicht als Kriegsgefangene anerkannt wurden.

Hermann Göring während des Nürnberger Kriegsverbrecherprozesses
Foto: USHMM Photo Archives

Als am 12. Mai 1944 die alliierte Bomberoffensive auf die Treibstoffindustrie beginnt, sieht sich die deutsche Führung gezwungen, Maßnahmen zu ihrem Schutz zu ergreifen.

Neben dem Ausbau des Flakschutzes, der im nächsten Kapitel betrachtet wird, erwägt Göring als Beauftragter für den Vierjahresplan einen illusorischen Plan. *„Anfang Mai ließ Göring als Beauftragter des Vierjahresplans prüfen, inwieweit die deutschen Treibstoffwerke noch nachträglich unter eine zwei Meter dicke Betondecke gelegt werden könnten. Carl Krauch (I.G. Farben) raubte Göring jedoch jegliche Illusion der Durchführbarkeit, da dies weder in kürzester Zeit noch materialmäßig zu schaffen wäre. Weiterhin würde man tausende von Arbeitern für die 18 Treibstoffwerke benötigen.“*[9]

Als Ausgleich erhält die Treibstoffindustrie wenige Tage nach Beginn der Offensive vom Reichsministerium für Rüstung und Kriegsproduktion einen Sonderstatus, der gewährleisten soll, das ihnen vorrangig Material und Arbeitskräfte für den Wiederaufbau zur Verfügung gestellt wird. Edmund Geilenberg aus dem Stab von Alfred Speers Reichsministerium für Rüstung und Kriegsproduktion wird von Hitler am 30. Mai 1944 zum „Generalkommissar für Sofortmaßnahmen“ und „Generalkommissar für die Wiederingangsetzung der Treibstoffproduktion“ berufen.

Als klar wird, dass all dies nicht ausreicht, um die Treibstoffversorgung zu gewährleisten, wird das sogenannte „Geilenberg-Programm“ ins Leben gerufen, das auch als „Mineralölsicherungsplan" bezeichnet wird und die Verlagerung der Produktion in unterirdische Schutzanlagen vorsieht. Im Auftrag von Geilenberg wird mit den Bau mehrerer Projekte begonnen, die jedoch kein Thema dieser Dokumentation sind. Zu einer produktionsreifen Umsetzung der Pläne kommt es bis Kriegsende jedoch nicht mehr.

***

---

1 Geschichte Mitteldeutschlands, „Industrie und Technologie – Das mitteldeutsche Chemiedreieck", S. 110-119.

2 „Angriffshöhe 6000 Meter - Die Luftangriffe auf Leuna" v. Dr. Olaf Groehler. Siehe auch www.dasgeiseltal.de.

3 „Braunkohleindustrie" auf www.dasgeiseltal.de. Gem. Dr. Schade vom Stadtarchiv Leuna erfolgte die Änderung der Bezeichnung im Jahr 1923.

4 „Faktor Öl", S.183-189.

5 Gem. Heinz Rehmann. Siehe auch „Angriffshöhe 6000 Meter - Die Luftangriffe auf Leuna". Dort werden 600 000 Tonnen Jahresproduktion angegeben.

6 Zitat Heinz Rehmann, Schreiben vom 01.08.2010.

7 „Kohlechemie – Treibstoffwerk Wintershall AG Lützkendorf" auf www.dasgeiseltal.de.

8 „Zwangsarbeit" auf www.dasgeiseltal.de.

9 „Auslagerung" auf www.dasgeiseltal.de.

II. Die Entstehung des mitteldeutschen Flakgürtels

Trotz der Bedeutung der Treibstoffindustrie für die deutsche Militärmaschinerie bleiben die Hydrierwerke bis zum Frühjahr 1944 weitgehend von den alliierten Bomberangriffen verschont, während die deutschen Städte in Schutt und Asche versinken. Die Pläne der britischen Luftwaffenführung für die Führung einer „Treibstoff-Offensive“ zur Ausschaltung der deutschen Hydrierwerke, welche bereits am 7. Januar 1941 vom Kriegskabinett gebilligt wurden, werden auf Grund der Kriegslage aufgeschoben. Auch nach dem Eingreifen der amerikanischen Luftwaffenverbände in den Luftkrieg über Deutschland ändert sich diese Situation nicht. Schwerpunkt der amerikanischen Luftkriegsführung bildet die Zerstörung der Munitions-, Flugzeug- und Kugellagerproduktion.[1] Neben anderen Historikern führt der ostdeutsche Luftkriegshistoriker Dr. Olaf Groehler die lange Verschonung dieser Industriebetriebe in einer umstrittenen These auf Absprachen zwischen der deutschen und internationalen Industrie zurück. Der Hauptgrund war aber wohl bis Ende 1943 das Fehlen des Jägerbegleitschutzes für die Bomberverbände.

General Spaatz Foto: NARA

Doch im Mai 1944 endet die „Schonzeit“, denn die Alliierten stehen kurz vor der Eröffnung der zweiten Front in Europa. Jetzt rücken die Hydrierwerke in das Fadenkreuz der britischen und amerikanischen Bomberverbände. Am 10. Mai 1944 fliegen Aufklärungsflugzeuge der 8th US Army Air Force (USSAF) einen Aufklärungseinsatz über Deutschland und dokumentieren ihre wichtigsten Ziele. Zwei Tage später, am 12. Mai 1944, startet General Carl A. Spaatz, der Oberkommandierende der amerikanischen Strategischen Luftwaffe in Europa, die Offensive gegen die deutsche Treibstoffindustrie. Die 8th USSAF fliegt mit drei Bomb Divisions einen Großangriff auf die deutsche Industrie.

935 B-17 Bomber „Flying Fortress“ - „Fliegende Festungen“ greifen die Werke in Böhlen, Brüx, Leuna, Lützkendorf und Tröglitz bei Zeitz an. Eine dieser Divi-

sionen, die 1st Bomber Division, hat als Zielraum Lützkendorf – Leuna. Zwischen 13.48 Uhr (B) und 14.08 Uhr (B) werfen 217 Bomber 430,4 Tonnen Sprengbomben über den Leuna-Werken und 170 Tonnen über Lützkendorf ab. Im Resultat dieses Luftangriffes sinkt die Produktion des ältesten deutschen Hydrierwerkes, der Leuna-Werke, um 60 Prozent[2] Auch in Lützkendorf sind die Schäden verheerend. Neben den materiellen Schäden kommt es zu hohen menschlichen Verlusten. 130 Angehörige der Belegschaft verlieren ihr Leben. In einem späteren Bericht der Wintershall AG vom 4. November 1945 heißt es: *„Beim ersten Angriff wirkte für die Belegschaft das Überraschende mit, woraus sich die größte Zahl der Todesopfer aller Angriffe erklärt.“*[3]

B-17 Bomber der 100th Bomb Group der 8th USAAF während des Bombenabwurfs. Foto: Courtesy of 100th Bomb Group Foundation

Von welcher Bedeutung das für die deutsche Rüstungsindustrie ist, lässt sich daran erkennen, dass sich der Reichsminister für Bewaffnung und Kriegsproduktion, Albert Speer, unmittelbar darauf persönlich ein Bild von den Schäden in Leuna macht.[4] Insgesamt kommt es durch den Angriff zu Ausfällen zwischen 50 bis 100 Prozent der Produktion. Die Gesamtproduktion sinkt bei einem Bedarf von monatlich 316 000 Tonnen von 250 000 Tonnen auf 107 000 Tonnen.

Unter dem Eindruck der unerwartet starken Angriffe kommt es am 22. Mai 1945 auf dem Obersalzberg zu einem Treffen von Hitler mit Vertretern von Luftwaffe, Rüstung und Industrie, bei dem unter anderem der Oberbefehlshaber der Luftwaffe und Beauftragte für den Vierjahresplan, Hermann Göring, der Chef des Oberkommandos der Wehrmacht, GFM Wilhelm Keitel, der Generalinspekteur der Luftwaffe und Generalluftzeugmeister, GFM Erhard Milch, der im Juni 1944 zum „Generalbevollmächtigten für Sonderfragen der chemischen Erzeugung" ernannte Carl Krauch, der ehemalige Leiter des Leuna-Werkes und ab 1936 Mitarbeiter von Carl Krauch als „Beauftragter für die Ölproduktion im Vierjahresplan", Heinrich Bütefisch[5], und der Leiters des Rohstoffamtes im Reichswirtschaftsministerium, Hans Kehrl, teilnahmen. Erbost über die Wirkung der Luftangriffe stellte Hitler fest: *„Nach meiner Ansicht stellen die Treibstoffwerke, Buna- und Stickstoffwerke für die Kriegsführung einen ganz besonders empfindlichen Punkt dar, da in einer geringen Zahl von Werken für die Rüstung unentbehrliche Grundstoffe hergestellt werden."* [6]

Aufnahmen von Karl Krauch und Heinrich Bütefisch während des I.G. Farben Prozesses vor dem Nürnberger Gerichtshof
Fotos: Army photographers on behalf of the OUSCCPAC or its successor organisation, the OCCWC, Public Domain

Als Resultat des Treffens erklärt bereits am 23. Mai 1944 der Oberbefehlshaber der Luftwaffe neben der angeordneten Verlagerung der Produktion in unterirdische Schutzanlagen den Schutz der Treibstoffindustrie zum Abwehrschwerpunkt und befiehlt die Verstärkung des Flak- und Jagdschutzes auf Kosten anderer Objekte. *„Göring versprach, Leuna zu einer ‚Flakfestung' auszubauen."*[7] Mit Hilfe des sogenannten „Flak-Programms" wird begonnen, die Produktion von Flakgeschützen zu erhöhen.[8] Außerdem erfolgen die Errichtung von Scheinwerken und die Erweiterung der bereits vorhandenen Vernebelungsmaßnahmen, denn die, seit Kriegsbeginn eingeleiteten Maßnahmen, wie das Aufsteigen lassen von Sperrballons in den Jahren 1939 bis 1941, reichen bei Weitem nicht mehr aus.[9]

Sperrballons über dem Westteil der Buna-Werke am 9. November 1943
Foto: Landeshauptarchiv Sachsen-Anhalt, Abt. Merseburg, I 528 Buna-Werke GmbH, Fotosammlung, FN 6373

Da die Reichsluftverteidigung seit Beginn des Krieges im Wesentlichen Aufgabe der Flakartillerie ist und die Jagdverbände auf Grund der fortschreitenden Ausdehnung der deutschen Fronten nur unzureichend für den Schutz des Reichsgebietes zur Verfügung stehen, wird der Schwerpunkt des Schutzes der Treibstoffwerke in Mitteldeutschland auf den Ausbau des Flakschutzes gelegt.[10] Unabhängig davon erfolgt die Stationierung der neuen Strahlenjäger Me 163 B auf dem Flugplatz Brandis-Polenz und Esperstedt.[11]

Erbeuteter Prototyp des raketenangetriebenen Objektschutzjägers Me 163 B „Komet"
Foto: Imperial War Museum's collections, No. CH 15664

Mitte 1944 entsteht unter Führung des Gen.d.Flakart. z.b.V. für die Verteidigung der Hydrierwerke, General Dipl.-Ing. Burchardt, im mitteldeutschen Raum einer der größten Flak-Schutzgürtel Deutschlands, der sich von Halle über das Industriezentrum Schkopau – Merseburg - Leuna bis Weißenfels und südlich angelehnt an Leipzig über Zeitz und Borna hinzieht. Dessen Flakbatterien gehören zur 14. Flak.Div. Leipzig unter Gen.Maj. Adolf Gerlach. Die Division untersteht dem Luftgaukommando III/IV unter Gen.d.Flakart. Hoffmann der Luftflotte Reich. Zur Division gehört außerdem das Flak.Rgt. 140 Thüringen, das Flak.Rgt. 300 (v) Leipzig-Böhlen und das Flak.Sw.Rgt. 73.

Im Sommer 1944 kommt es im Rahmen der Umgliederung der Reichsluftverteidigung zu umfangreichen Änderungen in der Struktur. Neben dem Wechsel der Unterstellungen erfolgt die Aufstellung selbstständiger Flakbrigaden. Die 14. Flak.Div. gibt das Flak.Rgt. 33 ab und erhält das Flak.Rgt. 120 aus Wuppertal, welches als Flak.Gr. Böhlen-Zeitz unter Führung von Obstlt. Kurt Krebs zur Division geht. Das Flak.Rgt. 300 (v) wird im Juni 1944 in Flak.Rgt. 90 Leipzig umbenannt. Die Führung übernimmt Oberst Adolf Schmidt. Das Flak.Rgt. 140

Thüringen unter Oberst Wilhelm Wegener und das Flak.Sw.Rgt. 73, Flak.Sw.Gr. Leipzig, unter Obstlt. Gustav-Adolf Huwendick verbleibt bei der Division.

Neben diesen Umgliederungen wird mit der Aufstockung der bestehenden Flakbatterien von vier auf sechs Geschütze bei den 12,8cm Batterien und bei den 8,8cm und 10,5cm Batterien von vier bis sechs Geschützen auf acht bis zwölf Geschütze begonnen. Auf Grund fehlender Produktionskapazitäten erfolgt dies jedoch in vielen Fällen durch veraltete bzw. Beutegeschütze. Außerdem erfolgt die Aufstellung einer erheblichen Anzahl von 12,8cm Flakgeschützen im Bereich der Hydrierwerke. Erst im Herbst 1944 werden die Batterien durch leichte 2,0cm und 3,7cm Flak Geschütze zum Schutz gegen die zunehmenden Tieffliegerangriffe verstärkt, welche dann aber zu einem Großteil im März 1945 wieder für den Erdeinsatz abgezogen werden.[12]

Eine Batterie 2cm Vierlingsflak mit Luftwaffenhelfern während eines Übungsschießen
Foto: Sammlung Eiermann, Sinsheim

Das abgegebene Flak.Rgt. 33 wird im Oktober 1944 nach der Zuführung des Stabes der 21. Flak.Brig. aus Nürnberg der neu gebildeten, selbstständigen 21. Flak.Brig. Bad Lauchstädt unterstellt. Zu ihr gehört neben dem Flak.Rgt. 33, Flak.Gr. Halle-Leuna unter Maj. Anton Rottmann, das Flak.Rgt. 145, Flak.Gr. Merseburg unter Maj. Erich Krebs. Das Flak.Rgt. 33 verfügt im Schwerpunkt über die s.Flak.Abt. 406, Flak.UGr. Leuna-Mitte, und die s.Flak.Abt. 433, Flak.UGr. Schkopau-West, sowie weiterer Batterien.[13] Nachdem das Flak.Rgt. 145 (v) im Februar 1945 an die Ostfront verlegt wird, erfolgt ab dem 1. April 1945 die einsatzmäßige Unterstellung der Brigade unter die 14. Flak.Div.

All diese Maßnahmen haben zur Folge, dass alleine bis November 1944 rund um Leuna 492 Flakgeschütze der Kaliber 8,8cm, 10,5cm und 12,8cm sowie mehrere hundert leichte Flakgeschütze der Kaliber 2cm und 3,7cm in Stellung gebracht werden.[14]

Einen Großteil der Bedienung der Geschütze stellen neben den wenigen verbliebenen Luftwaffensoldaten bedingt taugliche Reservisten, sogenannten „flak-v" Soldaten, Magenkranke, 17jährige Reichsarbeitsdienst-Männer, 16jährige Luftwaffenhelfer sowie ausländische „Hilfswillige" und Kriegsgefangene. Mit der „Anordnung über den Kriegshilfsdienst der Deutschen Jugend in der Luftwaffe" des Reichsjugendführers vom 25. Januar 1943 waren bereits Anfang 1943 die notwendigen Voraussetzungen für den massenhaften Einsatz von Jugendlichen im Rahmen der Reichsluftverteidigung geschaffen worden.[15] In dem Erlass heißt es: *„In Wahrnehmung von Hilfsdiensten bei den Einheiten der Luftwaffe am Schulort und in dessen unmittelbarer Umgebung stehen dem Reichsminister der Luftfahrt und Oberbefehlshaber der Luftwaffe alle Schüler der höheren und mittleren Schulen, die das 15. Lebensjahr vollendet haben, bis zur Einberufung zum Reichsarbeitsdienst oder zum Wehrdienst als Luftwaffenhelfer für den Kriegseinsatz zur Verfügung."*[16]

Links Peter Schunk, Luftwaffenhelfer in der Flakstellung Knapendorf
Rechts Abbildung des Brustabzeichens der Luftwaffenhelfer mit den Buchstaben „LH"
Fotos: privat

PERSONALAUSWEIS NR. 95

für den Lw.-Helfer: Friedrich Kilian
(Vor- und Zuname)

geboren am: 10.12.1928 zu: Stadtilm

Diensteintritt am: 5.1.1944

Haar: dklbld Augen: grau

Besondere Kennzeichen:

keine

Friedrich Kilian
(Vor- und Zuname. Eigenhändige Unterschrift)

Alle militärischen und zivilen Dienststellen werden ersucht, dem Inhaber nötigenfalls Schutz und Hilfe zu gewähren.

Der Reichsminister der Luftfahrt und Oberbefehlshaber der Luftwaffe.

E.O., den 24.1.1944
(Ort und Tag)

4./schw. Flakabt. 433
(Truppenteil)

(Unterschrift und Dienstgrad des Vorgesetzten)
Oberleutnant u. Battr.-Chef

Dienststempel

(Zeitstempel)

I 19	44 II
III	IV
19	4

Ausweis des Luftwaffenhelfers Friedrich Kilian, Flakstellung Knapendorf
Sammlung Möller (Mit freundlicher Genehmigung von Friedrich Kilian)

Vereidigung junger Luftwaffenhelfer in einer Flakstellung im mitteldeutschen Raum
Fotos: Sammlung Eiermann, Sinsheim

Der 15. Februar 1943 gilt als Beginn dieser, wie Dülk es in seinem Buch „Feuerglocke" nennt, „Aktion Heldenklau". Im Januar 1944 erfolgt die Eingliederung des Jahrganges 1928, im Winter 1944/45 des Jahrganges 1929 und teilweise des Jahrganges 1930 in die Flakverbände.[17]

Mit Begeisterung legt die Masse der, nun einberufenen, Jugendlichen die Verpflichtungsformel ab, in der es heißt: *„Ich verspreche als Luftwaffenhelfer allzeit meine Pflicht zu tun, treu und gehorsam, tapfer und einsatzbereit, wie es sich für einen Hitlerjungen geziemt."*[18]

Nur wenige Monate nach dem Erlass wird auf Befehl des Reichsarbeitsführers, Gen.Maj. a.D. Konstantin Hierl, am 11. August 1943 mit der Aufstellung von RAD-Flakbatterien begonnen. Diese werden taktisch in die Flakverbände der Luftwaffe eingegliedert. Zur geplanten Aufstellung selbstständiger RAD-Flakabteilungen kommt es bis zum Kriegsende nicht mehr.[19]

Neben diesem Personal befinden sich 1943/44 in den ortsfesten Batterien der Objektverteidigung mehr als 100 000 ausländische Freiwillige, Hilfswillige und Kriegsgefangene im Einsatz.

Die Angehörigen des im Sommer 1944 gebildeten Flakwaffen- und Fliegerhelferinnen-Korps werden im Frühjahr 1945 auf Weisung des nunmehr für die Luftverteidigung des Reiches zuständigen Luftwaffenkommandos West entgegen eines geltenden Führerbefehls aus den frontnahgelegenen Stellungen herausgelöst.[20] Wenige Tage vor dem Eintreffen der Amerikaner werden auch die Luftwaffenhelferinnen aus den Stellungen im mitteldeutschen Raum entlassen und nach Hause geschickt.

Doch weder der unumstrittene Kampfgeist der zu 50 bis 100 Prozent aus Hilfspersonal bestehenden Geschützbesatzungen der Heimatverteidigung, noch zusätzliche Rüstungsprogramme, welche bereits vor ihrer Realisierung an der Rohstoffsituation scheitern, können die alliierten Bomberströme aufhalten. Obwohl im Oktober 1944 der Luftflotte Reich 1500 schwere und 800 leichte/mittlere Flakbatterien, 380 Flakscheinwerferbatterien, 40 Luftsperrbatterien, 70 Nebelkompanien und rund 2400 Tag- und 1200 Nachtflugzeuge unterstehen, fehlt es an Munition und Treibstoff.[21] Die Masse der Jagdflugzeuge ist aus Treibstoffmangel und auf Grund unausgleichbarer Verluste am Boden festgenagelt.[22] Zur sogenannten „Flakhölle" kommt es nur in wenigen Gebieten des Deutschen Reiches.[23]

Flak feuert auf britische Bomberverbände Fotos: Sammlung Eiermann, Sinsheim

„Feuerzauber" am Nachthimmel Fotos: Sammlung Eiermann, Sinsheim

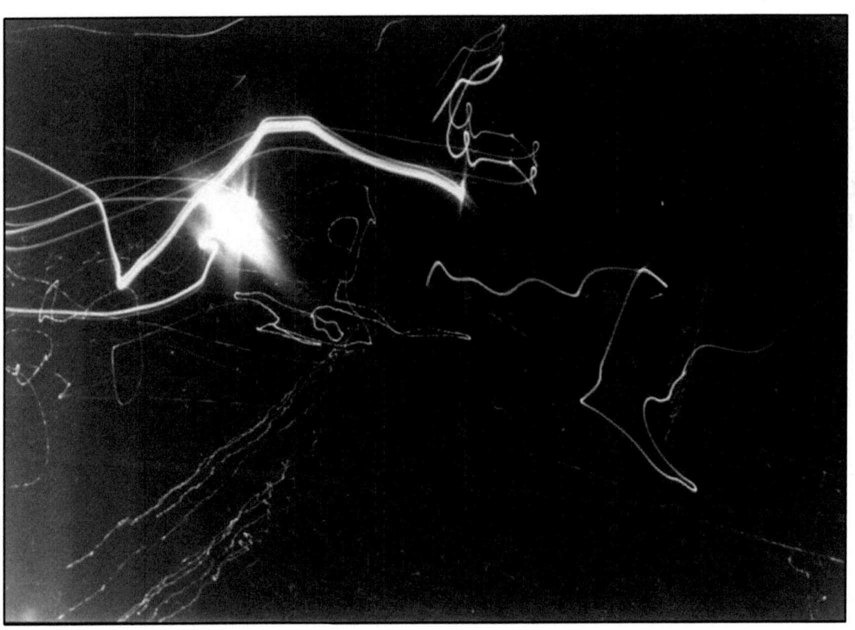

Die zahlenmäßige Überlegenheit der alliierten Luftwaffenverbände und die Tatsache, dass die Luftverteidigung und der Luftschutz nach dem Wegfall des Flugmeldedienstes in Westeuropa nicht mehr rechtzeitig vor Feindeinflügen warnen kann, tun ein Übriges und machen die Lage der Reichsluftverteidigung hoffnungslos.[24]

Goebbels notiert am 2. März 1945 in seinem Tagebuch: *„Der Luftkrieg feiert weiterhin seine tollsten Orgien. Wir sind demgegenüber völlig wehrlos. Das Reich wird allmählich in eine absolute Wüste verwandelt. Die Verantwortung dafür hat Göring mit seiner Luftwaffe zu tragen. Sie ist auch nicht mehr im mindesten in der Lage, abwehrmäßig irgendwie in Erscheinung zu treten.“*[25]

Sir Arthur Harris
Foto: National Archives

Der Air Chief Marshal der Royal Air Force, Sir Arthur Harris, auch „Bomber-Harris“ genannt, hatte noch im Frühjahr 1945 verkündet: *„Viele Leute sagen, mit Bombenangriffen kann man niemals einen Krieg gewinnen. Nun ich sage, es hat noch keiner versucht.“*

Doch auch die alliierten Bomberverbände zahlen einen hohen Blutzoll. Eine genaue Auswertung der Anzahl an Abschüssen alliierter Bomber über dem mitteldeutschen Industriegebiet ist nicht Inhalt dieser Dokumentation. Daher an dieser Stelle nur einige Beispiele für das Schicksal allliierter Bomberbesatzungen, die über Merseburg abgeschossen wurden aus den Unterlagen der 100th Bomb Group.

Am 29. Juli 1944 greift ein Verband B-17 Bomber die Leuna-Werke Merseburg an und wird bei der Annäherung von schwerem Flakfeuer getroffen. Die niedrig fliegende Squadron des Bomberverbandes verliert dabei fünf von sechs Bombern. Auch die anderen Squadron erleiden Verluste. Der Bomber mit dem Nickname „RANDIE LOU“ unter dem Kommando von Lt. William T. „Buzz“ Fitzroy wird von einer Flakgranate getroffen und stürzt ab. Dabei wird SSgt. Carmine V. Roberto durch einen 2cm Flaktreffer getötet. Im Raum Leipzig springt die Besatzung ab. Fünf Mann, unter ihnen Fitzroy und Lt. Floyd F.

Hartman, werden gefangengenommen. Sie berichten nach ihrer Befreiung, dass drei Mann der Besatzung, 2nd Lt. Robert Dykeman, T/Sgt. Floyd o. Douglas und T/Sgt. Ira L. Arnold von deutschen Zivilisten gehängt wurden. Weiteren neun amerikanischen Piloten anderer Besatzungen soll es nach ihrem Bericht genauso ergangen sein. Auch sie wurden durch deutsche Zivilisten gelyncht.

2nd Lt. Robert Dykeman (3.v.li. stehend) und T/Sgt. Ira L. Arnold (1.v.li. stehend), hier gemeinsam mit Besatzungsmitgliedern einer anderen Crew.
Foto: Courtesy of 100th Bomb Group Foundation

Auch die B-17 mit dem Nickname „SUPER RABBIT" der 100th Bomb Group unter 2nd Lt. Robert J. Schomp wird am 29. Juli 1944 über Merseburg abgeschossen. Sie hat mehr Glück und alle Besatzungsmitglieder geraten lebend in Kriegsgefangenschaft. Lediglich SSgt. John P. Hunter wird bei der Fallschirmlandung durch eine Kugel eines Zivilisten am linken Bein verwundet. Der deutsche Bericht über die Gefangennahme bestätigt dies.

Einheit: 5. s Flakbatterie 4o6(o). O.U., den 2o

Dienststelle L 52 369
Lgpa. Dresden.

Betr.: Verleihung des Flakkampfabzeichens.

Der Fahnenjunker- Wachtmeister Bernhard R o x

ist während seiner Zugehörigkeit zur Batterie an folgenden Abschü
mit insgesamt

2 Punkten

beteiligt gewesen:

Lfd. Nr.	Abschuß am	bei(Ort)	Typ	Datum u. Nr. der Anerkennung	P b t
1	18.11.43	südlich Burgwerben	Lancaster	14.Flakdiv., Abt. Ic/2 v. 3. 12.1943	

Dienststelle Feldp. Nr. L 52369

Leutnant

Oben: Anerkennung von Punkten für den Abschuss feindlicher Flugzeuge für die Verleihung des Flakkampfabzeichens.
Mitte: Flakkampfabzeichen der Luftwaffe
Unten Eintrag im Wehrpass eines Angehörigen einer Luftwaffen-Flakeinheit

14.8.42
31. 12. 1942 — Verteidigung kriegs- und lebenswichtiger Anlagen im Heimatkriegsgebiet gegen Luftangriffe (.24. Tage Feindbeschuß)

Abwehr englischer Großangriffe auf das Ruhrgebiet in der Nacht vom 15./16. 4. 1942.

Abwehr englischer Großangriffe auf die rheinische Schwerindustrie in der Nacht vom 1./2. 6. 1942.

1. 1. 43
30.5.43 — Verteidigung der Bodenorganisation, militärischer und wehrwirtschaftlicher Anlagen im Heimatkriegsgebiet innerhalb des Bereichs des Lw.-Befehlshabers Mitte.

Dabei .73. Tage Gefechtstätigkeit

Dokumente und Fotos aus dem Archiv des Autors

Die Besatzung des B-17 Bombers „SUPER RABBIT" von 2nd Lt. Robert J. Schomp Foto: Courtesy of 100th Bomb Group Foundation

Die B-17 „SPARKY" unter 2nd Lt. Jackson Phelps wird bei dem gleichen Angriff auf Merseburg von deutschen Jägern abgeschossen und stürzt bei Bad Kösen ab. Alle kommen ums Leben. Bis auf Lyle L. Johnson, der nicht gefunden wird, werden sie in Niedermöllern begraben und später überführt.

Auch die B-17 „LIBERTY BELLE" unter 2nd Lt. Carl G. Gustafson wird getroffen und stürzt ab. Der Besatzung gelingt es abzuspringen. Doch nur einer - T/Sgt. Robert Fife - überlebt und wird gefangengenommen. In der Zeitung „The News Star" vom 27. Mai 2001 berichtet der Cousin von Gustafson: *„Als das Flugzeug herunter kam, war dort eine Frau und die rannte sofort in das Dorf und der Bürgermeister kam mit einigen angerannt. Sie behandelten Carl und seine Crew unbarmherzig. Zwei der Flieger wurden in den Kopf geschossen, als sie versuchten zu fliehen, einer überlebte und wurde gefangengenommen (Robert Fife?). Die übrigen fünf, einschließlich Gustafson, wurden gequält und dann erschossen. Der Bürgermeister selber tötete nachweisbar Gustafson, den einzigen Offizier unter den Amerikanern."*

B-17 Bomber „Flying Fortress" am Himmel über Deutschland
Fotos: Courtesy of 100th Bomb Group Foundation

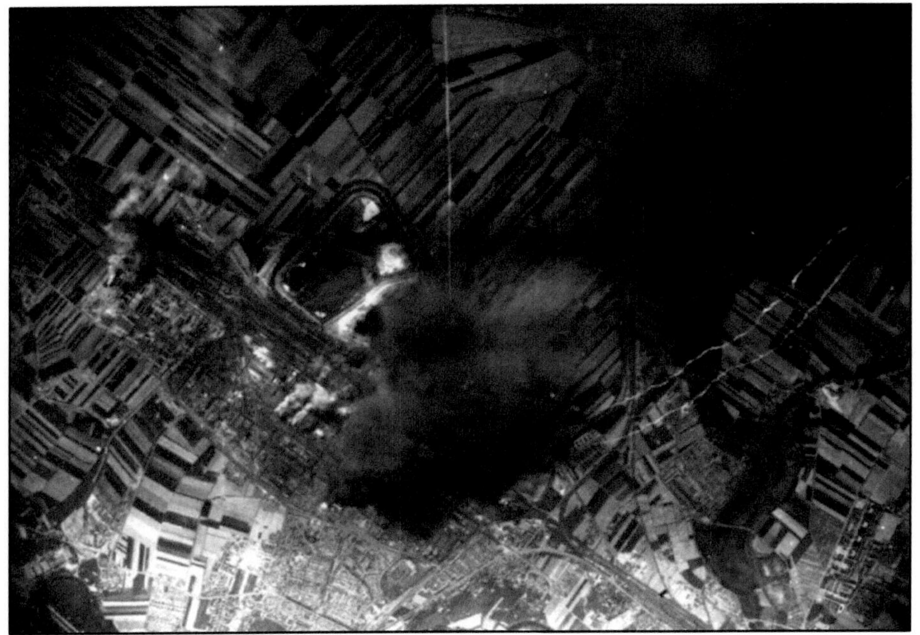

Rauchwolken über den Leuna-Werken nach einem Angriff der 305th Bomb Group, 8th USAAF am 12. Mai 1944
Luftbild: National Archives, 342-FH-3A21987-116529AC (fold3.com)

Am 30. November 1944 wird die B-17 von 2nd Lt. Vernon O. Anderson beim Angriff auf Leuna nach dem Bombenabwurf an der rechten Tragfläche getroffen und stürzt vollständig in Flammen gehüllt ab. Drei Besatzungsmitgliedern gelingt der Absprung und sie geraten in Gefangenschaft, Anderson wird getötet.

Als Ende März 1945 mit dem Abzug von Flakbatterien um die schwer angeschlagenen Hydrierwerke herum begonnen wird, um diese Batterien dem Ansturm der Roten Armee im Osten an der Oder entgegen zu werfen, ist das Ende der deutschen Treibstoffindustrie bereits so gut wie besiegelt.[26]

Am 5. April 1945 erfolgt der letzte große alliierte Luftangriff auf Leuna, obwohl dort die Produktion bereits am Vortag zum Erliegen gekommen ist. Noch einmal werfen 200 Bomber der Royal Air Force und 400 Bomber der US Army Air Force in der Nacht und am Tag insgesamt 1109 Tonnen Sprengstoff über dem Werk ab. *„Nach 22 Angriffen bis zum 4./5. April 1945 war das, mit vielen menschlichen Opfern verbundene, Zerstörungswerk vollendet."*[27]

Bis zu diesem Tag wird Leuna in der als „Battle of Leuna" bezeichneten Luftschlacht das Ziel von 18 Nacht- und drei Tagesangriffe mit insgesamt 6552 Bombern, welche 17 979 Tonnen Bomben abwarfen. Obwohl das Werk ist zum Kriegsende zu großen Teilen zerstört ist, erreicht es noch wenige Tage vor Kriegsende 15 Prozent seiner Produktionskapazität. Bis zum Eintreffen der amerikanischen Verbände fallen insgesamt 19 463 Tonnen Sprengbomben auf den Raum Merseburg – Leuna – Lützkendorf. 156 Deutsche und 145 Ausländer sterben in den Trümmern des Leuna-Werkes.[28] Doch nicht nur im Werk kommt es zu Schäden. In den angrenzenden Stadtteilen werden 525 Wohnungen zerstört, 453 schwer und 1467 leicht beschädigt.[29]

Die Leuna-Werke nach dem Luftangriff der Royal Air Force in der Nacht vom 14./15. Januar 1945 Luftbild: Mit freundlicher Unterstützung durch Luftbilddatenbank Dr. Carls

Eine amerikanische Zeitung schreibt 1945 in einer seiner Ausgaben zu den Luftangriffen auf Leuna: *„Diese Anlage in Leuna ist ein riesiges Denkmal deutscher, chemischer Zauberei. Es niederzukämpfen hieß eine Katze zu töten. Es musste neunmal geschehen, um es endgültig zu machen."*[30]

Das Mineralölwerk Lützkendorf nach der Bombardierung durch Bomber der 8th USAAF am 9. Februar 1945
Luftbild: National Archives, 342-FH-3A21903-59334AC (fold3.com)

Während für Leuna die Bombenangriffe am 5. April 1945 enden, trifft es Lützkendorf, das zu diesem Zeitpunkt nicht mehr produktionsfähig ist, noch einmal am 8. April. Es ist der 14. Luftangriffen, der das endgültige Ende des Werkes besiegelt. Trotz des Einsatzes von zeitweise bis zu 8000 Einsatzkräften zur Schadensbeseitigung, die hauptsächlich aus Häftlingen, Fremd- und Zwangsarbeitern bestehen, war es seit den ersten Angriffen nicht gelungen, den Bombenschäden Herr zu werden. Insgesamt wurden zirka 15 000 Bomben auf das Werk abgeworfen, was etwa 5500 Tonnen entspricht. 200 Menschen verlieren ihr Leben.[31]

Kurze Zeit später versickert auch die letzte schwache Treibstoffquelle.[32] Karlsch und Stokes schreiben hierzu in ihrem Buch „Faktor Öl - die Mineralölwirtschaft in Deutschland": *„Die Hydrierwerke waren die Achillesferse der deutschen Kriegswirtschaft. Als die Alliierten im Mai 1944 mit systematischen Angriffen auf die Hydrierwerke begannen, war der Zusammenbruch der deutschen Treibstoffversorgung und damit das Ende des Kriegs absehbar."*

Das zerstörte Buna-Wasserwerk nach dem ersten Bombenangriff vom 12. Mai 1944
Foto: Landeshauptarchiv Sachsen-Anhalt, Abt. Merseburg, I 528 Buna-Werke GmbH, Fotosammlung, FN 7489

Lediglich dem Buna-Werk bleibt ein ähnliches Schicksal erspart. Außer dem Luftangriff vom 28. Juli 1944 kommt es nur noch am 12. Dezember 1944 zu einem zweiten Angriff. Weitere Luftangriffe erfolgen nicht.[33]

* * *

[1] „Faktor Öl", S. 233/234.

[2] „Angriffshöhe 6000 Meter - Die Luftangriffe auf Leuna". Siehe auch Merseburger Beiträge 1/2002, Heinz Rehmann, S. 20/21.

[3] Merseburger Beiträge 1/2002, Heinz Rehmann, S. 29.

[4] Merseburger Beiträge 1/2002, Heinz Rehmann, S. 20/21.

[5] Heinrich Bütefisch wurde am 21.04.1945 zusammen mit Dr. Schneider als Werksleitung der Leuna-Werke abgelöst.

[6] „Faktor Öl", S. 235-236 und „Erinnerungen" v. Albert Speer, Ullstein Verlag, 1969. Siehe auch Merseburger Beiträge 1/2002, Heinz Rehmann, S. 22/23.

[7] Merseburger Beiträge 1/2002, Heinz Rehmann, S. 23.

[8] „Flak", S. 263.

[9] Czepluch „Die Bedeutung der Scheinwerke im Areal des Ammoniakwerkes Merseburg GmbH". Siehe auch Merseburger Beiträge 1/2002, Heinz Rehmann, S. 46.

[10] „Flak", S. 212-213. Auch wenn im Mai 1944 Me-262 Düsenjagdflugzeuge und am 28.07.44 7 neue Me-163 zum Schutz der Leuna-Werke zum Einsatz kamen.

[11] Merseburger Beiträge 1/2002, Heinz Rehmann, S. 23.

[12] Gem. Zeitzeugenbericht Kilian und Rose.

[13] Gem. Tessin.

[14] „Angriffshöhe 6000 Meter - Die Luftangriffe auf Leuna".

[15] „Schulfrei für den Tod".

[16] Bundesarchiv - RMfWEV, Handakte Brenner.

[17] „Flak", S. 314.

[18] „Schulfrei für den Tod".

[19] „Flak", S. 305ff.

[20] „Flak", S. 322.

[21] „Flak", S. 266.

[22] „Flak", S. 265.

[23] „Flak", S. 267.

[24] „Flak", S. 264.

[25] „Joseph Goebbels Tagebücher 1945", S. 67.

[26] „Als Luftwaffenhelfer 1944 in Berlin und Leuna" v. Dr. Wolfgang Waldhauer, Leverkusen, 12.04.01.

[27] Merseburger Beiträge 1/2002, Heinz Rehmann, S. 6.

[28] Merseburger Beiträge 1/2002, S. 24. Rehmann bezieht sich auf die Angaben der 8th USAAF und des United Stratecic Bombing Survey. Czepluch gibt 24 974 Bomben an. Siehe auch „Die Luftangriffe auf Leuna", dort werden 20 Angriffe auf Leuna genannt.

[29] Merseburger Beiträge 1/2002, Heinz Rehmann, S. 26.

[30] Geschichte Mitteldeutschlands.

[31] Merseburger Beiträge 1/2002, Heinz Rehmann, S. 32.

[32] „Flak", S. 274.

[33] Merseburger Beiträge 1/2002, Heinz Rehmann, S. 44.

III. Die militärische Lageentwicklung bis Mitte April 1945

Ende März 1945 liegt das Dritte Reich in seinen letzten Zügen. Im Osten beginnen die russischen Verbände mit dem Sprung aus den eroberten Oder-Brückenköpfen Richtung Berlin. Im Westen haben die Alliierten nach der Überschreitung des Rheins mit dem Stoß ins Herz des Reiches begonnen.

Am **23. März 1945** beginnen die 21st (brit.) Army Group mit ihrem Großangriff am Niederrhein und die Truppen der 2nd Royal Army und der 9th US Army beginnen mit der Einschließung des Ruhrgebietes von Norden. Südlich des Abschnittes der 9th US Army drängen die Kräfte von Lt. Gen. Courtney H. Hodges 1st US Army der 12th US Army Group im Siegerland gegen den Südrand des Ruhrgebietes.[1]

Am **28. März 1945** fällt die Entscheidung des Oberkommandos der westalliierten Streitkräfte unter Dwight D. Eisenhower über die Fortsetzung der Gesamtoffensive westlich des Rheins. Strategisches Ziel ist es, nach der Zerschlagung des Ruhrkessels mit der 12th US Army Group unter General Omar N. Bradley im Zentrum den Hauptstoß über Kassel und Erfurt auf Leipzig und weiter nach Dresden zu führen, das Reichsgebiet in zwei Teile zu spalten und das wichtige mitteldeutsche Industriegebiet Halle - Merseburg - Leipzig zu besetzen. Das Endziel Dresden wird später korrigiert und als Haltelinie für den Vorstoß die Mulde-Linie festgelegt. Die im Norden angreifende 21st (brit.) Army Group des Field Marshal Bernhard Law Montgomery soll bis zu den norddeutschen Häfen vordringen und die 6th US Army Group unter General Jacob „Jake" Loucks Devers soll nach Süddeutschland vorstoßen und im Donautal den Kontakt zu den Russen herstellen.

Diese Entscheidung fällt gegen massiven Widerstand der Briten, die Eisenhowers Strategie in Frage stellen. Der britische Field Marshal Brooke wirft Eisenhower die „planmäßige Verzettelung" seiner Kräfte vor. Hintergrund sind die britischen Befürchtungen, dass die angloamerikanischen Verbände bei der Zerschlagung des „Ruhrkessels" zu lange gebunden sein würden. Sie plädieren für einen starken Vorstoß auf der gesamten Frontbreite und einem gezielten Angriff von Kräften Montgomery's auf Berlin. Churchill ist sich sicher, Berlin vor den Russen zu erreichen. Ungeachtet der Vereinbarungen erhofft er sich, Berlin als Faustpfand für zukünftige Verhandlungen mit Stalin einsetzen zu können.

Eisenhower hingegen ist gegen die Einnahme von Berlin. Als kühl kalkulierender Militär ist er sich des Preises für die Einnahme der Hauptstadt des Deutschen Reiches bewusst. Dabei orientiert er sich an seinem erfahrenen Heerführer Omar Bradley, den er selbst als *„größten Frontbefehlshaber, dem ich in diesem Krieg begegnet bin"* bezeichnete. Dieser hatte die möglichen Verluste mit 100 000 Mann beziffert. Bradley schreibt in seinem Buch *"A soldier's story of the Allied Campaigns from Tunis to the Elbe": „Ein ganz schön hoher Preis für ein Prestigeziel."* Dass seine Schätzungen durchaus berechtigt sind, zeigt sich daran, dass die Rote Armee beim Sturm auf Berlin über 100 000 Tote hinnehmen muss. Und auch, wenn Stalin den Angloamerikanern vorwirft, dass *„sich ihnen ganze Großstädte kampflos ergaben, während an der Ostfront um jede Bahnstation gerungen würde"*, so ist es falsch anzunehmen, dass die Deutschen ihre Hauptstadt kampflos aufgegeben würden. Hinzu kommt, dass sich die Russen zu diesem Zeitpunkt näher an Berlin befanden als die Westalliierten.

Eisenhower wird in seiner Entscheidung durch General Marshall als Vertreter der Combined Chiefs of Staff gestärkt. In dieser Phase schaltet sich Roosevelt in die Debatte ein und erteilt dem britischen Premier Churchill das letzte Mal eine Absage zu dessen Plänen. Roosevelt will ein gemeinsames Vorgehen mit den Russen. Churchill muss klein beigeben. Montgomery erhält den Befehl, nicht in Richtung Berlin anzugreifen. Alle weiteren Entscheidungen Eisenhowers wurden von dieser Entscheidung geprägt. Ab jetzt agiert nicht mehr der Politiker, sondern der Militär Eisenhower. Und für den ist das Ziel klar - die vollständige Zerschlagung der Wehrmacht. Dem ordnet er die militärischen Planungen unter. Ihm ist klar - der Feind muss zerschlagen werden, wo er angetroffen wird. Als Feldherr weiß er aber, dass er die Kampfmoral seiner Truppen und die Entschlossenheit seiner militärischen Führer nur aufrechterhalten kann, indem er ihnen mit dem Siegeslorbeer winkt. Und der ist nun einmal Berlin. Deshalb ist er sich mit Bradley einig, dass selbst seine Armeeoberbefehlshaber nicht erfahren dürfen, dass Berlin nicht mehr als Ziel in Frage kommt.

Bradley, dessen Armeen die Hauptaufgabe bei dieser letzten Offensive zukommt, war für diesen Auftrag nicht ohne Grund ausgewählt worden. Neben der Würdigung seiner bisherigen Leistungen sind sich Eisenhower und Marshall sicher, dass Bradley der einzig richtige und vor allem loyale Mann dafür ist. Die Amerikaner würden nicht glücklich sein, wenn man Montgomery diese Aufgabe gegeben hätte, denn der würde jede Möglichkeit, Berlin zu nehmen, mit Sicherheit nutzen und die Briten würden dann den ungewollten Ruhm einstreichen. Während hinter der Bühne die politischen Rangeleien über Macht und Nachkriegsordnung weitergehen, beginnen die Vorbereitungen zur letzten großen Offensive im Westen.

Am **29. März 1945** erreichen die Spitzen des VII. US Corps der 1st US Army den Raum Marburg und das V. Corps den Raum Limburg. Frankfurt/Main wird durch das XX. US Corps von Lt.Gen. George S. Patton's 3rd US Army genommen. Sein XII. US Corps erreicht an der Spitze der 3rd US Army das Gebiet südlich von Lauterbach/Hessen.

Die, auf breiter Front geführte, alliierte Großoffensive im Westen zerreißt die ohnehin schwache deutsche Westfront auf ihrer gesamten Breite. Nach dem Übergang der Alliierten über den Rhein bei Wesel am 23. März wird im Norden die H.Gr. H unter Gen.Obst. Johannes Blaskowitz im Zentrum aufgespalten. Durch die entstandene Lücke schiebt sich die 9th US Army auf den Nordrand des Ruhrgebietes und in Richtung Teutoburger Wald vor, während die 2nd (brit.) Army nach Norden drückt. Bei der H.Gr. B, die entlang der Rhein-Linie zwischen Düsseldorf und Koblenz steht, stößt die 1st US Army aus dem Brückenkopf bei Remagen, südlich von Bonn, mit Beginn der Großoffensive durch das Siegerland nach Nordosten vor. Wie eine gewaltige Zange umfasst die 9th und 1st US Army das Ruhrgebiet. Am 1. April 1945 treffen sich die Spitzen der 9th und 1st US Army südlich von Lippstadt, die H.Gr. B ist *„zwischen Rhein, Ruhr und Sieg"*[2] eingekesselt. Auch die Front der südlich anschließenden H.Gr. G wird an mehreren Stellen durchbrochen. General Patton's 3rd US Army stößt über Frankfurt/Main Richtung Kassel und in Richtung Thüringen. Der Stoß dehnt die entstandene Lücke zwischen der H.Gr. B und G weiter aus.

Die deutsche Westfront befindet sich damit Ende März 1945 in der Auflösung. Insbesondere die Einkesselung der H.Gr. B reißt eine riesige Lücke in die deutsche Front, durch welche die amerikanischen Verbände nunmehr fast ungehindert in den mitteldeutschen Raum hineinströmen. Dem hat das deutsche Oberkommando nur noch wenig entgegenzusetzen. Lediglich Adolf Hitler ist nachwievor der Überzeugung, dass das Halten der Front für einen Zeitraum von drei bis vier Wochen reichen wird, um die neuen Strahlenjäger zum Einsatz zu bringen und damit die Situation zu Gunsten des Reiches zu verändern.[3] Wunderwaffen und neue Armeen sollen das Deutsche Reich retten. Doch selbst der Hauptpropagandist des Deutsches Reiches, Joseph Goebbels, hatte bereits am 8. März 1945 in sein Tagebuch geschrieben: *„Den feindlichen Luftarmaden haben wir nichts Nennenswertes entgegenzusetzen."*[4]

Stellungen der schweren (oben) und leichten Flak (unten) sollen im mitteldeutschen Raum die „feindlichen Luftarmaden“ aufhalten Fotos: Sammlung Eiermann, Sinsheim

Am **1. April 1945** treffen sich die Verbände der 1st US Army unter General Hodges mit den Truppen der 9th US Army von Lt.Gen. Simpson im Raum zwischen Bielefeld und Paderborn. Die Reste der H.Gr. B des Generalfeldmarschalls Model mit der 15. Armee des Gen.d.Inf. von Zangen und der 5. Panzerarmee sind im „Ruhrkessel" eingeschlossen.

Am gleichen Tag erreicht die aus dem Rhein-Main-Gebiet vorstoßende 3rd US Army unter General George S. Patton thüringischen Boden. Sein XX. US Corps attackiert nach Nordosten und während seine 80th US InfDiv den Raum Kassel erreicht, schwenken die Hauptkräfte nach Osten und gehen auf Mühlhausen vor. Das XII. US Corps, das sich bei seinem Vorstoß nach Nordosten weit vom XX. und vom benachbarten XV. US Corps der 7th US Army absetzt, erreicht mit seinem nördlichen Angriffskeil die Werra westlich von Eisenach. Die Panzerspitzen seines südlichen Angriffskeiles rollen durch die Rhön in Richtung Thüringer Wald.

Während die Kräfte der 1st US Army bis zum **4. April 1945** bei den Kämpfen um den „Ruhrkessel" gebunden sind, entwickelt die 3rd US Army ihre Offensive weiter in Richtung Osten. Das XX. US Corps beendet die Einnahme von Kassel und erreicht mit seinen Angriffsspitzen Mühlhausen. Das VIII. US Corps, welches aus dem Raum westlich von Frankfurt/M. herangeführt wurde, beginnt mit seinem Angriff durch das XX. und XII. US Corps hindurch nach Osten. Dabei werden Teile des XII. US Corps unter das Kommando des VIII. US Corps gestellt. Das XII. US Corps setzt seinen Vormarsch Richtung Kamm des Thüringer Waldes fort.

Am **5. April 1945** werden das VII. und V. US Corps der 1st US Army von ihrem Auftrag bei der Zerschlagung des „Ruhrkessels" entbunden und beginnen ihren Angriff Richtung Osten. Elemente des V. US Corps entlasten dabei das XX. US Corps der 3rd US Army bei Kassel. Das XX. US Corps besetzt Mühlhausen und schwenkt mit Teilen nach Südosten auf Langensalza. Die bei Kassel von ihrem Auftrag entbundenen Teile des Corps marschieren nach Osten und erreichen Eschwege. Die Grenzen des in die Angriffsfront der 3rd US Army eingeführten VIII. US Corps werden verändert und dem Corps die frühere Zone des XII. US Corps übertragen. Somit übernimmt das VIII. US die Verantwortung für den Raum Eisenach - Langensalza - Gotha. Teile des VIII. US Corps gehen in Vorbereitung des weiteren Angriffs nach Nordosten bis zur Linie Mühlhausen - Langensalza vor. An der rechten Flanke der 3rd US Army beginnt das XII. US

Corps in Vorbereitung auf den Angriff seiner Panzerkräfte Richtung Südosten, auf Coburg, mit der Umgruppierung.

Am **6. April 1945** besetzen Einheiten des VIII. US Corps im Zusammenwirken mit dem XX. US Corps Langensalza. Somit haben alle Kräfte der 3rd US Army die Haltelinie der 12th Army Group Mühlhausen – Langensalza - Gotha - Oberhof erreicht.

Bis zum **8. April 1945** erreicht das VII. US Corps der 1st US Army die südwestlichen Harzränder und die Verbände des V. US Corps stoßen durch das Eichsfeld auf Sondershausen vor. Bei der 3rd US Army steht das XX. US Corps im Raum Eschwege - Mühlhausen - Langensalza. Das VIII. US Corps hält seine Positionen und setzt die Säuberung des Thüringer Waldes fort. Das XII. US Corps hat die Räumung seiner Haltelinie für den Angriff auf Coburg beendet, während sich andere Teile des Corps auf den weiteren Angriff durch den südlichen Thüringer Wald nach Osten vorbereiten.

Am **10. April 1945** haben auch die Verbände der 1st US Army die Ausgangslinie für den letzten großen Stoß nach Osten erreicht. Das VII. US Corps steht westlich von Nordhausen und das V. US Corps auf einer Linie westlich von Sondershausen bis Ebeleben, nordöstlich von Mühlhausen.

Am **11. April 1945** beginnt der Großangriff der 1st und 3rd US Army in das industrielle Herz Mitteldeutschlands und zur alliierten Haltelinie entlang der Elbe und Mulde. Während im Abschnitt des VII. US Corps der 1st US Army die Masse der 3rd US AD des VII. US Corps Nordhausen einnimmt, führen andere Teile des Korps den Kampf zur Säuberung der südlichen und südwestlichen Harz-Ränder und des Harz-Vorlandes.

Südlich des VII. US Corps stößt im Verlauf des Tages die 9th US AD des V. US Corps, dicht gefolgt von der 2nd und 69th US InfDiv, aus dem Abschnitt Sondershausen - Ebeleben heraus nach Osten vor. Das CCB der 9th US AD erreicht bis zum Abend den Raum Ringleben. Das CCA im Zentrum erreicht den Raum Sachsenburg und das CCR an der Linken den Raum Rothenberga – Hardisleben.

Im Abschnitt der 3rd US Army geht das XX. US Corps mit seinen Panzerkräften durch die Infanteriedivisionen und fährt schnell Richtung Saale. Entlang der Reichsautobahn 4 stößt die 4th US AD des XX. US Corps bis zur Saale bei Jena vor, wo die Brücken zerstört sind. Die 6th US AD des gleichen Corps marschiert ohne großen Widerstand durch den Raum nördlich Erfurt - Weimar und erreicht noch am gleichen Tag die Saale bei Bad Kösen und Camburg wo sie als erste amerikanische Division mit der Errichtung von Brückenköpfen am Ostufer beginnt. Die schwachen deutschen Truppen weichen vor diesem Angriff aus.

Doch wer sind diese Truppen? Der Oberbefehlshaber der H.Gr. G, Gen.d.Inf. Friedrich Schulz, welcher am 3. April das Kommando über die H.Gr. von SS-Obstgruf. und Gen.Obst. der Waffen-SS Hausser übernommen hat, beschreibt in einem Brief aus dem Jahr 1946 die damalige Situation nüchtern:

„In dieser Front zwischen Harz und Oberrhein waren zahlreiche Lücken in der Besatzung vorhanden. So waren in dem Raum zwischen Harz und Gotha so gut wie keine eigenen Truppen. Die zahlreichen Divisionen, die in der Lagekarte von Hitler eingezeichnet waren, waren wohl ihrer Nummer nach vorhanden. .... Die Kampfstärke dieser Divisionen war nicht höher als die eines Bataillons, teilweise waren nur noch die Stäbe vorhanden.... Der Volkssturm war kaum ernst zunehmen für die Kampftruppe. Für den Kampf mit einem modern ausgestatteten Gegner völlig unzureichend bewaffnet (meist nur mit Gewehren mit wenig Munition), überaltert und ohne Kampferfahrung, wodurch er für die Kampftruppe oft eine Belastung, wenn nicht eine Gefahr war.... Die Front entbehrte jeder Tiefe. Reserven der mittleren und oberen Führung waren nicht mehr vorhanden und auch nicht zu erwarten.... Die Zahl der noch verfügbaren Panzer und Sturmgeschütze fiel gegenüber der feindlichen Panzerüberlegenheit überhaupt nicht ins Gewicht. Außerdem waren sie infolge Spritmangel örtlich gebunden und konnten nicht an andere Frontabschnitte verschoben werden. Die eigne Luftwaffe trat fast gar nicht mehr in Erscheinung.“[5]

In dieser Situation erteilt das Oberkommando der Wehrmacht den Befehl zur Neuaufstellung der 11. Armee im Raum zwischen Weser und Harz und der 12. Armee im Raum Fläming – Dessau – Wittenberg – Halle – Merseburg

Sie sollen die Lücke in der Front schließen und die deutschen Truppen im „Ruhrkessel“ durch einen Gegenstoß entsetzen. Von letzterem Auftrag werden sie jedoch bereits am 4. April entbunden. Während der Gen.d.Pz.Tr. Walter Wenck nach der Genesung von einem Autounfall direkt durch den Führer beauftragt wird, aus den letzten deutschen Reserven, Ausbildungseinheiten der Kriegsschulen, RAD-Einheiten und Hitlerjungen, einen neuen Großverband, die 12. Armee, zu bilden, erfolgt die Aufstellung der 11. Armee im Harz und Nordthüringen aus den Resten der, dem „Ruhrkessel“ entkommenen, Einheiten der 15. Armee und Ersatzeinheiten der W.Kr. IX Kassel und VI Münster.

Als die 3rd US Army Anfang April thüringischen Boden betritt, stehen ihr anfangs nur schwache Verbände der 7. Armee des Gen.d.Inf. v. Obstfelder der H.Gr. G zwischen Eisenach und Schweinfurt/Unterfranken gegenüber.

Bis Ende März 1945 haben die vor den anstürmenden amerikanischen Verbänden zurückweichenden Reste der 7. Armee die hessisch-thüringische Landesgrenze erreicht. Die Masse ihrer Kräfte werden im Raum Frankfurt/Main eingekesselt. Der Stab des Stellv. XII. AK W.Kr. Wiesbaden unter Gen.d.Art. Herbert Osterkamp entkommt dem Kessel einsatzbereit, dem Stab des LXXXV. AK gelingt die Flucht lediglich zu Fuß. Von der 7. Armee erhält Gen.d.Pz.Tr. Frhr Smilo v. Lüttwitz den Auftrag, aus dem Rest des LXXXV. AK im Raum Eisenach das Korps neu aufzustellen. Ab dem 1. April übernimmt er den Befehl über den Werra-Abschnitt beiderseits von Eisenach mit dem Schwerpunkt entlang der RAB 4. Das Stellv. XII. AK steht am Abend des 31. März auf der Linie Fulda - Hünfeld - Vacha und hat dort losen Anschluss zum LXXXV. AK. Der Auftrag der beiden Korps ist es, den Thüringer Wald um jeden Preis halten, denn dort befinden sich die für die Oberste Deutsche Führung wichtigen Rüstungszentren Suhl und Zella-Mehlis.

Am linken Flügel der 7. Armee hält das LXXXII. AK des Gen.d.Inf. Walther Hahm den Abschnitt von Bad Neustadt über Schweinfurt bis Volkach am Main. Sein Auftrag ist es, den Raum Schweinfurt unbedingt zu halten, um die dortige deutsche Kugellagerproduktion zu sichern.

Am rechten Flügel der 7. Armee ist mit der Organisation der Abwehrfront im Raum Mühlhausen - Gotha Gen.Lt. Horst Frhr v. Uckermann mit Gefechtsstand. in Süßenborn bei Weimar beauftragt. Uckermann führt seit Ende März 1945 das Kommando über zwei Divisionsgruppen und hatte bereits mit Ausbildungseinheiten die Verteidigung nach Osten an der Saale vorbereitet. Diese Kräfte drehen nun ihre Front nach Westen auf die Linie Schlotheim - Langensalza - Gotha. Zu ihnen gehören der Panzerverband des Kdr.d.Pz.Tr. im W.Kr. IX, Gen.Maj. Gustav Feller, aus Ersatztruppen des W.Kr. IX, welche den Stamm der im Raum Erfurt – Weimar in der Aufstellung befindlichen 9. PzDiv[6] bilden sollten, sowie die K.Kdt. Gotha und Erfurt. Die schwachen Sicherungen der als Korps.Gr. Uckermann bezeichneten Kräfte können im Zusammenwirken mit dem LXXXV. AK das Vordringen der Amerikaner in den Raum Mühlhausen - Gotha jedoch nur kurzzeitig an der Werra-Linie verzögern, aber nicht verhindern.

Nördlich der Linie Mühlhausen – Heldrungen – Querfurt schließt sich ab dem 4. April die 11. Armee des Gen.d.Art. Walther Lucht mit seinem LXVII. AK unter Gen.d.Inf. Otto Hitzfeld an die 7. Armee an. Hitzfeld, der bis zum 8. April mit der Führung der neu aufgestellten 11. Armee beauftragt war, stehen zwischen der Armee-Trennungslinie und dem Südharz lediglich die K.Gr. Gen.Maj. Heydenreich im Raum Sondershausen und die K.Gr. Oberst Ettner der Nachrichtenschule Halle im Raum zwischen Sömmerda und Artern zur Verfügung.

Hinter dem Abschnitt der 11. Armee, entlang der Saale-Linie von Halle über Merseburg bis nördlich von Weißenfels, liegt ab dem 12. April der Abschnitt des XXXXVIII. PzK der 12. Armee unter Gen.d.Pz.Tr. Maximilian Reichsfreiherr v. Edelsheim, dessen Stab von Graditz, 4 Kilometer südostwärts von Torgau, aus das Kommando über den Abschnitt zwischen Halle und Riesa übernimmt. Der Korpsstab hatte erst am Abend des 10. April von Görlitz kommend das Kommando über den Kampfraum übernommen. Seine Hauptfeuerkraft bilden die mehr als 1000 Flakgeschütze aller Kaliber der 14. Flak.Div. Leipzig des Gen.Maj. Adolf Gerlach und der 21. Flak.Brig. Bad Lauchstädt. Sie bilden den bei den alliierten Bomberpiloten als „Flakhölle" bezeichneten berüchtigten Flakgürtel um die Industriezentren Bitterfeld – Halle – Schkopau – Merseburg – Leuna – Böhlen – Leipzig. Dieser Gürtel zieht sich mit dem Zentrum Leipzig von Bitterfeld über Halle – Merseburg – Weißenfels – Zeitz bis Borna. Das Zentrum der Verteidigung bildet die Eisenbahnstrecke Halle – Weißenfels.

Erinnerungsfoto von einer eroberten deutschen Flakstellung im mitteldeutschen Raum
Foto: Charles A. Kooles, Co. H, 271st InfRgt, Bulletin Fighting 69th Infantry Div. Ass.

Weiterhin unterstehen dem XXXXVIII. PzK der K.Kdt. Halle, Gen.Lt. Anton Radtke, und der K.Kdt. Leipzig, Oberst Hans v. Poncet, der erst kurz zuvor Gen.Maj. v. Ziegesar abgelöst hat. Die Trennungslinie zwischen den Abschnitten der Kampfkommandanten bildet die verlängerte Linie Querfurt – Eilenburg – Torgau.

Auf Grund fehlender Verstärkungsmöglichkeiten und der Tatsache, dass die amerikanischen Truppen bereits unmittelbar vor deren Stellungen stehen, bildet der Abschnitt der Flak und der beiden Kampfkommandanten lediglich die „Vorgeschobene Verteidigungsstellung" der Korps.

Eine feuerbereite schwere Flakbatterie 1944 irgendwo im mitteldeutschen Raum
Foto: Sammlung Eiermann, Sinsheim

Als Hauptverteidigungslinie erfolgt der Ausbau der Stellungen an der Mulde und Elbe. Hierzu wird der Kampfabschnitt Mulde dem Korpsartilleriekommandeur Oberst Köhler unterstellt und der Kampfabschnitt Elbe dem Höheren Pionierkommandeur Torgau, Gen.Maj. Hermann. Der Kampfabschnitt Mulde mit dem Gefechtsstand in Schildau verfügt über die Truppen des Standortes Delitzsch mit einer Art.Ers.Abt. ohne Geschütze und Ersatztruppen der Standorte Düben, Eilenburg, Grimma und Schildau. Diese Truppen haben am Ostufer der Mulde mit dem Ausbau der Verteidigung begonnen und verfügen bei Eilenburg über einen Brückenkopf am Westufer. Der Kampfabschnitt Elbe mit Gefechtsstand. in Torgau verfügt über Ersatztruppen in Torgau und Riesa. Seine Truppen beginnen jetzt mit dem Ausbau der Verteidigung nach Westen. Als Reserve verfügt das Korps über je eine Kampfgruppe in Bataillonsstärke in Torgau, Riesa, Schildau sowie ein Pi.Btl. in Oschatz. Zusätzlich erfolgt die Aufstellung eines Regimentsführungsstabes in Torgau. Die Reit- und Fahrschule IV Oschatz wird eingegliedert. Die Standorte Grimma, Oschatz und Wurzen werden außerdem angewiesen, sich auf eine Verteidigung nach Süden hin einzurichten. Die rückwärtige Grenze des Korpsraumes bildet die Schwarze Elster, deren Orte ebenfalls zum Korps gehören.

Hauptaufgabe dieser völlig irreführend als Panzerkorps bezeichneten Gruppierung ist es, durch die starke Verteidigung des Südabschnittes des Korps, die linke Flanke der 12. Armee unter allen Umständen zu schützen. Die Bezeichnung dürfte wohl lediglich propagandistischen Zwecken dienen, denn über Panzertruppen verfügt dieses Korps nicht.[7]

In den Unterlagen der Historical Division der US Army vom 12. Juli 1946 beschreibt v. Edelsheim den Auftrag seines Korps folgendermaßen: *„Der Befehl lautete, den Sektor durch das Halten von Halle und Leipzig zu verteidigen. Die Sektoren an Mulde und Elbe waren für die westwärts gerichtete Verteidigung vorzubereiten. Von großer Bedeutung war der Schutz des Südflügels sowie der Südflanke der 12. Armee, die sich im Gebiet Dessau sammelte. Nach der Beendigung dieser Sammlung sollte die Armee so bald wie möglich mit dem Angriff in Richtung Westen beginnen.“* [8]

Südlich angrenzend an das XXXXVIII. PzK beginnt nordöstlich von Weißenfels der Abschnitt der Saale-Verteidigung des „Befehlshabers Thüringen Ost“, Gen.Obst. a.D. Hoth, welche der 7. Armee unterstellt ist und aus Garnisonstruppen und Volkssturmeinheiten besteht. Hoth's Abschnitt verläuft entlang der Saale bis zur thüringisch-fränkischen Landesgrenze. Diese Kräfte werden ab dem 13. April in die Korps eingegliedert.

Die 11. und 12. Armee unterstehen direkt dem OB West, Generalfeldmarschall Kesselring. Am 10. April wechselt die 7. Armee von der Unterstellung unter die H.Gr. G unter die direkte Befehlsgewalt des OB West.

Sowohl für die 7. deutsche Armee als auch für die 11. Armee verdeutlicht sich im Tagesverlauf immer mehr, dass es nicht möglich ist, eine geschlossene Frontlinie aufzubauen. Selbst der Versuch des 4. Generalstabsoffiziers der 7. Armee, persönlich Kontakt mit dem Stab der 11. Armee aufzunehmen, scheitert. Über sein weiteres Schicksal ist nichts bekannt.

In Süßenborn bei Weimar übernimmt das frisch eingetroffene Gen.Kdo. XC. AK unter Gen.d.Inf. Erich Petersen das Kommando über die Reste der Korps.Gr. Uckermann der 7. Armee. Dem Gen.Kdo. gelingt es jedoch in den folgenden Tagen nicht, Einfluss auf die Lageentwicklung zu gewinnen. Die im Raum Erfurt – Weimar kämpfenden Kräfte, welche seit dem 9. April unter dem Kommando von General Theilacker stehen, erhalten gegen Mittag den Rückzugsbefehl und weichen mit der Besatzung des K.Kdt. Weimar hinter die Saale aus. Das Herausziehen der Besatzung aus Erfurt ist zu dieser Zeit nicht mehr möglich, da die Stadt bereits eingeschlossen ist. General Petersen verlegt mit seinem Stab nach Frauenprießnitz, südlich von Schkölen. Nach der Eingliederung der im Abschnitt befindlichen Truppen der Saale-Verteidigung übernimmt das XC. AK die Verantwortung für den nordöstlich von Weißenfels beginnenden Abschnitt, der über Naumburg und Camburg bis südlich von Jena verläuft.

* * *

[1] Alle Angaben beruhen im Wesentlichen auf dem Buch "United States Army in World War II – Chronology 1941–1945" von Mary H. Williams, Office of Military History, Department of the Army, Washington D.C. 1960.

[2] NARA, B-606, Oberst Günther Reichhelm.

[3] BA-MA, ZA 1/1056, Oberst i.G. Wilutzky.

[4] „Joseph Goebbels Tagebücher", S. 127.

[5] BA-MA, Gen.d.Inf. Schulz, RH 19 XII N 318/1.

[6] G 2 Unterlagen der 3rd US Army – hier erbeutete Dokumente – nennen die geplante Aufstellung.

[7] „Die Armee Wenck" v. Gellermann.

[8] NARA, B-219, Gen.d.Pz.Tr. Maximilian Reichsfreiherr v. Edelsheim.

IV. Die Besetzung des mitteldeutschen Chemiezentrums Schkopau – Merseburg – Leuna

Geheime Tagesberichte der Deutschen Wehrmachtsführung vom 12. April 1945:
AOK 11, Kampfkdt. Halle: *Im Angriff von Westen gegen den Großraum Halle drang der Feind bis 5 km NW, 6 km W und 5 km SW Halle und bis hart W Merseburg vor.*
H.Gr. G, 7. Armee, XC. AK: *In Naumburg drang der Feind ein, Kämpfe sind noch im Gange. Teuchern ging verloren. Nach bisher unbestätigter Meldung stießen Feindkräfte aus Osterfeld nach Süden in den Raum Eisenberg vor. Im Raum 9 km östlich von Zeitz sollen sich Feindpanzer befinden. Jena wurde vom Feind genommen, der über Bürgel weiter nach Osten vorstieß.*

[Anmerkung des Autors: Die geheimen Tagesberichte des WFSt sind die tägliche Zusammenfassung aller, beim OKW eintreffenden, Meldungen zur Frontlage, die jedoch insbesondere in den letzten Kriegstagen kaum noch ein objektives Bild der Ereignisse darstellen. Trotz eines immer noch funktionierenden Meldesystems auf höherer Führungsebene der Wehrmacht beruhten die Meldungen, insbesondere von den Frontabschnitten, in denen keine geschlossene militärische Führung existierte, häufig auf Hörensagen oder waren längst zeitlich überholt. In einigen Fällen erfolgte die Informationsgewinnung durch direkte Telefonate mit Parteidienststellen und Privatpersonen in den bedrohten Gebieten. Dadurch kam es immer wieder zu Falschmeldungen. Da die Geheimen Tagesberichte jedoch zum einen die Lageeinschätzung der Obersten Wehrmachtsführung dokumentieren und zum anderen als Grundlage für militärische Entscheidungen verwendet wurden, sollen sie im Weiterem zitiert werden. Gleiches gilt für das Kriegstagebuch. Die auszugsweise Widergabe der offiziellen Meldungen des OKW in Presse und Rundfunk soll einen Einblick in die Wahrnehmung der Geschehnisse durch die Bevölkerung geben, deren einzige Informationsquelle Zeitungen und Rundfunk war. Bei diesen Meldungen kommt neben der zeitlich versetzten Wiedergabe von Informationen noch die propagandistische Note hinzu, die das Bild verzerren. Sie dürfen daher nicht als Grundlage für objektive Betrachtungen herangezogen werden.]

Am **Donnerstag,** dem **12. April 1945**, beginnt zwischen Harz und Thüringer Wald auf ganzer Breite der entscheidende Vorstoß der 1st und 3rd US Army zur Saale und Weißen Elster. Dabei treffen die amerikanischen Angriffsspitzen auf der gesamten Linie Schkopau – Merseburg – Weißenfels – Zeitz auf massives Abwehrfeuer der Flakbatterien des mitteldeutschen Flakgürtels.

12,8cm Flakgeschütze in der Flakstellung Kötzschen, im Hintergrund die Leuna-Werke
Foto: Mit freundlicher Genehmigung durch Herrn Hasso Pacyna

Der ist trotz der Verlegung einzelner schwerer Flakbatterien und der Masse der leichten Flakbatterien zum Erdkampf an die Ost- und Westfront im Frühjahr 1945 in seiner Gesamtheit nur unwesentlich geschwächt.

Das V. US Corps schreibt später in seiner Chronik „V Corps Operations in ETO“: *„Die Orte und Städte am Westrand von Leipzig waren der am stärksten industrialisierte Raum in diesem Gebiet Deutschlands. Die starken Flakeinrichtungen zeugten von der Wichtigkeit der Werke für die Deutsche Wehrmacht. Das Gebiet von Merseburg war zum Beispiel stärker gesichert als manche größere Stadt, weil sich dort das zweitgrößte Werk zur synthetischen Herstellung von Treibstoff befand. Im nahegelegenen Schkopau befand sich das größte Werk Deutschlands zur synthetischen Herstellung von Kautschuk.“*[1]

Jetzt eröffnen die Besatzungen der Flakgeschütze, die bis vor wenigen Tagen im Abwehrkampf gegen die alliierten Bomberströme standen, das Feuer auf die anrückenden Panzer. Das Auftreffen auf die starken Geschützstellungen des mitteldeutschen Flakgürtels kommt für die amerikanischen Truppen völlig überraschend. Die Männer der 9th US AD des V. US Corps trifft es dabei am schwersten.

Im After Action Report der 9th US AD für den Monat April 1945 schreibt der Adjutant des CG 9th US AD, Maj.Gen. John W. Leonard, Lt.Col. S. S. Sogard: *„Die Standorte dieser Geschütze waren in den Informationen für den Vormarsch nicht enthalten, mit denen das Hauptquartier ausgestattet war, obwohl das Gebiet von*

Leipzig generell als eine der stärksten Flakkonzentrationen Deutschlands bekannt war. Unsere Kräfte waren überrascht von der Verteidigung, als sie in den Gürtel kamen. Die meisten Stellungen wurden während des Angriffs entdeckt. Dringende Anrufe beim nächsthöheren Hauptquartier brachten erst am 15. April annähernd vollständige Angaben über diese Stellungen." Auch die Auswertung der Luftaufnahmen der Luftaufklärung erreicht die Kampftruppen zu spät, um ihnen nützlich zu sein.

Dr. Walter R. Reichelt schreibt in seiner 1987 erschienen Chronik „Phantom Nine: The 9th Armored (Remagen) Division 1942–1945": *„Das CCB war unwissentlich kopfüber in den äußeren Ring der Flak-Verteidigung der Stadt Leipzig gerannt. Obwohl den Alliierten Luftstreitkräften die Stärke und Effektivität dieser Geschütze bekannt war, hatte niemand dies gegenüber den Männern der 9th Armored Division erwähnt. Luftaufklärung hätte die Hauptstandorte dieser tödlichen Waffen erkennen müssen. Jetzt nutzte diese Information nichts mehr."*[2]

Maj.Gen. Huebner
Foto: National Archives

Das V. US Corps unter Maj.Gen. Clearance R. Huebner stößt an diesem Tag im linken Abschnitt der 1st US Army mit den Panzerspitzen voraus zur Saale-Linie zwischen Schkopau – Merseburg – Leuna – Weißenfels – Naumburg und damit ins Herz des mitteldeutschen Industriezentrums.

Entlang der Linie Ringleben – Heldrungen – Rastenberg starten die Einheiten der 9th US AD am frühen Morgen ihren Vormarsch zur Saale. An der linke Flanke der Division und des Corps stößt das CCB unter dem Kommando von Col. Harry W. Johnson mit den Aufklärern der 89th CavRcnSq unter Lt.Col. Caesar F. Fiore über Artern bis zum frühen Nachmittag fast ungehindert bis Querfurt vor, das sich kampflos ergibt.

Während Sicherungen in Querfurt zurückbleiben, bis Kräfte der nachfolgenden TF Prince, 52nd AIB, unter Lt.Col. William R. Prince des CCB die Kontrolle über die Stadt übernehmen, fährt die Kolonne der TF Karsteter, 19th Tk Bn, unter Lt.Col. Burton W. Karsteter von der Kreuzung südlich von Leimbach weiter auf der alten Heerstraße nach Merseburg, südlich an Querfurt vorbei.

Südlich der Heerstraße fahren die Panzer von Lt. Pierson's Plat. der Co. A, 19th Tk Bn, die sich zur Streckenaufklärung rechts der Hauptkolonne bewegen, auf Göhritz zu und schwenken nach Feindkontakt vor dem Ort nach Norden und umgehen Barnstädt und Göhritz.

Am Nachmittag erreicht die TF Karsteter, 19th Tk Bn, mit den leichten Panzern der Co. D, 19th Tk Bn voraus Nemsdorf.[3] Dabei feuern die leichten Panzer mit ihren .30cal Turm-MG im Rahmen der sogenannten „Feuer-Aufklärung“[4] so häufig auf vermutete Ziele, das ihnen die MG-Munition ausgeht. *„Alle verdächtig erscheinenden Gebäude, Heuhaufen etc. wurden mit Leuchtspurgeschossen in Brand gesetzt, um festzustellen, ob sich feindliche Truppen darin versteckten.“*[5]

Daraufhin übernimmt der 1st Plat. Co. B, 19th Tk Bn unter 2nd Lt. Herbert L. Casey die Führung der Kolonne, gefolgt vom 1st Plat. Co. D, 19th Tk Bn. Dieser wird nach dem Ausfall des Panzers des Plat.Leaders Lt. Krumm durch den CO der Co. D, 19th Tk Bn, Capt. Edgar A. Terrell Jr., persönlich geführt. Fast ungehindert fahren sie weiter über Schafstädt nach Großgräfendorf.

Dabei überrollen sie den Feldflugplatz Schafstädt zwischen Schafstädt und Neuweidenbach, südlich der Straße Querfurt – Schafstädt. Die Task Force findet dort lediglich eine Anzahl zerstörter Segelflugzeuge vor.[6] Das Personal des Flugplatz.Kdo. 10/IV hat sich abgesetzt.

Der Feldflugplatz mit Kommandantur im nahegelegenen Obhausen war 1935 im Rahmen der Luftaufrüstung als Einsatzhafen II. Ordnung[7] entstanden und im September 1939 mit der Verlegung der I. Gruppe des Jagdgeschwaders 3 „Udet“ von Brandis nach Schafstädt zum Einsatzhafen I. Ordnung hochgestuft worden. In Schafstädt erfolgte die Umrüstung auf das Jagdflugzeug Messerschmidt Bf 109. Bereits am 22. September 1939 erfolgte die Verlegung nach Merseburg. Eine ständige Nutzung durch Fliegerverbände erfolgte im Weiteren nicht. Die IV./JG 3, die den Platz ab dem 30. August 1944 zur Umgliederung nutzte, verließ ihn bereits am 19. November 1944.[8] Auch der Aufenthalt der I./JG 302 war nur von kurzer Dauer. Die I. Gruppe lag nur vom 1. bis 5. September 1944 auf dem Platz.[9] Am 8. April 1945 war der Platz dann durch B-17 Bomber der 8th USAAF, die das letzte Mal das Mineralölwerk Lützkendorf eingreifen, völlig zerstört worden.[10]

Das Außenlager des Arbeitserziehungslagers der SS „Zöschen“ das im Oktober 1944 im Schafstall am Rand des Flugplatzes eingerichtet wurde und dessen Insassen für die Organisation Todt Arbeiten am Flugplatz durchgeführt hatten, ist zu diesem Zeitpunkt bereits geräumt.[11]

Als die Vorhut der TF Karsteter, 19th Tk Bn, die Straße Steuden – Schafstädt kreuzt, gerät sie das erste Mal unter schweres Abwehrfeuer deutscher Flakgeschütze.[12] Sie sind auf die Feuerstellungen der 21. Flak.Brig. des Oberst Gustav Nordmeyer, dessen Stab sich in Bad Lauchstädt befindet, und dessen Batterien entlang der Eisenbahnlinie Halle – Weißenfels die amerikanischen Truppen aufhalten sollen, aufgelaufen.

In den Feuerstellungen der Flakbatterien hatte man die ahnungslos anrollenden amerikanischen Panzer nach der Auslösung des Signals „Panzeralarm" bereits erwartet. *„Die Reihen von Rauch entlang der Marschstrecke (der Amerikaner d.A.) war in dem flachen Land über Meilen sichtbar."*[13]

Die Bedienungen der, ursprünglich nicht für den Erdeinsatz vorgesehenen, ortsfesten, Flakbatterien haben nach dem Ende der Luftangriffe auf die schwer zerstörten Chemiewerke und der damit verbundenen Einstellung der Produktion ihre Geschütze zum Erdkampf gerüstet. Die Erdwälle zum Splitterschutz bei Luftangriffen sind weit genug abgetragen, um bei 0° Rohrerhöhung die Geschützrohre in alle Richtungen schwenken zu können. Zur Bekämpfung von Erdzielen liegen Aufschlagzünder für die Flakgranaten bereit. Lediglich Erdvisiereinrichtungen fehlen den Geschützen, was im direkten Feuerkampf mit den feindlichen Panzern das Zielen über das Rohr erforderlich macht.[14] Alle Batterien verfügen über zugewiesene Sperrfeuerabschnitte und vorgeschobene Beobachter haben Beobachtungsposten zur Feuerleitung bezogen, so z.B. auf der Braunkohlenhalde bei Großkayna.[15]

Einzelne 8,8cm Flakgeschütze wurden mit den wenigen vorhandenen Behelfslafetten beweglich gemacht, um sie an den möglichen feindlichen Vormarschstraßen als Panzerabwehrgeschütze einsetzen zu können. Die meisten der, nicht ausreichend vorhandenen, Zuglafetten waren zur Verlegung von Geschützen an die Ostfront abgezogen worden.

Neben einer Anzahl von so beweglich gemachten Flakgeschützen, die zwischen Sangerhausen und Halle zum Einsatz kommen, bezieht auch eine einzelne 8,8cm Flak Feuerstellung an der Straße von Frankleben nach Großkayna.[16] Vier 8,8cm Flakgeschütze der 8./s.Flak.Abt. 307 (o) der Flak.Gr. Böhlen-Zeitz, die auf Behelfslafetten aus der Flakstellung Nißma, südlich von Zeitz, abgezogen wurden, haben im Raum Weißenfels östlich der Autobahnbrücke der Reichsautobahn 9 Berlin – München bei dem kleinen Ort Lösau Stellung bezogen.[17]

Fahrrad- und Fußpatrouillen im direkten Umfeld der Batterien sollen die Stellungen vor Überraschungen schützen.[18] Die gemischten Feuerstellungen aus einer oder mehreren Batterien Luftwaffen- und RAD-Flak haben jedoch einen großen Mangel – sie verfügen kaum über Maschinengewehre und automatische Waffen. Die infanteristische Bewaffnung besteht in der Regel aus veralteten Beutegewehren. Lediglich Panzerfäuste stehen in größerer Anzahl zur Verfügung.[19] Ein Großteil der zum Schutz gegen Tiefflieger in den Großkampfbatterien stationierten 2cm und 3,7cm Flakbatterien war bereits Ende März 1945 zum Erdeinsatz an die Ostfront abgezogen worden.[20]

Neben diesen Vorbereitungen für den Erdkampf geschieht noch etwas in den Flakstellungen. Während die Masse der ausländischen „Hilfswilligen" kurz vor dem Eintreffen der Amerikaner die Stellungen verlässt und sich auch einige Soldaten aus der näheren Umgebung trotz der Gefahr durch Feldgendarmerie und drohender Standgerichte absetzen, werden in einigen Stellungen die wenigen verbliebenen jungen Luftwaffenhelfer zu Soldaten vereidigt, um somit in den Kombattanten-Status versetzt zu werden.[21] Der Großteil der Luftwaffenhelfer war bereits Ende Februar 1945 nach Hause entlassen worden, um dort zum RAD und zur Wehrmacht einberufen zu werden. Nur diejenigen Luftwaffenhelfer, die bei der Musterung als „nicht kriegsverwendungsfähig" eingestuft wurden oder deren Zuhause sich in den bereits besetzten Gebieten befand, hatte man kurzerhand als „flakverwendungsfähig" erklärt und in den Stellungen belassen.[22]

Am gleichen Tag, dem 12. April 1945 erhalten die Führungsstäbe der Wehrmacht ein Fernschreiben des Chefs des OKW, GFM Keitel, mit dem folgenden Text:

1. *Der Führer hat befohlen: Mit sofortiger Wirkung wird die weitere Zuführung von Jahrgang 28 zur Luftwaffe eingestellt (einschließlich Offiziersbewerber),.*
2. *Die Angehörigen der Jahrgänge 26 und 27 bei den in vorderster Front eingesetzten RAD-Flakbatterien verbleiben bis auf Weiteres Angehörige des RAD.*
3. *Diejenigen Luftwaffenhelfer Jahrgang 28, die auf Grund der Lage aus den Luftwaffen-Flak-Batterien nicht mehr herausgelöst werden konnten, werden mit sofortiger Wirkung zur Luftwaffe versetzt. In allen Fällen sind jedoch Offiziers-Bewerber des Heeres und der Kriegsmarine in den betreffenden Wehrmachtsteilen im unmittelbaren Einvernehmen zuzuführen.* [23]

Das Sperrfeuer der Geschütze in der Flakstellung Nr. 103 an der Sandstraße nördlich des Ortes Schotterey trifft als erstes die Co. B, 19th Tk Bn, die gefolgt vom 1st Plat. Co. D, 19th Tk Bn und 3rd Plat. Co. A, 656th TD Bn an der Spitze der Kolonne der TF Karsteter, 19th Tk Bn, des CCB über Großgräfendorf nordostwärts an Schotterey vorbei Richtung Holleben rollt.[24] *„Die gut getarnten Geschütze waren, wie man später feststellte, 8,8c m und 12,8cm Geschütze. Die meisten Granaten waren Luftexplosionen, viel zu hoch um effektiv zu sein. Das extrem flache Gelände machte es unmöglich, Schutz zu finden.“*[25]

Luftbild der Flakstellungen südlich von Delitz vom 7. April 1945
Luftbild: Nr. 4158, Luftbilddatenbank Ingenieurbüro Dr. Carls, Estenfeld

Während die Kolonne versucht, dem Beschuss aus Richtung Schotterey in schneller Fahrt in Richtung Delitz am Berge zu entgehen, gerät sie westlich von Delitz auch frontal unter Flakbeschuss. Jetzt feuern die 8,8 und 10,5cm Geschütze der 6./s.Flak.Abt. 540 und der Bttr. z.b.V. 1712 in der Flakstellung der Flak.UGr. Schkopau-West am Südrand von Delitz im direkten Richten auf die

Kolonne.[26] Innerhalb weniger Minuten werden so durch das Feuer der beiden Flakstellungen ein mittlerer Sherman Panzer, ein Halbkettenfahrzeug und drei Lastwagen getroffen. *„Ein mittlerer Panzer wurde getroffen und die Sanitäter, die herbeieilten, um der Besatzung zu helfen, kamen unter Scharfschützenbeschuss.“*[27] Auch die begleitenden Infanteristen der Co. K, 3./38 unter Capt. John S. Calhoun Jr. erleiden erste Verluste.

Dann trifft das weiter zunehmende Feuer auch die hinteren Teile der Kolonne mit dem 2nd Plat. Co. D, 19th Tk Bn und der Svc Co. Dabei wird der leichte Panzer M3A1 „Stuart“ von Sgt. Lester W. Beers durch eine, hochgezogen explodierende, Flakgranate beschädigt, als dieser versucht aus dem Bereich einer Geländeerhebung in Deckung zu fahren. Dabei wird Tec 5 George W. Cotts getötet, Sgt. Beers, Sgt. Maurice J. Willaert, Tec 4 Lavern C. Hagen und Pfc. Harvey L. Boudin werden leicht verletzt.[28]

Angesichts des Kreuzfeuers schwenkt die Task Force westlich der Bahnlinie Bad Lauchstädt – Delitz nach Nordosten und erreicht in wilder Fahrt an Delitz vorbeifahrend den Geländeeinschnitt „In der Muhle“ zwischen Delitz und Holleben, wo die ungepanzerten Fahrzeuge ersten Schutz finden, während sich die Panzer am Rand der Senke formieren und versuchen die Stellungen der Geschütze auszumachen.

Lt.Col. Karsteter ist klar, dass er in Anbetracht der feindlichen Geschütze in seiner Flanke und im Rücken den Angriff nicht fortsetzen kann, ohne diese zuvor auszuschalten. Daraufhin befiehlt er einen Schwenk nach Nordwesten zur Landstraße Teutschenthal – Schotterey, um entlang dieser Hauptachse Schotterey von Norden anzugreifen. In der Zwischenzeit geht ein weiterer Lastwagen und ein Halftrack durch Beschuss verloren.

Nach der zügigen Schwenkbewegung stehen die Spitzen der Kolonne wenig später zum zweiten Mal an diesem Tag an der Straße Teutschenthal – Schotterey. Dann beginnt der Angriff der Task Force mit der Co. B, 19th Tk Bn voraus entlang der Straße, dicht gefolgt vom 3rd Plat. Co. A, 656th TD Bn, während sich der nachfolgende 1st Plat. Co. D, 19th Tk Bn und andere Teile der Task Force zum Schutz vor dem feindlichen Artilleriebeschuss im freien Gelände verteilt in Zick-Zack-Fahrt auf Schotterey zubewegen.

Unter einer „Glocke“ explodierender Flakgranaten nähert sich Co. B, 19th Tk Bn bis auf Sichtweite dem Ort. Als die Panzer die Biegung der Landstraße nördlich des Ortes passiert haben, werden ein Panzer und eine Halftrack aus der linken Flanke von Flakgranaten getroffen. Auch der erste Panzerjäger, der direkt hinter den Panzern folgt, erhält einen Treffer. Dabei werden zwei Mann der Besatzung getötet, zwei schwer und einer leicht verwundet. Jetzt schwärmen auch die Panzer der Co. B fächerförmig aus. Während sich die leichten Panzer des 1st Plat. von Capt. Terrell Jr. Co. D, 19th Tk Bn dem Ortseingang von Schotterey nähern, ohne selber einzudringen, greifen die Panzer der Co. B, 19th Tk Bn unter Capt. Bamfort Jr. die Stellung direkt an.

Den Panzer der Co. A, 19th Tk Bn unter Capt. John F. Sicks, welche den Auftrag erhalten haben, die Stadt zu umfahren und aus der entgegengesetzten Richtung in die Stadt einzudringen, gelingt es nicht in eine günstige Feuerposition zu kommen, um die Flak niederzuhalten. So lässt Sicks seine Panzer am Nordostrand des Ortes auffahren, um eine Flucht der deutschen Truppen aus dem Ort zu verhindern.

Aufnahme von Schotterey mit der Flakstellung an der Sandstraße vom 8. April 1945
Luftbild: Nr. 4159, Luftbilddatenbank Ingenieurbüro Dr. Carls, Estenfeld

Als die Sherman-Panzer der Co. B, 19th Tk Bn von Norden her eine Böschung hinab in Richtung der Stellung fahren, werden sie aus kurzer Entfernung mit Sprenggranaten beschossen.

„Der 1st Platoon (Co. D, d.A.) drang nie in den Ort Schotterey ein, da der Vormarsch plötzlich durch acht 88mm und vier 128mm Flakgeschütze aufgehalten wurde, die am Rand des Ortes horizontal gegen die angreifende Kolonne gerichtet waren. Sie befanden sich in überdeckten Unterständen und waren so sorgfältig getarnt, dass sie mit dem Boden verschmolzen waren, so dass sie weder entdeckt wurden, als wir das erste Mal Schotterey umgingen, noch als wir zum Angriff antraten. Sie befanden sich zirka 300 Yards links der angreifenden Kolonne bis zum Ortsrand in Stellung.“, heißt es in der History der Co. D, 19th Tk Bn.

Sie sind direkt vor die Rohre der Geschütze gefahren. Während die Panzerbesatzungen verzweifelt versuchen mit geschlossenen Luken die Geschützstellungen ausfindig zu machen, werden innerhalb weniger Minuten alleine drei Panzer getroffen, von denen aus der CO der Co. B, 19th Tk Bn, Capt. Bamfort, im Wechsel den Angriff führt. Als er zum vierten Mal wechseln muss, wird auch dieser Panzer getroffen und Bamfort schwer verwundet. Auch einer seiner Plat.Leader, Lt. Hitt, wird ernsthaft verwundet und fällt aus. Zum Schluss führt 2nd Lt. Herbert L. Casey als letzter verbliebener Zugführer den Rest der Kompanie. Auch die Verluste bei den Infanteristen wachsen stetig. Ohne weitere Feuerunterstützung bleibt der Angriff liegen.

So befiehlt Karsteter, den Einsatz der Sturmgeschütze des AG Plat. der HQ Co. Im direkten Schuss nehmen sie die Stellungen der Flakgeschütze unter Beschuss. Doch zwei bis drei der Geschütze liegen außerhalb des Schussfeldes ihrer Kanonen. Jetzt kommen die M21 Halftracks des Mort. Plat. mit ihren 81mm Granatwerfern zum Einsatz und eröffnen ebenfalls das Feuer auf die Stellungen. Aber erst kurz vor Einbruch der Dunkelheit gelingt es die Flakgeschütze endgültig zum Schweigen zu bringen, nachdem 105mm Haubitzen, die westlich von Großgräfendorf in Stellung gegangen sind, ebenfalls das Feuer auf die Flakstellung eröffnen.

Angesichts der Überlegenheit der amerikanischen Truppen ergibt sich die Besatzung der Stellung Nr. 103 mit der 3./s.Flak.Abt. 433, die trotz des starken Beschusses relativ geringe Verluste erlitten hat, den Panzermännern von 2nd Lt. Casey. Drei junge deutsche Soldaten verlieren ihr Leben, die Anzahl der Verwundeten ist unbekannt. Im Resultat der Kämpfe erobern die Panzersoldaten 12

Geschütze und besetzen den Ort.[29] Das 19th Tk Bn, die Co. A, 656th TD Bn und die Co. K, 3./38 haben im Feuer der Flakgeschütze sieben mittlere und leichte Panzer, einen Panzerjäger, ein Halbkettenfahrzeug und vier 2½to Lastwagen verloren. Das Bataillon verzeichnet insgesamt 20 Mann an Verlusten, unter ihnen Tec 5 George W. Cotts aus Wisconsin. Über die Gesamtverluste der Co. K, 3./38 liegen keine genauen Zahlen vor. Als Gefallene des 38th InfRgt sind auf den alliierten Soldatenfriedhöfen in Europa die Pfc. James N. Bergen aus California, Pvt. Ernest R. Seabrooke Jr. aus New York und Pvt. Matias Serrata Jr. aus Texas mit dem Todesdatum 12. April 1945 beerdigt.

Jetzt trifft auch Lt. Pierson's Plat. von der Co. A in Schotterey ein, nachdem dieser seinen Auftrag zur Aufklärung der Strecke südlich der vom Bataillon genommenen Route beendet hat. Dabei hatte Pierson eine Gruppe deutsche Soldaten überrannt, die sich in Richtung Schotterey absetzen wollten.

Das, dem CCB unterstellte, 3./38 der 2nd US InfDiv unter Maj. Robert L. Utley, das ohne seine Co. K seit dem Morgen mit dem 3rd Plat. Co. C, 612th TD Bn und dem 1st Plat. Co. C, 19th Tk Bn der TF Prince, 52nd AIB, und der TF Karsteter, 19th Tk Bn, folgt, erreicht über Nemsdorf den Ort Schafstädt, wo es sich versammelt und Feldposten aufstellt. Der ebenfalls dem CCB unterstellte Tp. A, 89th CavRcnSq unter 1st Lt. Dowe, der während des Tages die linke Flanke des CCB geschützt hat, erreicht um 21.30 Uhr (B) den Sammelraum Schafstädt, wo die Aufklärer ihre Fahrzeuge betanken und sich auf die Fortsetzung des Flankenschutzes vorbereiten.

Maj.Gen. Leonard, CG 9th US AD
Foto: National Archives

Noch während der Stab des 19th Tk Bn Pläne macht, um als nächstes Bad Lauchstädt anzugreifen, erteilt Gen. Leonard den Panzern den Befehl zum Rückzug und Sammeln im Raum Schafstädt, wo die Infanteristen der unterstellten Co. K, 3./38 bereits um 20.00 Uhr (B) Sicherung bezogen haben. Als letztes verlässt der 1st Plat. Co. D, 19th Tk Bn Schotterey, der mit seinen vier leichten Panzern eine Gruppe von zirka 60 deutschen Kriegsgefangenen und deren Bewacher in den Sammelraum bei Schafstädt begleitet, wo er gegen 22.00 Uhr (B) eintrifft. Bis 22.00 Uhr (B) hat sich die TF Karsteter, 19th Tk Bn, im Raum nördlich von Schafstädt versammelt. Von hier aus soll im Schutz der Nacht der Angriff Richtung Süden aufgenommen werden, um einen Brückenkopf über die Saale nördlich von Weißenfels zu erobern.

Kurz nach Mitternacht beginnt das CCB mit den Panzerinfanteristen des 52nd AIB voraus, den Angriff aus dem Raum Schafstädt in Richtung Mücheln. Die begleitenden Panzerjäger fahren in die Nähe von Barnstädt.

Das CCA unter Führung von Col. Thomas L. Harrold, dass im Zentrum der 9th US AD angreift, passiert nach Verzögerungen gegen 14.35 Uhr (B) mit der Hauptkolonne die Unstrutbrücke in Nebra und fährt über Reinsdorf in Richtung Steigra – Gleina. Das unterstellte 2./273 schwenkt hinter der Kolonne der Panzer in Nebra nach Wetzendorf und fährt über die Unstrutbrücke in Karsdorf weiter nach Steigra, wo es sich wieder hinter den Panzern des CCA einreiht.[30] Gegen 16.00 Uhr (B) erreicht die Kolonne des CCA Gleina, dass um 13.45 Uhr (B) vom 2./271 der 69th US InfDiv umgangen wurde. Das RCT 271 der 69th US InfDiv, das sich ursprünglich dem CCA ostwärts der Unstrut anschließen sollte, ist zu diesem Zeitpunkt auf Grund der Verzögerungen beim Vormarsch des CCA mit zwei Bataillonen vor deren Front geraten. Von Gleina aus geht der Vormarsch der Panzer weiter nach Osten, bis die Kolonne an der Kreuzung östlich von Baumersroda durch starkes Flakfeuer aus Richtung Schortau und Roßbach aufgehalten wird. Gemäß dem Befehl zur Umgehung von Widerstandsherden schwenkt das CCA daraufhin nach Süden und erreicht die Straße, die von Freyburg nach Zeuchfeld führt. Von dort geht der Vormarsch weiter.

Durch Zeuchfeld und das, vom 1./271 eingenommene, Pettstädt hindurchgehend, erreicht die Vorhut der TF Engeman, 14th Tk Bn unter Lt.Col. Leonard E. Engeman in Begleitung des 1st Plat. Co. B, 656th TD Bn über Storkau gegen 18.30 Uhr den Nordwestrand von Weißenfels und dringen in die Stadt ein. Dabei treffen sie auf Widerstand und geraten in direktes und indirektes Flakfeuer. Die Flakbatterien nördlich von Reichardtswerben und bei Kriechau-Schkortleben eröffnen das Abwehrfeuer auf die anrollenden Panzer. Die Flakgeschütze sind die einzige artilleristische Unterstützung für die Kampfbesatzung von Weißenfels, zu dessen K.Kdt. Funk- und Telefonverbindung besteht.[31]

Daraufhin ziehen sie sich die Panzer auf eine Unterstützungslinie außerhalb der Stadt zurück, während sich die begleitende Infanterie vorsichtig weiter in die

Stadt vortastet. In der Zwischenzeit verlegt der Bn.CP des 14th Tk Bn nach Pettstädt zurück, um Pläne für die Fortsetzung des Angriffs am anderen Morgen zu machen. Dort erhält Engeman gemeinsam mit den anderen Kommandeuren am frühen Abend den Befehl des CCA zur Versammlung des Combat Commands im Raum Pettstädt. Unmittelbar nach dem Eintreffen dieses Befehls beginnen seine Kräfte mit dem Rückzug aus Weißenfels. Als letzte ziehen sich gegen 20.45 Uhr (B) die Vorhuten des CCA zurück, die zu diesem Zeitpunkt bei Tagewerben stehen. Die Aufklärer des unterstellten Tp. C, 89th CavRcnSq unter Capt. Chambers beziehen um 20.15 Uhr (B) ein Marschbiwak im Versammlungsraum des CCA. In der Nacht hat sich das gesamte CCA auf dem freien Feld versammelt. Doch ruhig verläuft die Nacht nicht. Zwischen 22.45 Uhr (B) und 00.37 Uhr (B) liegt der Versammlungsraum unter Beschuss der deutschen Flakbatterien, der jedoch keine nennenswerten Schäden anrichtet.

Wenig später erreicht Col. Harrold auf dem CP des CCA in Baumersroda der Befehl von Gen. Leonard, am nächsten Tag das Stadtgebiet von Weißenfels im Süden zu umgehen und die Saale über eine intakte Brücke nördlich von Naumburg zu überqueren. Die Infanteristen der nachfolgenden 69th US InfDiv sollen den Widerstand in Weißenfels brechen.

Während der Angriff des CCA und CCB der 9th US AD und der, ihr folgenden, Infanteristen der 69th US InfDiv am Abend und in der Nacht zum Stehen kommt, entwickelt sich der Angriff des CCR unter Lt.Col. Charlie Wesner an der Südflanke der 9th US AD trotz zerstörter Brücken westlich von Naumburg im Tagesverlauf mit hoher Dynamik. Nach einem Nordwärtsschwenk überquert das CCR die Unstrut in Freyburg und dringt nach der Überrumpelung einer völlig überraschten Brückenwache über eine intakte Brücke über die Saale nördlich von Naumburg von Norden in die Stadt ein und besetzt sie kampflos. Ohne Aufenthalt fahren die Panzer durch Naumburg hindurch nach Osten, überqueren die Reichsautobahn 9 und erreichen nach einem kurzen Halt im Raum Obernessa in der Nacht die Weiße Elster nördlich von Zeitz.

Die 69th US InfDiv, die im südlichen Abschnitt des V. US Corps den Panzern des CCA und CCR der 9th US AD folgt, beginnt den Vormarsch am Morgen mit dem RCT 271 an der Nord- und dem RCT 272 an der Südflanke, gefolgt vom RCT 273 (- 2 Bn) in der Reserve.

Das RCT 271 unter Führung von Col. Henry B. Margeson soll, wie an den Tagen zuvor, den Panzern mit dem 1st Bn an der Linken und dem 2nd Bn an der

Rechten des Regiments sowie dem 3rd Bn in der Regtl.Res. folgen. Unterstützung erhält das Regiment durch das 879th FA Bn und einen Plat. Pioniere der Co. A, 269th Engr C Bn. Das Ziel für das 2nd und 3rd Bn ist die Saale im Abschnitt Weißenfels.

Das 1./271 unter Lt.Col. John G. Dunlop Jr., formiert sich am Morgen mit den Panzerjägern der Co. A, 661st TD Bn und den Panzern der Co. A, 777th Tk Bn sowie dem 879th FA Bn im Raum Billroda – Bernsdorf – Kahlwinkel. Das Bataillon soll sich nach dem Übergang über die Unstrut der Kolonne des, aus Richtung Nebra erwarteten, CCA anschließen und den Panzern über die Saale bei Weißenfels folgen.[32] Doch vorerst muss das Bataillon warten, während die Nordkolonne des CCR auf Bad Bibra vorrückt. Gegen 11.30 Uhr (B) folgen die Infanteristen endlich der Kolonne und überqueren gegen Mittag in Laucha die Unstrutbrücke in Richtung Dorndorf.[33] Dann bewegen sich die Infanteristen den Hang des Unstruttals hinauf auf den Ort Gleina zu und nähern sich dabei dem Flugplatz auf dem Dorndorfer Plateau. Dort scheint ein Teil der Besatzung entschlossen zu sein, Widerstand zu leisten, doch die Infanteristen umgehen Gleina gegen 13.45 Uhr (B) in Richtung Baumersroda.[34]

An dieser Stelle geschieht genau das, was gemäß den Befehlen des V. US Corps nicht passieren soll. Das 1./271 setzt sich vor die Kolonne des CCA der 9th US AD, welche in diesem Abschnitt den Angriff des V. US Corps anführen sollte.

Nach einem anfänglich ungehinderten Vorstoß treffen die Spitzen des 1./271 mit der Co. A, 661st TD Bn gegen 15.45 Uhr (B) vor der kleinen Ortschaft Leiha auf starkes Artilleriefeuer. Die Batterien der Großkampfstellung Nr. 129 westlich von Schortau eröffnen mit ihren 8,8cm und 12,8cm Geschützen das Feuer auf die Angreifer und bringen sie zum Halten. Ein, zur Zerschlagung des deutschen Widerstandes angeforderter, Luftangriff amerikanischer Jagdbomber von Maj.Gen. Elwood „Pete" Quesada's IX. Tactical Air Command der 9th USAAF trifft jedoch auf Grund einer Namensverwechselung gegen 16.20 Uhr (B) nicht Leiha, sondern Laucha, wo sich seit dem Vormittag bereits eigene Truppen befinden. Ein amerikanischer Panzer wird getroffen und geht in Flammen auf und elf Zivilisten werden getötet.[35]

Während die Jagdbomber ihre Bomben irrtümlich auf Laucha abladen, setzen sich die Kämpfe bei Leiha fort. Erneute Angriffe bleiben zwischen 15.45 Uhr und 16.40 Uhr (B) im starken deutschen Flakartilleriefeuer liegen.

Oben: Eine Batteriestellung der Großkampfstellung Schortau mit 8,8cm Flakgeschützen links des Weges von Schortau nach Branderoda Foto: Stadtarchiv Mücheln
Unten: Luftbild der Großkampfstellung Schortau Foto: LBDB Dr. Carls

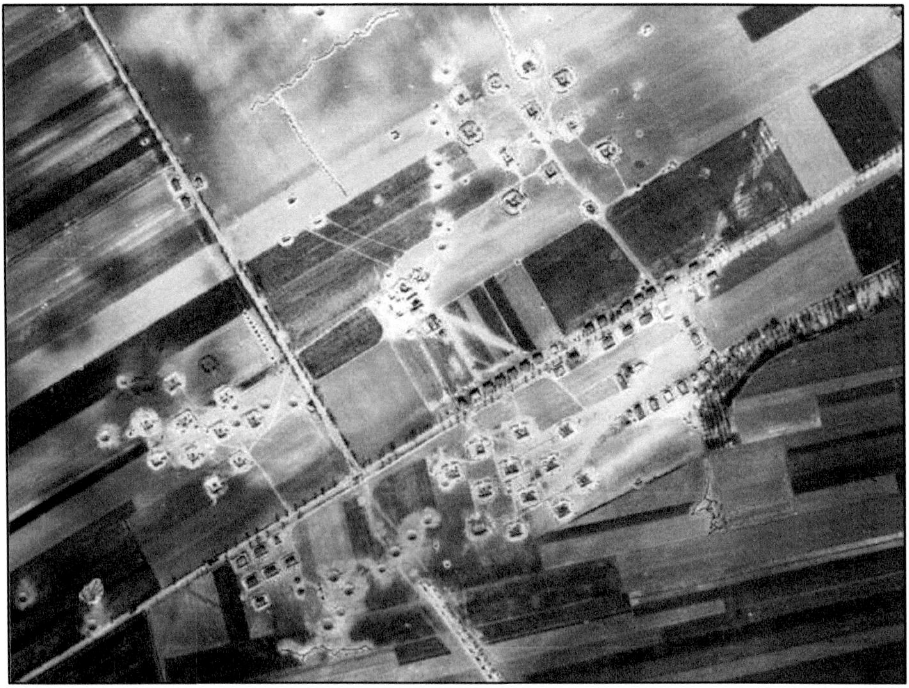

Nach Verlusten bei der Infanterie gelingt es zwar unter Einsatz der unterstellten Panzer der Co. A, 777th Tk Bn eine am Branderoder Weg zwischen Schortau und dem Schortauer Hügel gelegene Batterie mit sechs 8,8cm und drei 2cm Flakgeschützen auszuschalten und einige Gefangene zu machen, der Widerstand kann jedoch nicht beseitigt werden. Die anderen Batterien der Großkampfbatterie feuern mit ihren leichten und schweren Flakgeschützen weiter auf die Angreifer. Das Bataillon zieht sich letztendlich zurück und marschiert über Gröst – Branderoda – Zeuchfeld zum westlichen Rand von Pettstädt, wo es gegen 18.30 Uhr (B) zu einem Feuergefecht mit eingegrabenem Volkssturm und Wehrmacht kommt. Dabei wird eine Anzahl an deutschen Tankfahrzeugen mit Anhängern zerstört. Um 19.25 Uhr (B) meldet das 661st TD Bn, dass die Co. A, 661st TD Bn mit dem 1./271 Pettstädt gesäubert hat. 51 Mann und zehn Offiziere ergeben sich, die Panzersoldaten machen zwölf Gefangene. Dann bezieht das Bataillon ein Biwak für die Nacht.

Die Aufklärer des 1st Rcn Plat. des 661st TD Bn der 69th US InfDiv, die den Vormarsch begleiten, geraten gegen 18.00 Uhr (B) bei der Umgehung von Schortau in der Nähe von Almsdorf[36] unter Beschuss und drei Mann werden getötet, als ihr M 8 Radpanzer von einer Flakgranate getroffen wird. Dem überlebenden Pfc. Henry G. David gelingt es unter Lebensgefahr das getroffene Fahrzeug in Deckung zu fahren, wofür er später mit dem Bronze Star für Tapferkeit ausgezeichnet wird.[37] Als sich der Platoon um 20.00 Uhr (B) im Raum Pettstädt versammelt, hat er acht Gefangene gemacht.

In der Zwischenzeit hat das 2./271 unter dem Kommando von Lt.Col. Aloysius E. McCormick am späten Nachmittag ohne auf großen Widerstand zu treffen über Bad Bibra – Freyburg – Pödelist – Markröhlitz – Uichteritz und Markwerben den Stadtrand von Weißenfels erreicht. Unter Beschuss, bei dem es zu Verlusten kommt, sitzen die Infanteristen am Ortseingang von Weißenfels von ihren Fahrzeugen ab und beginnen den Angriff in die Stadt hinein. In der Zwischenzeit staut sich die Kolonne des Bataillons weit über Markwerben hinaus. In Weißenfels ziehen sich die deutschen Verteidiger vereinzelt Widerstand leistend auf das Ostufer der Saale zurück und gegen 20.30 Uhr erfolgt die Sprengung der Brücken über die Saale.

Ebenso wie die im Raum Pettstädt versammelten Truppen der 9th US AD werden auch die nördlich von Markwerben eingegrabenen amerikanischen Sicherungen in der Nacht wiederholt das Ziel der deutschen Flakbatterien bei Kriechau und Reichardtswerben.[38]

Maj.Gen. Robertson, CG 2nd US InfDiv Foto: National Archives

Die 2nd US InfDiv unter Maj.Gen. Walter Melville Robertson folgt am Vormittag mit den Panzern des 741st Tk Bn unter Lt.Col. Robert Skaggs und den Panzerjägern des 612th TD Bn unter Lt.Col. Jos. M. Dheley aus dem Raum Sondershausen den Panzern des CCB der 9th US AD an der nördlichen Flanke des V. US Corps. Die Infanteristen des 1./23 verlassen an der Spitze von Col. Jay B. Loveless RCT 23 am Morgen Sondershausen und bewegen sich aufgesessen auf den Panzern und Panzerjägern über Bad Frankenhausen – Artern bis zur Straßenkreuzung der Straße Querfurt – Bad Lauchstädt mit der Straße Obhausen – Nemsdorf, wo sie um 22.00 Uhr (B) ankommen. Vorauskräfte des Bataillons fühlen mit dem 1st Plat. Co. B, 612th TD Bn bis Schafstädt vor und nehmen dort Kontakt mit den Einheiten des CCB auf. Das 2./23 folgt dem 1./23 und erreicht über Bad Frankenhausen bis 22.00 Uhr (B) Obhausen-Petri. Das 3./23 erreicht als Reserve des RCT 23 um 20.30 Uhr (B) Querfurt.

Das RCT 9 der 2nd US InfDiv unter Col. P. D. Ginder, dessen Regimentsmotto „Keep up the size" („Immer standhaft bleiben") ist, kann erst am Abend seinen Vormarsch hinter den Kolonnen der 9th US AD fortsetzen, nachdem deren Versorgungskolonnen während des Tages die Vormarschstraßen verstopft hatten. Über Nebra marschiert das Regiment in den Nachtstunden in Richtung seines neuen Versammlungsraumes bei Albersroda – Schnellroda, westlich von Mücheln.

Nördlich des Abschnittes des V. US Corps setzt die 3rd US AD des VII. Corps der 1st US Army an diesem Tag den Vormarsch durch die Goldene Aue zur Saale fort. Die 1st US InfDiv und die angeschlossene 4th CavGp säubern entlang des Harzrandes. Die 104th US InfDiv greift Bad Lauterberg an und blockiert die Harzausgänge nordöstlich von Nordhausen. Im Verlauf des Tages erreicht die 3rd US AD die Linie Sangerhausen – Allstedt.

Im Norden, anschließend an die 1st US Army, erreicht die 5th US AD des XIII. US Corps der 9th US Army im Handstreich die Elbe bei Wittenberge, Werben und Tangermünde, kann aber keine Brücken erobern. Im Bereich des XIX. US Corps errichtet ein Kampfkommando der 2nd US AD südlich von Magdeburg im Raum Randau einen kleinen Infanterie-Brückenkopf über der Elbe. Ein Regiment der 83rd US InfDiv erreicht die Elbe bei Barby, südöstlich von Schönebeck. Andere Teile der Division setzen die Räumung des Harzes fort und blockieren die Hauptstraßen, während vordere Elemente der Division Nienburg an der Saale nehmen.

Südlich des V. US Corps setzt im Bereich des XX. US Corps der 3rd U S Army die 6th US AD den Angriff aus den Saale-Brückenköpfen bei Bad Kösen, Kleinheringen und Camburg zur Weißen Elster fort und nimmt einige Übergänge. Das CCB findet die Brücken über die Weiße Elster zerstört vor, schwenkt in die Zone der 9th US AD des V. US Corps und sichert eine Brücke bei Pegau. Das CCA nimmt südlich von Zeitz eine Brücke über die Weiße Elster und errichtet einen Infanterie-Brückenkopf. Das CCR der 6th US AD folgt den beiden Kampfkommandos bis in den Raum westlich von Zeitz. Die 4th US AD schließt entlang der Saale auf, überquert den Fluss nördlich und südlich von Jena und fährt nach Nordosten.

Der Angriff der amerikanischen Verbände reißt eine riesige Lücke in die ohnehin dünne, brüchige deutsche Abwehrfront zwischen Harz und Thüringer Wald. Die 11. Armee weicht vor dem Druck in den Südharz aus. Die Verbände der 7. Armee ziehen sich auf die Weiße Elster-Linie zurück. Hier stehen im Rücken der 7. Armee an der Weißen Elster zwischen Zeitz und Gera und an der Mulde-Linie die Kräfte das Stellv. Gen.Kdo. IV. AK des W.Kr. Dresden mit dem Fü.Stab in Nöthnitz, südlich von Dresden, unter dem Kommando von Gen.d.Pz.Tr. Walter Krüger.

Das XC. AK der 7. Armee, bei dem sich die letzten Kräfte in der Nacht zum 12. April über die Saale zurückgezogen haben, wird durch den amerikanischen Angriff hinter die Weiße Elster zurückgedrückt, ohne dass es gelingt, eine durchgehende Frontlinie aufzubauen. Am Abend stehen die Kampfbesatzungen von Weißenfels und Zeitz im Kampf mit den amerikanischen Spitzen. Die Kräfte der Saale-Verteidigung, im Abschnitt des XC. AK, werden in das Korps eingegliedert. Die Armeegrenze zwischen der 7. und 12. Armee verläuft von nördlich Weißenfels bis Zwenkau. Der OB West kann sich an diesem Tag mit seinem

Befehlszug noch kurz vor Eintreffen der amerikanischen Truppen von Jena nach Hirschau i.d. Oberpfalz absetzen.

An diesem Tag erfährt die Welt aus dem Radio, dass der amerikanische Präsident Franklin Delano Roosevelt verstorben ist. Während die amerikanische Generalität und die Alliierten bestürzt auf diese Nachricht reagieren, löst sie bei Hitler und seiner Gefolgschaft Euphorie aus. Doch die Hoffnung, dass der Tod Roosevelts die westlichen Alliierten im weiteren Vorgehen bremsen würde und dem deutschen Oberkommando somit eine Atempause für die Stabilisierung der Westfront entstehen würde, erfüllt sich nicht. Viel Zeit für Trauer bleibt den amerikanischen Soldaten jedoch nicht.

Aus dem Führerhauptquartier 13. April 1945. Das Oberkommando der Wehrmacht gibt bekannt:
Der Schwerpunkt der Kampfhandlungen lag gestern im mitteldeutschen Raum. Während unsere Sperrverbände an den Zugängen des Harzes Teile von zwei amerikanischen Armeen fesseln, trieb der Gegner zwischen den Südostausläufern des Harzes und der Saale einen starken Keil nach Osten vor. Seine Angriffsspitzen erreichen unter Verlust zahlreicher Panzer die Linie Eisleben – Weißenfels – Jena. Weimar fiel nach hartem Kampf in Feindeshand.

Kriegstagebuch des OKW/WFSt vom 13. April 1945:
Im Harzraum kam der Gegner bis Hettstedt und südlich desselben bis Schafstädt in die Gegend von Merseburg. Der Harz ist nun also von drei Seiten eingeklammert; er wird durch die 11. Armee verteidigt. Ob Weißenfels besetzt ist, ist unklar. Jedoch befinden sich im Raum Leipzig schwächere Kräfte des Feindes. Bei der 11. Armee feindlicher Druck, aber keine wesentlichen Veränderungen. Die Lage im Raum Nordhausen ist unklar. Südlich des Harzes hat sich die Lage verschärft. Erfurt und Weimar sind heute Morgen verloren gegangen. Druck in Richtung Naumburg, da der Gegner bei Kannenberg über die Saale gehen konnte. Er steht vor Jena... Dass keine Stadt zur offenen Stadt erklärt werden soll, hat der Reichsführer SS als Innenminister erklärt.

Geheime Tagesberichte der Deutschen Wehrmachtsführung vom 13. April 1945:
11. Armee: *Panzerunterstützte Feindkräfte drangen von Nordwesten und Südwesten in den Raum Halle vor. Bad Lauchstädt ging verloren; bei Delitz sind Kämpfe im Gange. Über Mücheln drang der Feind nach Nordosten bis zum Südwest-Rand Merseburg vor. Aus dem Raum Weißenfels stieß der Gegner im Angriff auf Leipzig nach Nordosten entlang der Autobahn bis Alt-Ranstädt und Markranstädt vor.*

***H.Gr. G, 7. Armee, XC. AK:** In Naumburg sind Kämpfe im Gange. Aus Pegau drang der Gegner nach Nordosten bis Markkleeberg, nach Osten über Groitzsch bis Droßdorf und nach Südosten bis Lucka vor. Zeitz wurde vom Gegner, der weiter nach Osten vorstieß, genommen.*

Kaum hat der **Freitag,** der **13. April 1945**, begonnen, starten um 00.10 Uhr (B) im Abschnitt der 9th US AD die Aufklärer des, dem CCB unterstellten, Tp. A, 89th CavRcnSq mit den, ihnen zugeteilten, 1st Plat. Tp. E, 89th CavRcnSq und 3rd Plat. Co. F, 89th CavRcnSq zur Aufklärung einer Marschstrecke von Schafstädt nach Großkayna, um die linke Flanke des CCB abzuschirmen Nach dem Erreichen des Zieles sollen sie Straßensperren bei Frankleben errichten. Als der Tp. A, 89th CavRcnSq gegen 01.30 Uhr (B) die Außenränder von Niederwünsch erreicht, gerät er unter intensiven Flakbeschuss aus östlicher Richtung. Da die genaue Position der deutschen Feuerstellungen nicht feststellbar ist, drehen die Aufklärer nach Norden ab und machen einen Bogen nach Westen. Auf Grund der weiterhin unklaren Postion der deutschen Stellungen graben sie sich um 02.00 Uhr (B) ein und warten bis zum Morgengrauen. Erst bei Tageslicht rücken sie querfeldein zur Straße Schafstädt – Langeneichstädt vor.

Die Hauptkräfte des CCB der 9th US AD, die den Aufklärern kurz nach Mitternacht aus dem Versammlungsraum Schafstädt folgen, geraten südlich von Schafstädt ebenfalls unter Beschuss. Dabei verliert das 16th FA Bn, welches dem CCB zur Unterstützung unterstellt ist, einen 2½to Lastwagen. Die Kolonne hatte sich im flachen Gelände durch das schwache Licht der Tarnscheinwerfer verraten und war in das Sperrfeuer der Geschütze der Flakstellung bei Burgstaden geraten. Erst als alle Tarnscheinwerfer ausgeschaltet sind, hört der Beschuss auf. In langsamer Fahrt geht der Vormarsch über Langeneichstädt und Öchlitz weiter. Kampflos rückt die TF Prince, 52nd AIB an der Spitze der Kolonne des CCB in den Ort Mücheln ein und sichert ihn. Die letzten deutschen Soldaten haben sich rechtzeitig abgesetzt.

Dabei sollte noch am Vortag ein Sprengkommando der Luftwaffe auf Befehl des Abteilungskommandeurs der s.Flak.Abt. 406 (o), Major Großmann, dessen Stab sich in der Schule in Frankleben befindet, einige Häuser in Mücheln sprengen, um mit den Trümmern die Ortsdurchfahrt zu blockieren. Der hierfür notwendige Sprengstoff, geballte Ladungen, Zünder und Bomben befinden sich in einer Baracke im Ort. Doch zum Glück für Mücheln und die Einwohner läuteten die Kirchenglocken in dem Moment das Signal „Panzeralarm“, als sich das Sprengkommando noch auf der vergeblichen Suche nach einem Verantwortlichen befand, der ihnen genaue Befehle erteilen sollte. In Anbetracht der jederzeit zu erwarteten amerikanischen Panzer und in Erkenntnis der Sinnlosigkeit von Häusersprengungen hatte sich das Sprengkommando mit einem „Zündap"-Motorrad, dass es vor der, in der Auflösung befindlichen, örtlichen Polizeiwache fand, unter Beschuss amerikanischer Tiefflieger in Richtung Frankleben abgesetzt.[39]

Eine Batterie von sechs 10,5cm Flakgeschützen, die sich oberhalb von Mücheln befand, war bereits Ende Januar 1945 auf Tieflader verladen und Richtung Oder verlegt worden. Dort hatten die Bedienungen noch vor der Entladung ihre Geschütze gesprengt und waren in den darauffolgenden Kämpfen mit sowjetischen Truppen aufgerieben worden. Die meisten kamen dabei um.[40]

Jetzt erwarten die Bewohner ängstlich und verunsichert über das, was sie nach der Besetzung erwartet, in den LS-Räumen und Bunkern, wie im Bunker am Schützenhaus, die anrückenden Amerikaner. Schließlich war es in den letzten Wochen immer wieder zu Tieffliegerangriffen auf Zivilisten gekommen, bei dem es Opfer gab. *„So pflügte ein Bauer mit zwei Pferden auf dem Acker (es war ja Frühling) ein paar hundert Meter entfernt. Dabei wurden er und die beiden Tiere von Maschinengewehrsalven erschossen."* berichtet die ehemalige Müchelnerin Anneliese Lazar im Geiseltal-Echo vom Mai 2005.

Weiter geht der Vormarsch der TF Prince, 52nd AIB, von Mücheln über Branderoda und Gröst nach Leiha. Kurz vor Tagesanbruch trifft die, den Angriff der TF Prince anführende, Co. C, 52nd AIB mit zwei Plat. Panzer der Co. C, 19th Tk Bn, gefolgt von der Co. B, 52nd AIB unter 1st Lt. Erving J. Newman und dem 3rd Plat. Co. C, 19th Tk Bn, 200 Meter östlich von Leiha auf starkes Sperrfeuer von schweren Flakgeschützen und Beschuss mit Panzerfäusten. Sie sind auf die Flakstellung Schortau aufgelaufen, welche bereits am Vortag die Infanteristen der 69th US InfDiv zur Umgehung dieses Abschnittes gezwungen hatte. Innerhalb kurzer Zeit kommt es zu Verlusten und die Task Force hält bis Mittag. Die nachfolgenden Einheiten des CCB beziehen einen vorgeschobenen Versammlungsraum bei Branderoda.

Dort trifft um 08.00 Uhr (B) auch das unterstellte 3./38 ein. Das Bataillon, das um 03.00 Uhr (B) den Sammelraum in Schafstädt verlassen hatte, war wie die anderen Einheiten zuvor zwischen Schafstädt und Langeneichstädt in starkes Artilleriefeuer geraten und konnte erst um 06.00 Uhr (B) den Marsch fortsetzen nachdem die vorausfahrende Co. L durch zwei Treffer auf einen Mannschaftstransporter zwei Tote und 14 Verwundete zu beklagen hatte. Um 09.00 Uhr (B) erreichen auch die Panzer des 1st Plat. Co. A, 19th Tk Bn, den Sammelraum, die der Co. L zur Unterstützung zugeteilt werden. Um 11.00 Uhr (B) erhält das Bataillon den Befehl zum Angriff Richtung Großkayna und zur Einnahme der Orte Schortau, Bedra und Braunsdorf. Auf Lastwagen aufgesessen erreichen die Infanteristen um 12.00 Uhr (B) Leiha, wo sie absitzen und ohne Verzögerung ausgefächert in Kompaniekolonne vorrücken, während die Panzer Feuerstellung beziehen, um bei Bedarf den Angriff zu decken. Doch sie kommen nicht zum Einsatz.

Die vorangehende Co. L besetzt als erstes kampflos den Ort Schortau, wo sie sehnsüchtig von zwei Meldern des Bn HQ 661st TD Bn der 69th US InfDiv erwartet werden, die dort seit sechs langen Stunden auf das Eintreffen eigener Truppen warten. Ihnen hatten sich am Vormittag bei der Durchfahrt durch den Ort 150 Deutsche ergeben, bei denen es sich wahrscheinlich um die Besatzung der Flakstellung westlich von Schortau handelt. Jetzt übergeben sie ihre Kriegsgefangenen an das 3./38. Um 17.10 Uhr (B) wird dann Bedra ohne Widerstand besetzt und kurz darauf wird Braunsdorf gegen leichten Widerstand genommen.

In der Zwischenzeit führen die Panzerinfanteristen der Co. B, 52nd AIB mit Unterstützung eines Plat. Sherman-Panzer der Co. C, 19th Tk Bn den Angriff unter Umgehung von Leiha auf Lunstädt und Nahlendorf[41].

Die Co. A, 52nd AIB unter 1st Lt. Richard R. Hidell, die von einer Section des 1st Plat. A, 656th TD Bn begleitet wird, trifft in der Nähe von Nahlendorf auf deutsche Infanterie und erhält vereinzelten Beschuss durch schwere Flakartillerie und 2cm Flak. Um 10.00 Uhr (B) erhalten die Panzerjäger den Befehl, *„vier Schornsteine in der Nähe von Nahlendorf"* unter Beschuss zu nehmen. Die Panzerjäger melden: *„Alle Schornsteine wurden beschossen und zerstört. Mehrere Gebäude wurden ebenfalls unter Beschuss genommen. Die unterstützende Infanterie nahm das Objekt um 11.15 Uhr (B). Die 1st Section nahm 21 Gefangene in der Umgebung."*

Was sie jedoch nicht melden, ist der Umstand, dass es sich um ein Scheinwerk handelt. Das Scheinwerk war das größte von drei Scheinwerken, das zur Täuschung der alliierten Bomber und zum Schutz der chemischen Industrie westlich von Leuna entstand. Weitere Scheinwerke befanden sich südlich von Beuna und westlich Spergau. Dass es sich bei dem Objekt tatsächlich um das östlich von Lunstädt befindliche Scheinwerk gehandelt hat, bestätigt die Aussage eines Zeitzeugen, der *„über aufgestellte Rohrbrücken im Scheinwerk-Gelände und vier errichtete Schornsteine"* berichtet.[42]

Alle weiteren Versuche des CCB nach Osten zur Saale vorzudringen scheitern am starken feindlichen Beschuss aus nördlicher und östlicher Richtung. Eine Batterie Flak links der Straße Lunstädt – Großkayna und die zwei Flakbatterien bei nördlich von Reichardtswerben – Posendorf feuern weiter Sperrfeuer. Am späten Nachmittag sind die Panzerinfanteristen des 52nd AIB gezwungen nach Nahlendorf zurückzufahren und sich für die Nacht einzugraben.

Zu diesem Zeitpunkt erhält Col. Johnson vom Divisionsstab, der 11.50 Uhr (B) von Steigra auf ein offenes Feld, südöstlich von Prittitz verlegt hat, wo er bis 17.00 Uhr (B) verbleibt, den Befehl, an der erreichten Linie zu halten und am nächsten Tag über eine Pontonbrücke in Weißenfels in einen neuen Versammlungsbereich östlich der Saale zu verlegen.

Das 3./38, welches bereits den Befehl hatte, den Angriff von Braunsdorf nach Großkayna fortzusetzen, wird gestoppt und erhält den neuen Befehl, sich darauf vorzubereiten, die Stellungen der TF Prince, 52nd AIB, bei Lunstädt – Nahlendorf bei Einbruch der Dunkelheit zu übernehmen und sich mit den Hauptkräften bei Leiha zu versammeln. Zu diesem Zeitpunkt liegt die Co. I unter Capt. Melville A. McBride und Co. L unter Capt. John J. Murphy unter starkem Artillerie- und Flakfeuer aus dem Raum Leuna. Dieses Sperrfeuer hält bis Mitternacht an. Bei Einbruch der Dunkelheit beginnen die Männer der Co. A und B, 52nd AIB mit der Errichtung von Straßensperren, um die offene Divisionsflanke zu sichern. Bis 24.00 Uhr (B) hat sich das gesamte 3./38 in Leiha versammelt.

Die TF Karsteter, 19th Tk Bn, des CCB verlässt mit der aufgesessenen Co. K, 3./38 erst um 08.20 Uhr (B) den Versammlungsraum bei Schafstädt und folgt der TF Prince nach Süden in einen Versammlungsraum in der Umgebung von Zeuchfeld, wo es um 12.00 Uhr (B) ankommt und für den Rest des Tages verbleibt. Der, dem CCB unterstellte, Tp. A, 89th CavRcnSq fährt mit dem unterstellten 1st Plat. Tp. E, 89th CavRcnSq und dem 3rd Plat. Co. F, 89th CavRcnSq im Tagesverlauf über Niedereichstädt, Öchlitz, Mücheln in einen Versammlungsraum auf einem Feld südlich St. Micheln. Um 17.09 Uhr (B) wird der Tp. A nach Gröst befohlen, wo er um 17.35 Uhr (B) ankommt und sofort mit den Vorbereitungen für die Fortsetzung des Vormarsches beginnt. Der unterstellte 1st Plat. Tp. E, 89th CavRcnSq, der den Biwakraum erst um 19.00 Uhr (B) verlassen hat, folgt ihnen nach Gröst, wo er nach seiner Ankunft Quartier bezieht und die Sicherung des Südausganges des Dorfes übernimmt.

Das RCT 23 der 2nd US InfDiv, welches dem Hauptangriff des CCB gefolgt ist, erreicht mit seinem 1./23 und der Co. B, 741st Tk Bn und dem 1st Plat. Co. B, 612th TD Bn gegen 10.30 Uhr (B) Schafstädt und nimmt den Angriff nach Osten entlang der Straße Schafstädt – Burgstaden auf. Um 11.00 Uhr (B) geraten die Panzer der unterstellten Co. B, 741st Tk Bn westlich von Burgstaden in das Feuer deutscher Flakbatterien. Die Panzer stehen jetzt vor den Rohren der 4./s.Flak.Abt. 433 und einer RAD-Batterie, die von einer leichten Anhöhe südlich des Ortes Sperrfeuer schießen. Unter Beschuss besetzen die Infanteristen des 1./23 um 12.00 Uhr (B) den Ort und bis 16.00 Uhr (B) sind auch die benachbarten Ortschaften gegen starken Widerstand gesichert. Dabei machen die Panzerjäger 17 Gefangene.

Während die Feuergefechte mit der deutschen Flak in der Umgebung von Burgstaden bis 21.00 Uhr (B) anhalten, fahren die Panzer und Panzerjäger gemeinsam mit einer Kompanie Infanterie unter nördlicher Umgehung der Flakstellung nach Bündorf, das von zwei Plat. Infanterie besetzt wird.

Nachdem dort die Panzermänner der Co. B, 741st Tk Bn unter Capt. Vincent A. Cinquina von polnischen Zwangsarbeitern gewarnt werden, dass sich eine deutsche Flakstellung östlich von Knapendorf befinden soll, führt Lt. Sheppard an der Spitze der Kolonne seine Panzer vorsichtig über die Straße Bündorf – Merseburg bis in den Bereich des Abzweiges der Straße südlich von Knapendorf. Dort geraten die Panzer unter direkten Beschuss von vorne und von der rechten Flanke.

Panzerabwehrgeschütze, die die Straße nach Merseburg sperren sollen, haben das Feuer eröffnet. Bei dem Beschuss wird der Panzer von Sgt. Mortzsfield direkt hinter dem Führungspanzer von Lt. Sheppard getroffen und bleibt mit Kettenschaden liegen. Ohne Verluste bootet die Besatzung aus und bringt sich in einem nahegelegenen alten Schuppen in Sicherheit. Eine weitere Granate von rechts, welche in der Nähe der Panzer explodiert, führt zu Verlusten bei der Begleitinfanterie. Auch eine Panzerplanierraupe wird getroffen und Sgt. Angeletti wird leicht verwundet. In Anbetracht der Lage fordert Lt. Sheppard vom nachfolgenden Plat. unter Lt. Reynold Feuerunterstützung an und die Panzer vernichten eine 7,5cm Pak und eine Selbstfahrlafette. Dann gelingt es den Panzern, sich in den Schutz der Ortschaft Knapendorf zurückzuziehen, wo sie für die Nacht bleiben.[43]

Erste Aufklärungsgruppen des 1./23 erreichen im Schutz der Nacht die nordwestlichen Außenbezirke von Merseburg. In Merseburg erwarten die meisten Einwohner seit der Auslösung des Panzeralarms in den Luftschutzkellern und Schutzräumen das Eintreffen der Amerikaner. Außer in den Flakstellungen befinden sich kaum deutsche Truppen in der Stadt. Der Flugplatz Merseburg mit dem Fliegerhorst und die südlich davon gelegene Flakkaserne stehen leer.

Mit Beginn der Bemühungen zum Aufbau einer neuen Deutschen Luftwaffe war 1934 im Bereich des, bereits seit 1925 existierenden, Graslandeplatzes im Nordwesten von Merseburg mit dem Bau von Kaserneneinrichtungen und Flugzeughallen begonnen worden. Am 1. Oktober 1935 erfolgte dann die Einweihung des Fliegerhorstes „Manfred von Richthofen“ durch den Reichsluftfahrtminister Hermann Göring und die Einstufung als Einsatzhafen I. Ordnung Damit wird Merseburg zum Standort der Deutschen Wehrmacht. Am 1. April 1936 erfolgt hier die Aufstellung des Stabes und der I. Gruppe des Kampfgeschwaders 153 unter Oberst Walter Sommé. Die II. und III. Gruppe entstehen in Finsterwalde und Altenburg/Nobitz. Die Ausrüstung des Geschwaders besteht anfangs aus Behelfsbombern Ju 52 und im März 1937 erfolgt die Umrüstung auf Ju 86 und Do 11. In diese Zeit fällt auch die Ausbildung von Piloten für die deutsche Legion Condor, die im Spanischen Bürgerkrieg auf Seiten der regierungstreuen Franco-Truppen kämpfte und die durch die Bombardierung der spanischen Stadt Guernica am 26. April 1937 traurigen Ruhm erlangte. Pablo Picasso dokumentierte noch im gleichen Jahr die Schrecken dieses Angriff in dem gleichnamigen Bild, das zu einem seiner bekanntesten Werke zählt und heute in Madrid im Museo Reina Sofia ausgestellt ist. Am 1. Mai 1937 verlegt das Regiment nach Süddeutschland und der Flugplatz wird zum Einsatzhafen II. Ordnung heruntergestuft.[44]

Am 1. Juli 1939 erfolgt die Aufstellung des Flughafen-Bereichskommandos Merseburg, das am 30. März 1941 in Flughafen-Bereichskommando Koflug 8/IV umbenannt wird und die Führung der Fliegerhorst-Kommandanturen Merseburg, Bernburg, Delitzsch, Halle, Köthen, Mörtitz, Pretzsch, Schafstädt, Schkeuditz und Zerbst sowie mehrerer Flugplatzkommandos A übernimmt. Es wird am 20. Februar 1943 aufgelöst.[45]

Nach der kurzzeitigen Nutzung durch die I./JG 3 „Udet“, die am 22. September 1939 von Schafstädt kommt und bereits am 3. November 1939 nach Zerbst verlegt, und der Übergabe von erbeuteten tschechischen Flugzeugen im September 1939 an die verbündeten bulgarischen Streitkräfte wird der Platz ab Mai 1940 nur noch zur Ausbildung von Jagdflugzeugführern genutzt.[46] Lediglich vom 6. bis 27. Februar 1945 erfolgt noch einmal eine Nutzung durch die IV. (Ergänzungs-) Gruppe des JG 2, die am 14. Oktober 1944 in Brandis aus der Ergänzungsstaffel des JG 400 hervorging und mit Me 163 ausgerüstet ist.[47]

Teile des Flugplatzes werden 1939 der Junkers Flugzeug- und Motorenwerke AG Dessau als Außenbaustelle zur Endmontage von Flugzeugen übergeben. Hier werden unter anderem der Prototyp des Großraumseglers Ju 322 „Mammut" gebaut. Später erfolgt hier die Beteiligung an der Entwicklung diverser Flugzeugtypen. Nach dem schweren Bombenangriff auf Nordhausen wird ab dem 22. März 1945 die Montage von „Mistelgespannen" von der dortigen Flugplatzwerft der Junkers-Werke nach Merseburg verlegt.[48] „Mistelgespanne", bestehend aus einem mit Sprengstoff beladenen Ju 88 Bomber und einem Jagdflugzeug Me 109 oder FW 190 zur Steuerung auf dem Rücken, waren eine von Hitlers letzten „Geheimwaffen" um den rasanten Vormarsch der Alliierten durch die Zerstörung wichtiger Brücken und Bauwerke zu stoppen.[49]

Neben dem Flugplatz und dem Fliegerhorst entsteht ab 1936 südlich des Platzes an der Geusaer Straße die Flakkaserne.

Flakkaserne Merseburg — Ansichtskarte Sammlung Möller

Parallel hierzu erfolgt am 1. Oktober 1936 die Aufstellung der II./Flak.Rgt. 13 (mot.) des Höheren Kommandeurs der Flakartillerie im Luftkreis III. Sie bezieht am 28. Mai 1937 die frisch eingeweihte Kaserne. Kasernenkommandant wird Maj. Menge, der diese Funktion bis zur Besetzung der Kaserne durch die amerikanischen Truppen wahrnimmt. Am 1. Oktober 1937 erfolgt die Umbenennung der Abteilung in I./Flak.Rgt. 23 unter Führung des Luftgaukommando IV. Bereits ein Jahr später, am 15. November 1938, geht aus ihr erneut die II./Flak.Rgt. 13 mit fünf Batterien hervor, die jetzt dem Luftverteidigungskommando 3 untersteht. 1939 wird aus ihr die II./Flak.Rgt. 33 (gem. mot.). Die Abteilung verlegt 1940 im Rahmen des Skandinavien-Feldzuges nach Norwegen, womit die ständige Belegung der Flakkaserne endet. Ab diesem Zeitpunkt erfolgt die Nutzung als Quartier für Lehrgänge zur Ausbildung an den verschiedenen Waffensystemen der Flakwaffe. [50]

Hierzu erfolgt am 10. September 1944 die Gründung der Fliegertechnischen Schule (W) 8, einer waffentechnischen Spezialschule als Ausgliederung der Fliegerwaffentechnischen Schule 2.[51] Im Frühjahr 1945 endet auch diese Nutzung und die Einrichtungen der Kaserne werden zur Ausbildung des örtlichen Volkssturms genutzt. Dieser war, wie überall im Reich, am 18. Oktober 1944 zur Musterung aufgerufen worden.

Merseburger Zeitung

AMTL. BLATT DER NSDAP, DER KREIS-, STADT- u. GEMEINDEBEHÖRDEN IN MERSEBURG u. IM OBEREN GEISELTAL MIT MÜCHELN (KREIS QUERFURT)

Einzelpreis 10 Pf. | 5. Jahrgang | Nr. 280 | Donnerstag, den 19. Oktober 1944

Der Führer ruft – Die Heimat greift zu den Waffen

In allen Gauen werden die Volksstürme aufgestellt – Reichsführer SS Himmler begründet vor Volkssturmkompanien in Ostpreußen den Erlaß des Führers

Die Schutzräumen und LS-Bunker der Kaserne dienen jetzt den wenigen verbliebenen Wachsoldaten und der Zivilbevölkerung aus der Umgebung der Kaserne als Schutz vor den alliierten Bombenangriffen.[52]

So stellen sich neben den Besatzungen der Flakstellungen lediglich einige wenige Merseburger Volkssturmmänner den anrückenden Amerikanern entgegen. Die meisten haben sich zu diesem Zeitpunkt längst nach Hause abgesetzt und denken nicht daran, Widerstand zu leisten.[53]

Bildung des Deutschen Volkssturmes

Anordnung zum Erlaß des Führers.

1. Der Führer hat die Bildung des Deutschen Volkssturms befohlen.

2. Am Sonntag, dem 29. Oktober 1944, finden in allen Gemeinden des Gaugebiets die Musterungen statt.

Mit der Durchführung der Musterung ist die NSDAP. beauftragt. Gestellungspflichtig sind alle deutschen Männer der Jahrgänge 1884 bis 1928. Die Gestellungspflichtigen stehen für die Zeitdauer der Musterungen unter dem Wehrgesetz. Nicht heranzuziehen sind:

a) Soldaten der deutschen Wehrmacht,
b) Angehörige des RAD.,
c) Männer im hauptberuflichen Polizeidienst, kasernierte Angehörige der Luftschutz- und Feuerlöschpolizei,
d) amtierende Geistliche.

Die Gestellungspflichtigen haben, soweit sie in Wehrüberwachung stehen, ihre Wehrpässe mitzubringen.

3. Für die Musterungspflichtigen, die am Musterungstage aus beruflichen oder sonstigen Gründen am Erscheinen verhindert sind, sind von den Kreispolizeibehörden selbständig Nachmusterungen anzusetzen.

4. Alle weiteren Anordnungen treffen die Kreispolizeibehörden im Benehmen mit den Kreisleitern der NSDAP. Die Ortspolizeibehörden sind gehalten, die Dienststellen der Partei bei der Durchführung der Musterung mit allen Mitteln zu unterstützen.

Halle/Merseburg, den 18. Oktober 1944.

Der Gauleiter und Reichsverteidigungskommissar für den Reichsverteidigungsbezirk Halle/Merseburg
gez. Eggeling.

Das 2./23, das nördlich des 1./23 vorrückt, fährt aufgesessen auf den Panzern der Co. C, 741st Tk Bn unter Capt. John H. Covington und den Panzerjägern des 2nd Plat. Co. B, 612th TD Bn um 09.00 Uhr in Obhausen-Petri los und säubert die Orte Dornstedt, Asendorf und Steuden. Entlang der Straße Steuden – Großgräfendorf vorgehend, erreichen sie Großgräfendorf.

Auch durch Großgräfendorf waren in den vergangenen Tagen ständig deutsche Truppen zurückgeflutet. Der Schüler Rudlof Günther aus Großgräfendorf schreibt: *„Jede Nacht kamen Fahrzeugkolonnen der Wehrmacht aus Richtung Westen von Querfurt her die Landstraße durch, die nach Merseburg an unserem Dorf vorbeiführt. Die Fahrzeuge waren überfüllt. Die Soldaten hingen wie die Weintrauben an den Lastwagen auf den Motorhauben, Kotflügeln und Trittbrettern.“* [54]

Im Dorf finden sie zirka 800 polnische Zwangsarbeiter aus Leubingen/Thüringen, die am 11. April auf dem Weg zu den Siebel-Flugzeugwerken in Halle unter SS-Bewachung angekommen waren. Ihre Wachmannschaften waren bereits am Vortag beim Herannahen der Amerikaner getürmt. Außerdem registrieren sie 65 Franzosen, die seit 1944 in den Buna-Werken zur Arbeit eingesetzt waren und ihr Quartier im Dorf haben.[55]

Dann wird das am Vortag hart umkämpfte Schotterey besetzt und sie nehmen ohne großen Widerstand Bad Lauchstädt, wo sich der Stab der 21. Flak.Brig. rechtzeitig abgesetzt hat. Von dort fährt die Angriffsspitze mit den Panzern des Plat. von Lt. Dew der Co. C, 741st Tk Bn weiter nach Dörstewitz und gerät in der Nähe von Dörstewitz unter Flakbeschuss der 12,8cm Doppelbatterie der 3./s.Flak.Abt. 226 der Flak.UGr. Schkopau-West. Bei dem Versuch der Panzer, die, südöstlich von Dörstewitz liegende, Stellung weiträumig in der Flanke zu umgehen, wird der Panzer von Lt. Dew nördlich von Milzau-Netzschkau von einer Panzerfaust getroffen und beschädigt, Lt. Joseph H. Dew und Pvt. Costello werden verletzt, der Fahrer, Tec 4 Walter J. Fryer, getötet. Die Infanteristen setzen daraufhin ohne Panzerunterstützung den Angriff in den Ort hinein fort und die drei verbliebenen Panzer des Platoon folgen ihnen bei Einbruch der Dunkelheit. Während die Panzer für die Nacht in Dörstewitz halten, erreichen die Reste der Co. C, 741st Tk Bn erst gegen 23.00 Uhr (B) Bad Lauchstädt, wo sie halten.

Die amerikanischen Truppen in diesem Abschnitt werden gegen 19.30 Uhr (B) das Ziel eines der selten gewordenen deutschen Luftangriffe. Im letzten Tageslicht greifen zwölf Jagdflugzeuge die Bodentruppen an, ohne jedoch größere

Schäden zu verursachen. Dabei soll ein deutsches Jagdflugzeug in der Nähe von Lützkendorf notgelandet sein, dessen Pilot nach Erzählungen aus Mücheln stammte und der wegen der Notlandung in Abwesenheit zum Tod verurteilt wurde. Man soll ihm unterstellt haben, dass er das Flugzeug mit Absicht in der Nähe seines Heimatortes zur Notlandung brachte.[56]

Das 3./23 erreicht in der Reserve des RCT 23 mit dem 3rd Plat. Co. B, 612th TD Bn um 19.30 Uhr (B) von Querfurt kommend die Umgebung von Bad Lauchstädt und versammelt sich. Der CP der Co. B, 612th TD Bn trifft um 17.10 Uhr (B) in Schafstädt ein und bezieht Quartier in der Stadt. Der Regtl.CP des RCT 23 erreicht über Querfurt und Schafstädt am Abend Bad Lauchstädt. Das Regiment meldet an diesem Tag elf Tote und 29 Verwundete, zwei Soldaten erliegen ihren Verwundungen. Durch den Kriegsgefangenen-Registrierungspunkt des Regiments gehen an diesem Tag 438 Deutsche.

Südlich des Abschnittes des RCT 23 erreicht in den frühen Morgenstunden auch das RCT 9 der 2nd US InfDiv nach einem Nachtmarsch aus dem Raum Sondershausen kommend mit seinen drei Bataillonen die Linie Jüdendorf – Schnellroda – Albersroda, westlich von Mücheln.

Von links nach rechts: CO 9th US InfRgt Col. Ginder, CG DivArty 2nd US InfDiv Brig.Gen. Hinds, CO 12th FA Bn, Maj. Donnell Fotos: National Archives

Unmittelbar danach trifft auch die unterstützende Artillerie ein. Das unterstellte 15th FA Bn unter Lt.Col. Robert L. Cassibry bezieht mit seinen 105mm Haubitzen Feuerstellung im Sammelraum, während die Flakartilleristen der begleitenden

Btry. A, 462nd AAA (AW) Bn ihre Geschütze feuerbereit machen. Die schweren 155mm Haubitzen der 12th FA Bn unter Maj. Thomas W. Donnell erreichen Jüdendorf und übernehmen auf Befehl des ArtyCdr der 2nd US InfDiv, Brig.Gen. John H. Hinds die weitreichende Feuerverstärkung des 15th FA Bn.

Oben: Fahrzeuge des 12th FA Bn auf freiem Feld bei Jüdendorf
Unten: Flakgeschütz des 462nd AAA (AW) Bn in Feuerposition
Fotos: History 12th FA Bn, National Archives

Nach Abschluss der Versammlung und einer kurzen Auffrischung beginnen die Infanteristen des 1./9 und 2./9 unter dem Kommando von Col. Ginder gegen 14.00 Uhr (B) über Mücheln mit einem Zangenangriff nördlich und südlich am Mineralölwerk Lützkendorf vorbei in Hauptrichtung Leuna, wo Panzeralarm ausgelöst wurde.[57]

In der Marschordnung mit der Co. F aufgesessen auf mittleren Panzern der Co. A, 741st Tk Bn voraus, gefolgt von der Co. E, G, H und dem Bn HQ rücken die Infanteristen des 2./9 auf der nördlichen Route des RCT 9 von Schnellroda aus nach Osten vor. Als die Infanteristen den Ort Stöbnitz passieren, geraten sie unter Beschuss durch deutsche Flakbatterien. Vom Kirchturm in Merseburg meldet der Nachrichtenoffizier der s.Flak.Abt. 406, Lt. Fritz Albert, die Annäherung der amerikanischen Truppen an den Stab in Frankleben.[58]

Als Antwort auf den Beschuss durch die Flak, bringt die Btry. C, 12th FA Bn unter dem Kommando von Capt. Joe B. Kopycinski ihre Haubitzen auf einem großen Feld in der Umgebung von Jüdendorf in Stellung und eröffnet das Konterfeuer.

Schwere M-1 Feldhaubitzen des 12th FA Bn vor den Leuna-Werken
Foto: History 12th FA Bn, National Archives

Entlang der Vormarschstrecke treffen vereinzelte Panzerfäuste die vorrückende Kolonne, richten aber keine größeren Schäden an. Kampflos überrennt die Co. F eine Batterie von sechs 10,5cm Flakgeschützen östlich von Stöbnitz. Die Batterie gehört wahrscheinlich zur Stellung Nr. 154, Niederklobikau.[59] Um 15.30 Uhr (B) trifft die Co. F dann auf ersten Widerstand in Bereich Benndorf [heute Tagebau] und gerät in ein Gefecht mit zwei weiteren Batterien 10,5cm Flakgeschützen.[60]

Krumpa und das stark zerstörte Mineralölwerk Lützkendorf nach dem Bombenangriff vom 23. März 1945
Luftbild: Mit freundlicher Unterstützung durch Luftbilddatenbank Dr. Carls, Estenfeld

Auch eingegrabene Infanterie leistet mit Unterstützung einer Selbstfahrlafette Widerstand. Bei den Kämpfen fallen fünf amerikanische Soldaten. Um 20.30 Uhr (B) endet der deutsche Widerstand und 55 Deutsche ergeben sich. Die Männer der Co. F befinden sich jetzt am Rand des völlig zerstörten Mineralölwerkes Lützkendorf.

Das Werk, das erstmals am 19. November 1940 angegriffen wurde und ab dem 12. Mai 1944 regelmäßig das Ziel alliierter Luftangriffe war, steht seit dem Angriff vom 4./5. April 1945 still. Trotzdem war es in der Nacht vom 8./9. April 1945 noch einmal Ziel der Royal Air Force geworden. 231 Lancaster Bomben, unter ihnen 18 Bomber der Squadron No. 9 mit je einer „Tallboy-Bombe“, einer sechs Tonnen schweren bunkerbrechenden Spezialbombe, hatten ihre todbringende Last über Lützkendorf abgeworfen und das Werk endgültig zerstört.[61]

Im Bereich des Werkes, in dem sich noch immer zirka 1500 Zwangsarbeiter befinden, haben die 120 Bewacher, alte Männer einer Landesschützeneinheit, bei der Annäherung der amerikanischen Truppen fluchtartig ihre Posten verlassen und die 550 Holländer, Italiener und Polen und 950 italienischen Militärinternierten ihrem Schicksal überlassen.[62]

Die Italiener gehören zum Bau- und Arbeits-Btl. (It.) 200 mit Standort Neumark-Krumpa, das bis zum 1. Oktober 1944 die Bezeichnung Kriegsgefangenen Bau und Arbeits-Btl. 200 (It.) hatte. Die Umbenennung erfolgte, nachdem am 1. Oktober 1944 aus den bisherigen Kriegsgefangenen Militärinternierte werden. Am gleichen Tag meldet die Kriegsstärke des Bataillons, das aus drei Kompanien besteht, 993 Italiener.[63]

Das Arbeitskommando Lützkendorf des KZ Buchenwald ist zu diesem Zeitpunkt längst aufgelöst. Es war auf Bitten des Vorstandssprechers der BRABAG Fritz Kranefuß eingerichtet worden, um bei der Beseitigung der Zerstörungen durch die Bombenangriffe zu unterstützen.[64] Von den insgesamt 900 Häftlingen, Belgiern, Deutschen, Franzosen, Polen und Russen, die 14. Juli 1944 dem Werk zugewiesen wurden, befanden sich am Tag der Räumung, am 21. Januar 1945, noch 363 Häftlinge im Lager.[65] Diese wurden dem KZ Mittelbau-Dora überstellt, wo sie zur Montage der V-Waffen eingesetzt wurden. [66]

Doch gemäß ihrem Auftrag dringen die Infanteristen des 2./9 nicht in die Ruinen des Werksgeländes vor, sondern setzen den Vormarsch während des Restes der Nacht nach Osten fort und nehmen vier weitere Orte gegen leichten Widerstand.

Das 1./9, das dem 2./9 von Jüdendorf aus, aufgesessen auf Panzern und Lastwagen des 12th FA Bn, bis nach St. Ulrich gefolgt ist, sitzt ab und die Infanteristen der Co. A und B rücken zu Fuß entlang der Straße Mücheln – Krumpa vor während die Co. C aufgesessen auf den Sherman-Panzern eines Plat. der Co. A, 741st Tk Bn folgt. Um 19.30 Uhr (B) wird die Co. B dem 2./9 unterstellt.

Eine Flakgranate hat den CP des 12th FA Bn in Neubiendorf/Mücheln getroffen
Foto: History 12th FA Bn, National Archives

Das 3./9 in der Reserve des RCT 9 fährt auf Lastwagen nach St. Micheln, wo es um 20.00 Uhr (B) absitzt und zu Fuß dem 2nd und 1st Bn in Richtung Geiselröhlitz[67] folgt, das am nächsten Morgen erreicht wird.

Das RCT 38 unter Col. Francis H. Boos, das in Erinnerung an die Teilnahme des Regimentes an den Schlachten des 1. Weltkrieg in Europa den Traditionsnamen „The Rock oft he Marne“ führt, beginnt um 10.30 Uhr (B) aus dem Sammelraum bei Sondershausen den Marsch als Reserve der Division und folgt dem RCT 23 in einen Sammelraum bei Obhausen-Petri, um den Schutz der offenen Nordflanke der 2nd InfDiv zu übernehmen. Das 1./38 erreicht mit dem 1st Plat. Co. C, 612th TD Bn gegen 17.30 Uhr (B) Steuden und um 19.15 Uhr (B) haben die Infanteristen um Dornstedt und Steuden Sicherung bezogen und Sperren errichtet. Das 2./38 trifft mit dem 2nd Plat. Co. C, 612th TD gegen 18.00 Uhr (B) in Obhausen-Petri ein, wo es ebenfalls Verteidigungsstellungen nach Nordosten, Norden und Nordwesten bezieht. Der Regtl.CP bezieht am Nachmittag Quartier in Querfurt, wo auch der Co.CP der Co. C, 612th TD Bn um 16.30 Uhr eintrifft.

Der Div.CP der 2nd US InfDiv verlegt im Tagesverlauf nach Barnstädt und bezieht Quartier in Barnstädt-Göhritz.[68], wo er bis zum 16. April 1945 verbleibt.

CO 38th US InfRgt
Col. Boos
Foto: National Archives

Vor dem Div.CP erreichen an diesem Tag die Männer von Lt.Col. Cecil F. Jorns 2nd Med Bn der 2nd US InfDiv und Teile des Trains der Division das, noch unbesetzte, Barnstädt und den angrenzenden Ort Göhritz, wo seit dem Vortag weiße Fahnen wehen. Einige deutsche Soldaten werden überrascht und ergeben sich. Die Kriegsgefangenen werden nach Barnstädt gebracht, wo sie in Scheunen eingesperrt werden. Auf dem Sportplatz errichten die Sanitäter den Divisionsverbandplatz.[69] Hierher werden in den nächsten Tagen die Verwundeten der Kämpfe um die Flakstellungen bei Merseburg und Leuna gebracht. Aber auch verwundete deutsche Soldaten finden hier erste ärztliche Hilfe. Diejenigen, denen nicht mehr geholfen werden kann, werden neben dem Lazarettzelt beerdigt.[70] Mit dem Eintreffen des Div.CP errichtet der MP Plat. unter dem Kommando von Maj. William F. North in Barnstädt den Kriegsgefangenensammelpunkt der Division.

Im Südabschnitt des V. US Corps haben in Weißenfels in den frühen Morgenstunden die Infanteristen des 2./271 der 69th US InfDiv entlang des westlichen Saale-Ufers die Vorbereitungen für das Übersetzen über den Fluss beendet. Jetzt beginnt der Angriff des Bataillons mit Schlauchbooten über den Fluss und bis 13.40 Uhr (B) haben alle Kompanien den Fluss überquert. Die Flakbatterien der Stellung Nr. 141 Kriechau-Schkortleben, welche den Turm der Burgwerbener Kirche als Beobachtungsstelle nutzen, greifen auf Anforderung durch die Garnison Weißenfels in den Kampf ein und um 15.00 Uhr treffen erste Granaten die amerikanischen Positionen in der Stadt.[71] Die Kämpfe dauern bis zum Abend an und bis 19.00 (B) Uhr sind zwei Drittel der Stadt besetzt.

Während in Weißenfels gekämpft wird, erreicht das 3./271 am Nachmittag aus dem rückwärtigen Raum kommend Pettstädt und um 15.45 Uhr (B) tritt das Bataillon zum Angriff an, um einen Brückenkopf über die Saale nördlich von Weißenfels zu erobern.

Oben: Die gesprengte Straßenbrücke über die Saale in Weißenfels
Foto: Museum Weißenfels
Unten: Infanteristen der Co. H, 2./271 auf der Markwerbener Straße in Weißenfels
Foto: Capt. Witcher, Signal Photo Corps, National Archives, SC 272300

Männer der Co. H, 2./271 bei der Vorbereitung der Saale-Überquerung in Weißenfels
Fotos: Capt. Witcher, Signal Photo Corps, National Archives, SC 272298/272299

Als sich das Bataillon auf der alten Heerstraße auf Tagewerben zu bewegt, gerät es in das Sperrfeuer der 8,8cm Geschütze der Flakbatterien Nr. 141 bei Kriechau-Schkortkleben. Auf der Roßbacher Straße bleiben einige Fahrzeuge getroffen liegen.[72] Die meisten Verluste erleidet die Cn. Co., welche beim Beziehen der Feuerstellung von einem feindlichen Feuerüberfall getroffen wird. Ein Soldat wird getötet und neun verwundet. Das Feuer nimmt zu, als sich die Spitzenkompanie durch Tagewerben hindurch Posendorf nähert. Ostwärts der Stadt wird sie festgenagelt.

Die Vorauskräfte des Bataillons ziehen sich daraufhin nach Tagewerben zurück, wo sie den Befehl erhalten, in den Raum Markröhlitz zu verlegen und sich mit dem Bataillon zu versammeln. Von hier aus soll das Bataillon geschlossen über Naumburg in seinen neuen Abschnitt verlegen. Auf Grund des anhaltenden Feindfeuers sind die Vorauskräfte jedoch gezwungen bis zur Dunkelheit in Tagewerben zu warten, um dann den Marsch nach Pettstädt – Markröhlitz anzutreten.

Die Flakstellung Kriechau-Schkortkleben liegt ab dem Abend unter gezieltem Beschuss der DivArty der 69th US InfDiv, der die ganze Nacht über anhält. Zwei französische Zwangsarbeiter hatten die amerikanischen Truppen informiert, dass sich dort deutsche Flakbatterien mit 33 8,8cm Geschützen befinden.[73]

Nicht nur für die Besatzung der Flakstellung, deren einziger infanteristischer Schutz einige 2cm Vierlingsflak-Geschütze mit italienischer Besatzung sind, wird es eine unruhige Nacht. Auch eine Gruppe junger Rekruten des Pi.Ers.Btl. 14, die sich von Burgwerben her in den Abschnitt Kriechau – Schkortleben zurückgezogen haben, harren ängstlich in ihren Löchern aus. Sie hatten bei ihrem Eintreffen den Auftrag erhalten, die Flakstellung in der Senke zwischen den beiden Orten links der Straße infanteristisch zu sichern.[74]

In der Zwischenzeit haben die Hauptkräfte des 3./271 den Sammelraum Pettstädt – Markröhlitz erreicht. Damit wird Pettstädt erneut zur Drehscheibe für die amerikanischen Truppen, die an den Flakstellungen und Weißenfels vorbeigeleitet werden müssen, um nach Osten hinter die Saale zu kommen. Von Pettstädt aus hatte bereits am Morgen die Verlegung der dort seit dem Vortag auf Grund des anhaltenden feindlichen Widerstandes bei Schortau aufgehaltenen Kräfte der 9th US AD und der 69th US InfDiv über Naumburg nach Osten in ihre geplanten Angriffsabschnitte begonnen.

So verlässt das 1./271 der 69th US InfDiv, welches sich am Vortag bei Pettstädt versammelt hatte, am Morgen den Sammelraum mit der Co. A, 777th Tk Bn und der Co. A, 661st TD Bn voraus, und fährt südwärts nach Naumburg. Ihr Marsch wird durch die Kolonnen des CCA der 9th US AD behindert, welche sich vor ihnen bewegen. Mehrmals gerät die Kolonne unter indirektes Flakfeuer aus östlicher Richtung, so gemeldet um 11.00 Uhr (B) durch die Co. A, 661st TD Bn. Gegen 17.00 Uhr (B) erreicht das Bataillon Naumburg und geht von dort nach Osten weiter bis Stöntzsch, westlich von Pegau, wo es gegen 23.30 Uhr (B) ankommt.

Col. Harrold, der CO des CCA der 9th US AD hatte um 04.00 Uhr (B) seine Einheiten im Raum Pettstädt – Zeuchfeld – Markröhlitz für den Vormarsch zur Weißen Elster alarmiert.

Das 2./273 unter dem Kommando von Lt.Col. Wayne G. Springer, welches dem CCA unterstellt ist, verlässt vor den Panzern mit dem 2nd Plat. Co. C, 777th Tk Bn und der Co. E, 2./273 als Vorhut um 04.00 Uhr (B) den Raum Zeuchfeld – Markröhlitz los und fährt über Naumburg nach Stössen. Mit ihnen gehen die Aufklärer des Tp. C, 86th CavRcnSq. Weiter geht das 2./273 über Kostplatz, Krauschwitz, Krössuln, Runthal, Unterwerschen, Zembschen, Steckelberg und Großgrimma in Richtung Pegau. Unterwegs erhält das Bataillon den Befehl, zur Unterstützung der Zerschlagung des Widerstandes in Weißenfels und zum Durchtrennen der östlichen Versorgungswege, eine Task Force von Osten nach Weißenfels zu entsenden. Gegen Mittag schwenkt in Grunau, östlich von Hohenmölsen, die Task Force nach Nordwesten. Der Vormarsch führt die Task Force durch die Orte Domsen, Tornau und Söhesten. Um 12.52 Uhr (B) wird die Task Force in Muschwitz gemeldet, von wo aus sie über Pobles, Sössen und Klein- und Großgöhren weiter vorgeht. Bei Pörsten-Rippach durchschneiden diese Kräfte die Reichsstraße 87 und geraten unter Beschuss durch schwere Eisenbahnflak. Ein Zug der s.Flak.Abt. 535 (Eisb.) mit vier schweren 12,8cm Eisenbahnflakgeschützen eröffnet von Haltepunkten auf der Bahnstrecke zwischen dem Bahnhof Lützen und dem Bahnhof Röcken das Feuer auf die amerikanischen Spitzen. Die Panzer erwidern das Feuer, wobei einige ihrer Granaten in dem kleinen Ort Röcken einschlagen und mehrere Bewohner verwunden. Dann zieht sich der Zug in den Streckenabschnitt zwischen Meuschen und Schkölen/Räpitz zurück, wo ihn am Nachmittag amerikanische Jagdbomber angreifen und zerstören, nachdem seine Geschütze auf die amerikanischen Truppen nördlich von Stöntzsch feuern.[75] Zwei deutsche Soldaten werden bei dem Angriff getötet und später auf dem Friedhof Schkeitbar bei Räpitz beerdigt. Der Rest der

Besatzung gibt den Zug auf und setzt sich ab.[76] Die Task Force, die ihr Ziel bei Rippach erreicht hat, kehrt auf Befehl um und fährt in den Raum Pegau zurück.

Dem 2./273 folgen die TF Engeman, 14th Tk Bn, und die TF Collins, 60th AIB. Um 07.20 Uhr (B) passiert die Spitze der Kolonne des 14th Tk Bn die Ablauflinie in Pettstädt. Ohne Probleme marschiert das CCA von Pettstädt über Markröhlitz, Naumburg, Wethau, Stössen, Kostplatz, Krössuln, Teuchern nach Runthal. Weiter geht es über Gosserau und Zembschen in Richtung Weiße Elster. Dann teilt sich die Hauptkolonne des CCA vermutlich im Raum Hohenmölsen in zwei Angriffskolonnen und setzt den Vormarsch mit der TF Collins im Norden und der TF Engeman im Süden fort. Gegen 13.00 Uhr (B) erreichen die Hauptkräfte das CCA die Umgebung von Pegau.

Das CCR der 9th US AD setzt in der Nacht zum Freitag den am Vortag um 22.00 Uhr (B) im Raum Obernessa begonnen Vormarsch zur Sicherung von Flussübergängen über die Weiße Elster fort. Am frühen Morgen trifft es bei Zangenberg und Theißen auf massives Flakfeuer und erhält gegen 10.30 Uhr (B) den Befehl zum Rückzug und zum Schwenk nach Norden. Am späten Nachmittag überquert das CCR die Weiße Elster bei Lützkewitz.

Das RCT 272 der 69th US InfDiv folgt an diesem Tag dem Weg der Panzer des CCR der 9th US AD. Mit dem 1./272 voraus erreicht es Hohenmölsen, das die Kolonnen des CCA der 9th US AD auf ihrem Weg nach Osten umgangen haben. Während die Hauptkräfte ohne Aufenthalt an der Stadt vorbeifahren, besetzt das 3./272 die Stadt. Der Vormarsch wird bis zum Abend bis westlich der Weißen Elster fortgesetzt, wo es den Kontakt mit dem CCR der 9th US AD herstellt. Das RCT 273 bleibt in der mobilen Div.Res.

Beim VII. US Corps der 1st US Army fährt die 3rd US AD nach Osten zur Saale bei Alsleben, Nelben und Friedeburg und setzt mit abgesessenen Elementen über. In der Nacht vom 13. zum 14. April wird eine Brücke gebaut. Die 1st US InfDiv und die beigefügte 4th CavGp beginnen die systematische Räumung des Harzes. Die 104th US InfDiv setzt die Blockade entlang der südlichen Grenze des Harzes auf der linken Rückseite fort und fährt mit der neugebildeten Task Force Kelleher als Speerspitze in Richtung der Saale bei Halle. Die 9th US InfDiv versammelt sich im Raum Nordhausen und übernimmt den freigewordenen Abschnitt der 104th US InfDiv.

Nördlich des Abschnittes der 1st US Army säubert die 5th US AD des XIII. US Corps entlang der Elbe und räumt u.a. Tangermünde. Im Bereich des XIX. US Corps ist das CCB der 2nd US AD außerstande, den Brückenkopf an der Elbe auszuweiten und zieht sich noch in der Nacht nach Süden zurück. Ihr CCA und CCR blockiert Magdeburg. Die 83rd US InfDiv errichtet einen Brückenkopf über die Elbe bei Barby und beginnt in Zusammenarbeit mit dem VII. US Corps der 1st US Army mit der Räumung des Harzes.

Südlich des V. US Corps setzt im Bereich des XX. US Corps der 3rd US Army die 6th US AD die Überquerung der Weißen Elster fort und sichert zusätzliche Brücken. Unter Benutzung zweier Brücken in der Zone der 1st US Army, nördlich von Zeitz, setzt das CCB über und fährt südostwärts in den Raum Lucka. Das CCA überquert den Fluss südlich von Zeitz. Im Zusammenwirken mit Teilen der 76th US InfDiv geht das CCR der 6th US AD in der Nähe von Zeitz über den Fluss und beginnt den Angriff auf die Stadt. Unter Umgehung von Jena, welches die 80th US InfDiv säubert, stürmen die Panzer der 4th US AD nach Osten, überqueren die Weiße Elster und errichten Brückenköpfe über die Zwickauer Mulde.

Aus dem Führerhauptquartier 14. April 1945. Das Oberkommando der Wehrmacht gibt bekannt:
Aufklärungsverbände fühlen gegen die Saale bei Halle und gegen den Raum beiderseits Zeitz vor.

Kriegstagebuch des OKW/WFSt vom 14. April 1945:
Die 1. amerikanische Armee operiert jetzt nur südlich des Harzes... Bis Leipzig stieß die 69. Division vor; die Armeegrenze verläuft also südlich Leipzig... An der Saale verfügt die 12. Armee nur über schwache Kräfte. Der Gegner dringt nach Südosten gegen Halle vor... Im Raum Leipzig gleiche Lage. Jedoch Verschärfung am rechten Flügel der H.Gr. G, da Gegner Zeitz nehmen konnte und mit Kommandos bis in den Raum von Chemnitz kam.

Geheime Tagesberichte der Wehrmachtsführung vom 14. April 1945:
OB West, AOK 12: *Im Angriff nach Westen drang der Gegner in den Nordwestteil von Halle ein; Kämpfe sind noch im Gange. Mit im Nordteil von Merseburg eingedrungenen Feind sind Kämpfe im Gange. Neun feindliche Panzer wurden vernichtet. Im Vorstoß nach Nordwesten drang der Gegner bis Alt-Ranstädt und Markranstädt (10 km südwestlich von Leipzig) vor, wo er abgewiesen wurde.*

H.Gr. G, 7. Armee, XC. AK: *Ein Feindangriff aus dem Raum Pegau nach Nordosten wurde hart Zwenkau abgewiesen. Gegen aus Groitzsch nach Nordosten vorgehenden Feind wurde ein Flankenangriff durchgeführt, durch den der Gegner 22 Panzer verlor. Über Borna drangen Feindkräfte bis hart westlich Colditz vor. 6 Feindpanzer wurden vernichtet. In Zeitz sind Kämpfe noch im Gange... Hart westlich Rochlitz erreichte der Gegner den Mulde-Abschnitt.“*

Am **Sonnabend**, dem **14. April**, setzt die 1st US Army ihre Offensive in großer Breite fort. Während im südlichen Angriffstreifen der 1st US Army beim V. US Corps das CCA und CCR der 9th US AD an diesem Tag bereits die Weiße Elster überquert haben, beginnt das CCB befehlsgemäß aus dem Raum westlich von Weißenfels mit der Verlegung nach Osten.

Im Versammlungsraum des CCB der 9th US AD bei Zeuchfeld erhält der unterstellte Tp. A, 89th CavRcnSq in der Nacht den Befehl, die Marschstrecke zu einem vorgeschobenen Versammlungsraum östlich von Weißenfels zu erkunden und verlässt mit dem 1st Plat. Tp. E, 89th CavRcnSq und dem 3rd Plat. Co. F, 89th CavRcnSq um 03.00 Uhr (B) Gröst und um 03.30 Uhr (B) wird der Ablaufpunkt an der Kreuzung bei Zeuchfeld überquert. Die Panzer der TF Karsteter, 19th Tk Bn, des CCB verlassen den Sammelraum nördlich Zeuchfeld und folgen dem Tp. A, 89th CavRcnSq. Um 05.32 Uhr (B) überquert der Kopf der Kolonne der TF Karsteter die Ablauflinie in der Nähe von Freyburg. Über Neuenburg, Pödelist, Uichteritz, Markwerben fährt die Kolonne nach Weißenfels, wo die Saale bei einsetzendem Tageslicht über die durch die Pioniere der Co. C, 9th Armd Engr Bn unter Capt. Fee errichtete Ponton-Brücke überquert wird. Da Weißenfels zu diesem Zeitpunkt noch nicht vollständig eingenommen ist, wird eine alternative Strecke am Südrand der Stadt entlang gewählt. Um 13.00 Uhr (B) haben alle Einheiten ihre Räume bezogen. Die TF Karsteter, 19th Tk Bn, versammelt sich in Webau und errichtet mit der Co. B, 19th Tk Bn einen Außenposten in Göthewitz. Eine geringe Anzahl feindlicher Artilleriegranaten trifft den Raum des Bataillons ohne jedoch Schäden zu verursachen. Die TF Prince, 52nd AIB, erreicht Poserna. Dabei gerät die 1st Sect. 1st Plat. Co. A, 656th TD Bn, die die Task Force begleitet, unter Beschuss durch vier 8,8cm Flak an der Autobahn bei Pörsten und feuern zurück. Dabei sollen zwei Geschütze getroffen worden sein. Andere Teile des CCB versammeln sich im Raum Granschütz. Die unterstellte Co. C, 19th Tk Bn unter 1st Lt. John P. Wheeler Jr. verbleibt am Morgen in seinen Stellungen und folgt dann dem CCB nach Nellschütz, wo es die Anhöhe in der Umgebung mit Posten sichert.

Das dem CCB unterstellte 3./38 verlässt mit der Co. A, 19th Tk Bn zwischen 02.45 Uhr und 03.30 Uhr (B) seinen Versammlungsraum bei Leiha und marschiert nach Pobles. Hier versammelt es sich für die Nacht und beginnt mit der Vorbereitung auf seinen neuen Auftrag, der lautet, dem CCA am 15. April zu folgen und Borna zu besetzen. Die Co. A von Lt.Col. Ashley L. Rice's 131st Ord Maint Bn in Granschütz und das 52nd AIB in Poserna werden in ihrem Versammlungsraum von Artillerie und Granatwerfern aus Richtung Norden beschossen. Daraufhin gehen die 105mm Geschütze des 16th AFA Bn unter Maj. Dwight S. Hull und die schweren 155mm Geschütze des, der DivArty 9th US AD unter Col. Joseph W. West unterstellten, 186th FA Bn in Stellung und erwidern das Feuer. Daraufhin sollen zwei Bttr. 8,8cm Flak durch den AT Plat. des 52nd AIB und einem Halfplat. von Lt.Col. John C. Meador's 656th TD Bn zerstört worden sein.[77]

An der Nordflanke des Corps setzen die Bataillone des RCT 23 der 2nd US InfDiv den Angriff in Richtung Saale im Schutz der Nacht gegen anhaltenden Widerstand fort.

Das 1./23 rückt um 03.00 Uhr (B) in der Nacht ohne die Panzer von Nordwesten vorsichtig in Merseburg ein und meldet sich um 04.15 Uhr (B) aus dem Merseburger Stadtteil Altenburg. In Begleitung der Führungsgruppe des Bataillons befindet sich der CO der unterstellten Co. B, 741st Tk Bn, Capt. Vincent Cinquina, der sich nach dem Feuergefecht bei Knapendorf am Vortag und den Warnungen der polnischen Zwangsarbeiter vor einer Flakstellung ein Bild von der Situation in der Stadt machen will, bevor er seine Panzer nachzieht. Doch ausgesandte Patrouillen der Infanterie melden, dass sie keine Geschützstellungen an diesem Zugang zur Stadt erkannt haben. Und so erteilt Cinquina seiner Kompanie den verhängnisvollen Befehl, den Infanteristen am Morgen in die Stadt zu folgen.

Sich völlig sicher fühlend, fahren gegen 07.00 Uhr (B) Hauptkräfte der Co. B, 741st Tk Bn, die nach dem Feuergefecht des Führungszuges am Vortag in Bündorf gehalten haben, los und um 08.00 Uhr (B) gerät der führende 2nd Plat. unter Lt. Dudley auf der Querfurter Chaussee hinter Knapendorf in den Feuerbereich der Flakstellung Nr. 108, welche nördlich des Flugplatzes Merseburg an der Siedlung Elisabethhöhe am Fischweg liegt.

Seit der Auslösung des „Erdalarms“ sind dort die Kanoniere der Luftwaffenbatterie 5./433 und der RAD-Batterie 7./304 in Bereitschaft, ihre 12 10,5cm Geschütze mit den 53 Kilo schweren Sprenggranaten mit Aufschlagzünder zu laden, um die amerikanischen Panzer aufzuhalten. Noch kurz vorher hatte der Batterieführer der 5./s.Flak.Abt 433, Oblt. Jacob, von Zivilberuf Studienrat aus Leinde bei Wolfenbüttel, seinen Männern, zu denen auch Magenkranke und russische Hiwis gehören, verkündet, *„die Batterie werde bis zur letzten Granate verteidigt"*. [78] Denn wie hatte der Führer des Nationalsozialistischen Führungsstabes der Wehrmacht, Gen.d.Inf. Reinecke, am 9. April 1945 in seinem Schnelldienst Nr. 31 alle Parteimitglieder aufgerufen. *„Sorgt bei Euren Männern dafür, dass sie der letzten Auseinandersetzung innerlich fest entgegengehen. Kein deutscher Mann, der noch laufen und schießen kann, legt die Waffen nieder."*[79]

Luftaufnahme der Flakstellung Knapendorf vom 25. März 1945
Luftbild: Nr. 4106, Luftbilddatenbank Ingenieurbüro Dr. Carls, Estenfeld

Aus wenigen 100 Metern Entfernung eröffnen die Geschütze der Luftwaffenbatterie, die sich in Sichtweite befindet, das direkte Feuer auf die Panzer. Fünf Sherman-Panzer werden innerhalb kurzer Zeit von den Granaten der 10,5cm Flakgeschütze getroffen. Der erste Schuss trifft den Panzer von Lt. Dudley, die zweite Granate explodiert in der Straßenmitte, ohne Schaden anzurichten. Die dritte Granate zerstört das Getriebe von Sgt. Mercer's Panzer. Dann wird auch der Panzer von Sgt. Case getroffen. Nur Sgt. Kammeyer gelingt es seinen Panzer hinter einige Bäume zu manövrieren, so dass er gedeckt ist. Bei dem nachfolgenden Feuergefecht wird ein deutsches Flakgeschütz durch das Feuer der Panzer zerstört. Es gelingt den Besatzungen der getroffenen Fahrzeuge auszubooten, denn wie durch ein Wunder sind nur vier Mann verwundet. Unter dem Schutz der sofort angeforderten Artillerieunterstützung gelingt es zwar einige der getroffenen Panzer aus dem Feuerbereich der Flak in Sicherheit zu schleppen, so dass sich deren Besatzungsmitglieder in den Schutz der eigenen Truppen retten können, aber nicht alle der ausgebooteten Männer sind in der Lage, die eigenen Linien zu erreichen. Sie sitzen im feindlichen Feuer fest.

Als eine halbe Stunde später fünf Jeeps der 2nd US InfDiv, ohne die Gefahr zu erkennen, die Straße entlang gefahren kommen, werden sie ebenfalls eine leichte Beute für die Flakgeschütze. Auch hier gelingt es nicht allen Insassen der Jeeps, sich in Richtung der Stadt in Sicherheit zu bringen. Bei dem Versuch, aus dem Gefahrenbereich zu fliehen, wird eine Gruppe der ausgebooteten Panzermänner gegen 09.00 Uhr (B) entdeckt und Tec 4 Ivan E. Schmidt wird durch eine Kugel tödlich getroffen. Zehn Minuten später werden Sgt. Kammeyer, Cpl. Gullatt und Pfc. Henry Gross von drei deutschen Soldaten gefangengenommen. Cpl. LeBon und Pvt. Gallow, welche sich in unmittelbarer Nähe versteckt hatten, werden nicht entdeckt. Es gelingt ihnen erst am Abend im Schutz der einbrechenden Dunkelheit die Linien der Infanterie zu erreichen.[80]

In der Stellung treffen in der Zwischenzeit die gefangengenommenen Panzermänner auf zwei weitere Gefangene, bei denen es sich um zwei Fahrer der Jeeps handelt, von denen einer schwer verwundet ist. Gegen 12.00 Uhr erlaubt der Batteriechef, Oblt. Jacob, auf Bitten des deutschstämmigen Pfc. Henry Gross, den Verwundeten unter Bewachung zur Behandlung durch amerikanische Ärzte an den Rand der amerikanischen Stellungen bringen zu lassen, dann aber wieder mit ihm zurückzukehren. [81] Pfc. Gross berichtet hierzu: *„Die Deutschen gaben uns ein Laib Brot und drei Glas Cognac, außerdem Essen und eine Kanne Kaffee für den Tag. Gegen 12.00 Uhr überzeugte ich den Hauptmann, den Jungen, der verwun-*

det war, zum Rand der Stadt zu bringen, wo ihnen unsere Ärzte helfen konnten. Er ließ ihn uns nehmen und sandte eine Wache hinterher, damit wir zurück kämen."[82]

Die Hilfe kommt jedoch zu spät, der Verwundete verstirbt am nächsten Tag. Nach dieser humanen Geste senden die Amerikaner ein deutsches Rot-Kreuz-Fahrzeug zum Abtransport der deutschen Verwundeten in die Stellung.[83]

Ein Versuch von Gross, Jacob von der aussichtslosen Lage zu überzeugen und zur Kapitulation zu bewegen, hat jedoch keinen Erfolg. Der junge Flaksoldat Friedrich Kilian berichtet: „*Am Nachmittag des 14. April erschien Oblt. Jakob in unserer Geschützstellung, weil einige der Geschützbesatzungen sich weigerten, weiter zu schießen, da auf jeden abgefeuerten Schuss sofort die amerikanische Artillerie antwortete. Er drohte mit standrechtlicher Erschießung. Daraufhin ging das Gefecht weiter. Mein Geschütz Dora hatte einen Treffer erhalten und war bewegungsunfähig, so dass wir uns in unserem Erdloch nebenan verkrochen und mit jedem Heranheulen der Granaten das Ende erwarteten.*" Ein anderer Zeitzeuge berichtet, dass Oblt. Jacob „*im angetrunkenen Zustand mit der Pistole die Mannschaften an die Geschütze getrieben*" habe, während er sich „*in den sicheren Befehlsbunker zurückgezogen hatte*".[84]

Nach der Evakuierungsaktion der Verwundeten nimmt der amerikanische Artilleriebeschuss noch einmal zu. Die bei Tageslicht gut einsehbare Flakstellung liegt bis zum Abend unter Beschuss der 105mm Geschütze des 37th und 38th FA Bn, deren Feuer von einem Wasserturm[85] in der Nähe geleitet wird. Dabei gibt es Tote und Verwundete auf beiden Seiten.

Um 17.45 Uhr (B) treffen die Panzerjäger des 1st Plat. Co. B, 612th TD Bn zur Unterstützung der Infanteristen des 1./23 am Flugplatz Merseburg ein. Die Schlinge um die Flakstellung zieht sich zu.

Als am Abend die Lage immer aussichtsloser wird und immer mehr Geschütze und Mannschaften ausfallen, entschließt sich Oblt. Jacob endlich zur Kapitulation und lässt die weiße Fahne hissen. Zuvor hatten sich die russischen „Hiwis" aus der Stellung abgesetzt, um so der Gefangenschaft und einer möglichen Auslieferung an den Russen zu entgehen. In der RAD-Stellung, wo sich einige Fanatiker befinden, werden noch schnell die unzerstörten Flakgeschütze gesprengt.[86] Zwischen 19.00 und 21.00 Uhr (B) ergeben sich nach amerikanischen Angaben drei Offiziere und 140 Mann den Soldaten des 1./23 und Panzermännern der Co. B, 741st Tk Bn. Zwölf 10,5cm und einige 2cm Flak fallen ihnen die Hände.[87]

Der ehemalige Luftwaffenhelfer der 5./433, Kurt Hesse, der am 10. Februar 1945 aus der Stellung entlassen wurde und sich zum Zeitpunkt der Einnahme der Stellung auf Grund einer ärztlichen Behandlung in Merseburg aufhielt, berichtet: *„Am 14. April 1945, als Merseburg endgültig besetzt war, bin ich wieder zu Tongrube, zur Batteriestellung gekommen. Sie hatten drei Sherman Panzer abgeschossen, die noch an der Lauchstädter Straße brannten. Im Geschützstand Cäsar war die Munition explodiert, in einem Graben lag noch ein ganz junger Soldat, tot. Er war mir vom Ansehen noch bekannt.“*[88]

Kurt Hesse Foto: privat

Während die Panzer der Co. B, 741st Tk Bn am Flugplatz aufgehalten werden, stellt im nahegelegenen Bündorf die Besatzung des am Vortag abgeschossenen Panzers mit Tec 5 George Waterman, Tec 5 Louis DesHaies und die Pfc. Everheart und Phil Bornstein fest, dass die Kompanie bereits den Ort verlassen hat und sie alleine zurückgeblieben sind. Sie hatten die Nacht im Schuppen verbracht und waren am Morgen damit beschäftigt gewesen, im alten Barockschloss Bündorf nach Souvenirs zu suchen. Da sie ihre Waffen bis auf ihre Pistolen im Panzer zurückgelassen hatten, versuchen sie sich bei einer nahegelegenen Verwundeten-Sammelstelle Waffen von Verwundeten zu beschaffen, doch sie finden lediglich ein M 1 Gewehr. Anschließend begeben sie sich ohne genaues Ziel Richtung Westen, um sich bei einem der rückwärtigen Stäbe zu melden.

Tec 5 Georg Waterman berichtet: *„...Als wir auf der anderen Seite aus den Wäldern kamen sah ich gut platzierte Geschütze in einem großen Kreis um einen großen Unterstand. Alle Dächer der Unterstände waren halb eingegraben. ...... Ich eröffnete das Feuer mit meinem M 1 auf die Dächer der Unterstände und Fenster, wann immer ich jemand sah. Ich war vorwärts gegangen währendem ich schoss, was bei der Infanterie als ‚Marschfeuer‘ bezeichnet wird. Ich sah einen Kraut vor einer Stellung zusammenbrechen, kniete nieder, zielte und erschoss ihn. In der Zwischenzeit schoss Wahoo [Spitzname für Tec 5 Louis DesHaies d.A.] mit seiner Mauser. Wir schrien ‚Com Arous‘, was auf Deutsch heißt, ‚komm heraus‘. Ich hörte das Durchladen eines Gewehres, sah einen Blitz aus einem Fenster und hörte das ‚zing‘ der Kugel. Dann wurde ich verwundet und feuerte zwei Magazine M 1 Munition in das Haus und Fenster, und es kam kein ‚zing‘ mehr. Auf der Linken erschossen Bornstein und Pluto (Spitzname für Pfc. Everheart d.A.) zwei weitere Krauts, welche versuchten, ein MG in Stellung zu bringen. Zu diesem Zeitpunkt waren wir im Zentrum der großen Stel-*

lung und die Krauts kamen aus allen Richtungen mit erhobenen Händen aus ihren Löchern und die größte Überraschung waren die Frauen. Ich glaube, es waren Krankenschwestern. Der kommandierende Offizier, ein Kraut Leutnant, kam zu mir und übergab mir seine Pistole. Das war eine offizielle Übergabe einer Garnison. Wir ließen sie in Dreierreihen antreten. Es waren insgesamt 94 Mannschaften, zwei Offiziere und sieben Frauen. Wir fühlten uns sehr stolz. Natürlich, da waren noch fünf ‚Gute' (Tote d.A.), welche in verschiedenen Stellungen herumlagen. Zum Schluss führten wir sie nach hinten. Es war ein langer Weg mit mehreren 10minütigen Pausen. Es war bereits dunkel, als wir die Stadt erreichten, wo das 23rd Regiment (dem wir unterstellt waren) sein Hauptquartier hatte. (Bad Lauchstädt d.A.)..."[89]

Luftaufnahme der Flakstellung Burgstaden vom 8. April 1945
Luftbild: Nr. 3164, Luftbilddatenbank Ingenieurbüro Dr. Carls, Estenfeld

Der Gruppe haben sich die Männer der 4./s.Flak.Abt. 433, Burgstaden, unter dem Kommando von Oblt. Eppelsheimer[90] und einer RAD-Batterie mit insgesamt zwölf 10,5cm und vier 3,7cm Geschützen ergeben.[91] Das offizielle Kriegstagebuch des 741st Tk Bn nennt später die Gefangennahme von drei Offizieren, fünf Krankenschwestern und 96 Mann. 200 Meter östlich der Flakstellung finden sie ein Scheinwerk aus Holzbauten, das die allliierten Bomber vom eigentlichen Ziel ablenken sollte.[92] Die Gefangenen, unter denen sich der Batterieführer Oblt. Eppelsheimer und Lt. Mehnert befinden, werden unter Bewachung zum Kriegsgefangenensammelpunkt in Barnstädt gebracht, wo die Offiziere durch die IPW Teams insbesondere zur Lage der Stellungen des Flakgürtels befragt werden.[93]

Das 2./23 setzt den Angriff auf Schkopau fort. Die Besatzung der Flakstellung Dörstewitz der Flak.UGr. Schkopau-West, welche am Vortag den Angriff des Bataillons aufhielt, hat wahrscheinlich in der Nacht die Stellung verlassen und sich nach Osten abgesetzt.[94] Das 2./23 erreicht um 04.15 Uhr (B) mit der Co. E Rattmannsdorf. Als sich der erste der begleitenden Panzer Rattmannsdorf nährt, gerät er unter Beschuss durch deutsche Soldaten und zieht sich zurück. Kurz darauf rücken drei Panzer vor. Bei der nachfolgenden kurzen Schießerei wird ein deutscher Soldat getötet, der später sein Grab im Ort findet. Im benachbarten Neukirchen bezieht in der Zwischenzeit ein amerikanischer Beobachter auf dem Kirchturm Posten und leitet das Feuer der Artillerie.[95]

Um 06.00 Uhr besetzen die Infanteristen das Buna-Werk, welches am 12. April 1945 stillgelegt worden war.[96] *„Das Werk war noch immer in einem guten Zustand und der Betriebsleiter hatte angewiesen, nichts zu zerstören. Um das Werk für die Nutzung unter Leitung alliierter Techniker zu sichern, wurden 1800 ehemalige Mitarbeiter angewiesen, die Einrichtungen kontinuierlich zu überprüfen, um so die kostbaren Anlagen vor der Zerstörung zu bewahren.“*[97]

Das Arbeitserziehungslager der SS „Zöschen“, das nach einer Bombardierung im Dezember 1944 von Spergau nach Schkopau verlegt wurde und dessen Insassen für Aufräumarbeiten nach Bombenangriffen in Merseburg, Halle und Ammendorf eingesetzt wurden, ist zu diesem Zeitpunkt bereits evakuiert.[98]

Der begleitende 2nd Plat. Co. B, 612th TD Bn verlässt Bad Lauchstädt um 05.00 Uhr (B) und erreicht gegen 06.10 Uhr (B) Korbetha. Dabei kommt es zu einem Gefecht mit einer 9köpfigen deutschen Patrouille wobei drei deutsche Soldaten getötet werden. Dann fahren die Panzerjäger weiter nach Schkopau, wo sie ein Haus mit HE-Granaten unter Feuer nehmen, in dem sich deutsche Soldaten verschanzt haben. Bei der nachfolgenden Durchsuchung finden sie zwei gefallene deutsche Soldaten.

Das 3./23 greift am Morgen in Richtung Holleben an und die Co. L erreicht um 04.27 Uhr (B) Delitz am Berge. Als der begleitende 3rd Plat. Co. B, 612th TD Bn um 09.30 Uhr (B) dort eintrifft, ist der organisierte Widerstand in diesem Abschnitt bereits beendet und die Gefahr für den Ort gebannt. Delitz war am Vortag unter Beschuss der schweren 12,8cm Eisenbahnflak geraten, die vom Bahnhof Benkendorf aus den Kirchturm des Ortes, wo eine weiße Fahne wehte, ins Visier genommen hatte.[99] Der Flakzug gehört zu einem von drei Eisenbahnflakzügen mit 12,8cm Geschützen der s.Flak.Abt. 145 (Eisb.), die zum Schutz der Industrieanlagen auf der Bahnstrecke Bad Lauchstädt – Delitz am Berge – Bad Dürrenberg – Großkorbetha und Trebnitz – Frankleben pendeln.[100]

Auch amerikanische Artillerie hatte den Ort unter Beschuss genommen, nachdem Aufklärer die Flakstellung am Südrand des Ortes aufgeklärt hatte, von wo die amerikanischen Panzerverbände am 12. April beschossen wurden. Doch jetzt ist die Stellung mit ihren sechs 8,8cm und vier 10,5cm Geschützen verlassen und nur noch die Wracks der abgeschossenen Fahrzeuge des 19th Tk Bn westlich des Ortes künden von den Kämpfen. Die Bedienungen der Flakgeschütze haben sich abgesetzt.[101]

In der Zwischenzeit hat das 1./23 den Angriff in Merseburg gegen zähen Widerstand fortgesetzt. Über die Geschehnisse im Zusammenhang mit der Besetzung der Stadt, die sich am Ostufer der Saale bei Trebnitz abspielten, berichtet der Waffenwachtmeister der s.Flak.Abt. 406, Gerhard Rose: *„Am Ostufer der Saale erscheint gegen Mittag ein RAD-Melder in der Flakstellung Trebnitz, wohin sich bereits einige der Flaksoldaten der aufgegebenen und zerstörten Flakstellungen vom Westufer der Saale zurückgezogen haben. Er teilt dem Batteriechef[102], mit, dass sie nicht über die Fußgänger-Behelfsbrücke (die Brücke Merseburg – Trebnitz war zerstört d.A.) über die Saale bei Venenien kommen, da sie unter Feindbeschuss liegen. Im Schutz des einsetzenden Sperrfeuers der zur s.Flak.Abt. 406 gehörenden drei Batterien 12,8cm Flak gehen die RAD-Männer über den Fluss und setzen sich durch die Fasanerie ab. Jetzt liegt auch die Flakstellung unter Beschuss durch amerikanische Granatwerfer am anderen Ufer. Kurz darauf klingelt in der Flakstellung das Telefon. Ein Anrufer aus Merseburg teilt über die noch nicht von den Amerikanern besetzte Vermittlung Weißenfels mit, dass sich in Merseburg in einem Haus am Ufer amerikanische Beobachter befinden und mit Funk das Feuer der feindlichen Granatwerfer auf die Stellung Trebnitz leiten. Mit dem besten Geschütz wird das Haus angerichtet, und auf meinen Vorschlag mit vorgezogenem Sprengpunkt beschossen, da der Batterie-*

chef das Haus nicht zerstören will. Nach der ersten Granatexplosion verschwinden die Beobachter, aber kurz darauf geht der Granatwerferbeschuss weiter. Die Beobachter haben den Beschuss ohne Schaden überstanden. Die zweite Granate geht durchs Fenster und die Beobachter verschwinden. Aber am Nachmittag ging der Beschuss weiter. Ein Spähtrupp mit drei bis vier Mann unter meiner Leitung wird durch die Fasanerie zur Brücke gesandt, um zu prüfen, was sich am Ufer tut. Am Rand der Fasanerie finden wir einen Verwundeten auf der Wiese. Da wir mit einer Falle rechneten, wird die Bevölkerung im Dorf informiert und gebeten, ihn zu bergen. In dem Moment entdecken uns die amerikanischen Beobachter und es beginnt ein Scheibenschießen mit Granatwerfern auf uns. Wir ziehen uns exerziermäßig in Einzelsprüngen zurück. Als wir in der Stellung zurück sind, werden in einem Wasserturm Richtung Schloss weitere amerikanische Beobachter entdeckt und durch einen Präzisionsschuss der Flak ausgeschaltet. Dann geht der Beschuss der deutschen Stellungen erst richtig los und setzt sich bis in die Nacht fort. Eine Baracke mit Leucht- und Signalmunition wird getroffen und explodiert und unmittelbarer Nähe."

Gefallene Volksturmmänner am Straßenrand in Merseburg
Foto: "V. Corps operations in ETO", National Archives

Bis 17.30 Uhr (B) hat das 1./23 die Hälfte von Merseburg gesäubert. Zur Unterstützung des weiteren Angriffs in der Nacht werden dem Bataillon vier Panzer der Co. C, 741st Tk Bn unterstellt, welche um 17.30 Uhr (B) nach Merseburg fahren. Der begleitende 1st Plat. Co. B, 612th TD Bn bewegt sich vom Flugplatz Merseburg zur Reichsstraße östlich des Flugplatzes, welche er um 23.15 Uhr (B) erreicht.

Beim 2./23 hält die Co. E Kontakt mit dem 1./23 in Merseburg und die Co. F sichert die beschädigte Eisenbahnbrücke der Strecke Weißenfels – Halle über die Saale östlich von Schkopau bis 22.30 Uhr (B). Sechs Panzer der Co. C, 741st Tk Bn werden dem 2./23 unterstellt und versammelten sich um 24.00 Uhr (B) in Merseburg in Vorbereitung für einen Angriff am folgenden Morgen.

Im Bereich des 3./23 nimmt die Co. K weit hinter den vorderen Kräften bis 19.47 Uhr (B) die Höhe 157 südlich von Dornstedt.[103] Die Co. L greift zum Ende des Tages die Stellung der Eisenbahnflak am Bahnhof Benkendorf gegen beträchtlichen Widerstand an. Doch erst nach Mitternacht gelingt es mit Hilfe der Artillerie den Zug zu zerstören.[104]

Col. Loveless, CO 23rd InfRgt
Foto: National Archives

Der Angriff des RCT 23 wird auch in der Nacht mit dem Ziel fortgesetzt, den Widerstand bis zu einer Linie Hohenweiden – Eisenbahnüberführung in Merseburg zu brechen. Das RCT 23 verzeichnet an diesem Tage vier Tote und 35 Verwundete, zwei erliegen später ihren Verwundungen. 828 Deutsche geraten im Bereich des RCT 23 in Kriegsgefangenschaft. Insgesamt meldet Col. Loveless an diesem Tag 92 Flakgeschütze der Kaliber 8,8cm und größer als erbeutet bzw. zerstört.

Südlich des Abschnittes des RCT 23 rücken die Bataillone des RCT 9 mit Unterstützung der Panzer der Co. A, 741st Tk Bn und der Panzerjäger der Co. A, 612th TD Bn unter dem Sperrfeuer der Flak im Schutz der Nacht weiter auf die Zugänge nach Leuna vor.

Im Abschnitt des 2./9, das an der Linken des RCT 9 angreift, beginnt um 03.00 Uhr (B) die deutsche Flak Sperrfeuer auf die Orte Körbisdorf, Naundorf, Frankleben und Runstädt zu legen. Trotz des intensiven Beschusses rücken die Infanteristen weiter vor und machen ohne eigene Verluste bis 09.30 Uhr (B) 266 Gefangene. Die, dem 2./9 unterstellt Co. B, trifft in den frühen Morgenstunden nördlich von Frankleben auf direktes Feuer der Geschütze der Flakstellung der 6./s.Flak.Abt. 406, die zur Großkampfbatterie Nr. 113 Frankleben-Geiseltal gehört und wird auf Grund des hartnäckigen Widerstandes gezwungen, sich zurückzuziehen. Dies nutzen die Bedienungen der Flakgeschütze und setzen sich im Schutz der noch herrschenden Dunkelheit über die Saale nach Bad Dürrenberg ab. [105]

Als die Infanteristen des 2./9 in Frankleben eindringen, ergibt sich ihnen der Stab der s.Flak.Abt. 406 des Flak.Rgt. 33 der 21. Flak.Brig. mit 43 Mann. Der Kommandeur der s.Flak.Abt. 406, Maj. Großmann, hatte sich kurz nach dem fernmündlichen Befehl an einige seiner Batterien zum Rückzug hinter die Saale und zur Sprengung der Waffen, aus Frankleben abgesetzt.[106]

Angehörige des Stabes einer Flakabteilung im mitteldeutschen Raum bei der Vernichtung von Akten Foto: Sammlung Eiermann, Sinsheim

Die Besatzung einer, zwischen den Bäumen der Chaussee Frankleben – Großkayna in Stellung gebrachten, 8,8cm Flak auf Behelfslafette der s. Flak.Abt. 406 unter dem Kommando von Waffenwachtmeister Rose nimmt die, durch den Einschnitt zwischen den „Braunkohlenkippen" beim Kraftwerk Großkayna, anrückenden Panzer mit aufgesessener Infanterie durch das Rohr visierend mit hochgezogenem Sprengpunkt unter Beschuss. Erst als sie erkennen, dass sich amerikanische Infanterie bereits auf dem Marktplatz von Frankleben befindet, wird das Rohr gesprengt und sie setzen sich in Richtung Kötzschen und weiter über die Saale bei Leuna-Bad ab. Von dort aus erreichen sie Trebnitz.[107]

Zu diesem Zeitpunkt steht die Co. E, 2./9, in Runstädt und die Co. F und G in Frankleben. Der Bn.CP hat in Naundorf entfaltet. Um 11.30 Uhr (B) erhalten die Kompanien des 2./9 den Befehl zur Fortsetzung des Angriffs und die Co. F rückt durch Niederbeuna auf Kötzschen vor, während sich die Co. G nach Oberbeuna bewegt.

Ein verstärkter Plat. der Co. G, 2./9 marschiert in nördlicher Richtung nach Blösien. Während die Co. F und G ihren Auftrag gegen leichten Widerstand erfüllen und 375 Gefangene machen, trifft der verstärkte Plat. der Co. G auf starke Gegenwehr, als er sich Blösien nähert. In unmittelbarer Nähe des Ortes in Richtung Geusa befindet sich die Batteriestellung Blösien Nr. 113 B der Großkampfstellung Nr. 113 und um den Ort herum haben sich deutsche Soldaten eingegraben. Das offene und flache Gelände macht eine geschützte Annäherung für die Infanteristen unmöglich und die Flak legt vorbereitetes Sperrfeuer auf die Angreifer. Nach mehreren vergeblichen Versuchen den Ort zu erreichen, zieht sich der Platoon unter dem Schutz einer künstlichen Nebelwand zurück. Bei dem Angriff verlieren drei Mann, darunter ein Offizier, ihr Leben und fünf Mann werden verwundet.

Erst als die Co. F in einem Bogen nach Nordwesten die Stellung bei Geusa überrennt, erlischt der Widerstand der Großkampfstellung Nr. 113 der s.Flak.Abt. 406. 161 Mann geraten in Gefangenschaft und 18 12,8cm Flakgeschütze werden erbeutet. Teilen der Besatzung gelingt zuvor die Flucht hinter die Saale, wo sie am 16. April bei Bad Dürrenberg in Gefangenschaft geraten.[108] Die schwere 12,8cm Eisenbahnflak der 2./s. Flak.Abt. 277 (Eisb.) auf der Bahnstrecke bei Geusa ist zu diesem Zeitpunkt längst abgerückt. Im Zuge dieses Angriffs besetzen die Männer der Co. F die Orte Zscherben, Atzendorf, Geusa und Blösien. Die zwei Plat. der Co. A, 741st Tk Bn, welche dem 2./9 unterstellt sind, verbleiben am Abend in Frankleben.

Südlich von Kötzschen haben in der Zwischenzeit gemäß dem Befehl des Abteilungskommandeurs der s.Flak.Abt. 406 die Männer der 8./s.Flak.Abt. 406 unter dem Kommando von Oblt. Braun und der 4./s.Flak.Abt. 477 gegen 15.00 Uhr die zwölf 12,8cm Flakgeschütze in der Stellung Nr. 114 zum Teil unter Zuhilfenahme von Panzerfäusten gesprengt.

Oben: Die eroberte Flakstellung Kötzschen mit den Leuna-Werken im Hintergrund
Foto: History 12th FA Bn, National Archives
Unten: Das Kommandogerät der Flakstellung Kötzschen
Foto: Mit freundlicher Genehmigung durch Herrn Hasso Pacyna

Blick von der zerstörten Flakstellung Kötzschen zu den Leuna-Werken
Filmausschnitt: Signal Photo Corps, 92nd Bomb Group, National Archives

Lt. Bernhard Rox Foto: privat

Zu Ihnen gehört eine kleine Gruppe von jungen Luftwaffenhelfern der 8./s.Flak.Abt. 406, die unter Führung von Lt. Bernhard Rox die Saale überqueren und am Mittelkanal Stellung beziehen, bis sie die Stellung auf Grund des starken Artilleriebeschusses räumen müssen und nach Wallendorf weitermarschieren.[109] Ein Angriff mit Phosphorbomben durch amerikanische Jagdbomber auf die verlassene Stellung bei Kötzschen richtet keinen weiteren Schaden an.[110]

Die benachbarte Flakstellung Beuna Nr. 142 der Flak.UGr. Leuna-West südlich der Beunaer Kohlenwerke ist geräumt. Deren zwölf 8,8cm Geschütze 41 der 4./s.211 und der Bttr. z.b.V. 10334 wurden bereits im Januar an die Oder-Front bei Küstrin abgezogen.[111]

Oben: Die Flakstellung Beuna
Unten: Die bei einem Bombenangriff zerstörte Vermittlungsbaracke der Flakstellung
Fotos: Mit freundlicher Genehmigung durch Herrn Wolfgang Blochowitz

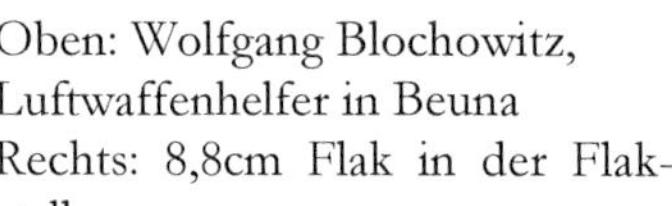

Oben: Wolfgang Blochowitz, Luftwaffenhelfer in Beuna
Rechts: 8,8cm Flak in der Flakstellung
Unten: Fertig zum Abmarsch, Februar 1945
Fotos: Wolfgang Blochowitz

Bis 21.00 Uhr (B) sammelt sich das 2./9 für den letzten Angriff zur Einnahme von Leuna und des Werksgeländes der Leuna-Werke. Auf Grund der erreichten Position der Co. F und der Tatsache, dass die Kompanie den Hauptanteil am Angriff der letzten zwei Tage zu tragen hatte, geht sie in die Regtl.Res. Um 21.00 Uhr (B) beginnt der Angriff des 2./9 mit dem Ziel der Errichtung eines Brückenkopfes über die Saale östlich der Stadt, um ihn am nächsten Tag auszubauen und die Stadt vollständig zu säubern. In Kompaniekolonne rückt das Bataillon mit der Co. E voraus vor, gefolgt von der Co. G, H und dem Bn HQ. Nach sieben Kilometern treffen die Infanteristen auf eine riesige Straßensperre in einer Unterführung zur Stadt und um 02.00 Uhr (B) des 15. April wird der Vormarsch unterbrochen. Zu diesem Zeitpunkt ist bereits ein beträchtliches Gebiet im Norden der Stadt besetzt.

Am Stadtausgang von Leuna Richtung Beuna und Weißenfels
Filmausschnitt: Signal Photo Corps, 92nd Bomb Group, National Archives

Parallel zum 2./9 erfolgt an diesem Tag der Vormarsch des 1./9. Dabei trifft das Bataillon um 01.30 Uhr (B) auf starken feindlichen Widerstand, der den Vormarsch verlangsamt. Der Angriff der Co. C mit Unterstützung eines Plat. Panzer der Co. A, 741st Tk Bn und einiger leichte Panzer der Co. D, 741st Tk Bn sowie der Panzerjäger an der Spitze des Bataillons dauert bis in die Morgenstunden an. Die Co. A, 1./9 entsendet Patrouillen zur rechten Flanke des Bataillons, kann aber keinen Kontakt zu befreundeten Truppen herstellen, nachdem es feindliche

Flak- und Infanteriestellungen umgehen muss. Es muss sich hierbei um die zur Großkampfbatterie Nr. 129 Schortau gehörende Flakstellung der 1./s.Flak.Abt. 211 handeln, denn die Kriegsgefangenensammelstelle des RCT 9 meldet 32 Gefangene der 1./s.Flak.Abt. 211. Allerdings liegt deren Stellung nicht westlich von Schortau in unmittelbarer Nähe zu der Hauptstellung, sondern links der Straße Lunstädt – Großkayna, südlich von Braunsdorf. Von den, sich dort ehemals befindlichen, drei Stellungen mit je sechs Rohren ist zu diesem Zeitpunkt nur noch eine besetzt. Die 4./s.Flak.Abt. 540 hat bereits im Februar 1945 an die Oder-Front verlegt.

Luftaufnahme der Flakstellung südlich von Braunsdorf vom 4. Juni 1945
Luftbild: Mit freundlicher Unterstützung durch Luftbilddatenbank Dr. Carls, Estenfeld

Bei Petzkendorf[112] stellt das 1./9 in den frühen Morgenstunden den Kontakt zum nördlich angreifenden 2./9 her. Erst jetzt besetzen die Infanteristen des RCT 9 das Gelände des Mineralölwerkes Lützkendorf.

Am Abend setzt das 1./9 unter dem Schutz der Dunkelheit den Angriff entlang der Straße von Großkayna nach Spergau fort. Wieder führt die Co. C mit dem „X“- Plat. von Lt. Sorrel, gefolgt vom Rest des Bataillons, den Angriff an.

Das, in der Regtl.Res. nachfolgende, 3./9 erreicht am Morgen gegen 05.00 Uhr (B) mit der Co. L Neumark und mit den Hauptkräften des Bataillons Geiselröhlitz. Um 10.00 Uhr (B) bewegt sich die Co. L des in der Reserve befindlichen 3./9 von Neumark nach Benndorf und ein Plat. der Co. I des Bataillons wird mit dem Befehl entsandt, die feindlichen Flakstellungen zu finden, welche das Bataillon von Nordwesten her, aus Richtung Blösien, beschossen hatte. Ohne das Ziel zu erreichen wird die Aufklärung abgebrochen, nachdem die Meldung eingeht, dass das 2./9 den Auftrag zur Ausschaltung dieser Flakstellung erhalten hat. Das Bataillon wird um 12.30 Uhr (B) informiert, dass es dem RCT 38 unterstellt wird und auf Lastwagen nach Weißenfels verlegen soll. Bis zu diesem Zeitpunkt hat das Bataillon fünf verwundete Soldaten zu beklagen und hat 132 Gefangene gemacht. Gegen 19.00 Uhr (B) treffen zwei Plat. Panzer der Co. A, 741st Tk Bn von Albersroda kommend in Neumark ein.

Mit nur wenigen Pausen hatten die Infanteristen des RCT 9 innerhalb der letzten 48 Stunden die Grundlage für den entscheidenden Angriff auf Leuna geschaffen. Während das 1./9 seinen Weg von Süden in die Stadt erkämpfte, drang das 2./9 vom Norden in die Stadt ein. Der kommende Tag, der 15. April 1945, soll die Entscheidung bringen.

Während in Leuna der Tag der Entscheidung erst heranrückt, bringt der 14. April 1945 das Ende der Kämpfe im Stadtbereich von Weißenfels. Bis zum Abend meldet das RCT 271 der 69th US InfDiv die vollständige Einnahme der Stadt. Nach amerikanischen Angaben gehen an diesem Tag 400 Deutsche in Kriegsgefangenschaft. Die Hauptkräfte des 2./271 übernehmen die Sicherung des Stadtgebietes, während die Infanteristen von Capt. Dale McGee’s Co. E gegen 17.00 Uhr (B) am Westufer der Saale nach Nordosten in Richtung Burgwerben vordringen. Unterstützt werden sie durch das Feuer der auf der Merseburger Straße stehenden Panzer und der Artillerie. Dabei treffen sie auf vereinzelten Widerstand. Nach einer kurzen Schießerei stellen die Amerikaner den Angriff ein und ziehen sich zurück. Burgwerben bleibt weiterhin unbesetzt. Eine deutsche Patrouille meldet während der Nacht keine Feindberührung zwischen Burgwerben und Kriechau.[113] Noch am Abend erhält das 2./271 den Befehl, am nächsten Tag nach Kriechau vorzustoßen und die dort befindlichen Flakstellungen einzunehmen.

Am Ostufer der Saale, am Nordost-Ausgang von Weißenfels, staut sich zu diesem Zeitpunkt die Kolonne des 1./38 der 2nd US InfDiv unter dem Kommando von Maj. Tom C. Morris auf Grund des intensiven Flakbeschusses aus Richtung Kriechau. Das RCT 38, das sich in der Div.Res. an der Nordflanke der 2nd US InfDiv bei Obhausen-Petri befindet, hatte wegen des anhaltenden hartnäckigen Widerstandes im Raum westlich Merseburg – Leuna am Morgen den Befehl erhalten, die Saale in Weißenfels zu überqueren und einen Sammelraum bei Dehlitz, nördlich der Stadt, zu beziehen um von dort den Angriff der Division östlich der Saale fortzusetzen.

Zur Feuerunterstützung hatte man dem RCT 38 das 38th FA Bn, die Co. B, 741st Tk Bn und das 3./9 unterstellt. Vorausabteilungen verlassen daraufhin befehlsgemäß um 13.00 Uhr (B) den Abschnitt der 2nd US InfDiv in Richtung Süden. Ihnen folgt um 14.00 Uhr (B) das 1./38 gemeinsam mit dem 1st Plat. Co. C, 612th TD Bn.

Drei Kilometer westlich von Weißenfels gerät die Kolonne das erste Mal in das Feuer der Flakbatterien bei Kriechau und Reichardtswerben. Nur mit Glück erreicht das 1./38 um 16.30 Uhr (B) die Stadt. Der Rest des RCT 38 wird über Freyburg nach Weißenfels umgeleitet, da die Pontonbrücke nur für die Zeit von 14.00 bis 17.00 Uhr (B) für die 2nd US InfDiv freigegeben wurde.[114]

In Weißenfels sitzen die Infanteristen ab und rücken durch die Stadt nordostwärts vor. Unterhalb des Tschirnhügels am Stadtausgang nach Leipzig geraten die Vorauskräfte unter Granatbeschuss und gehen in Stellung.[115] Lt.Col. Tom C. Morris vermutet, dass der Beschuss vom weithin sichtbaren Kirchturm von Burgwerben oberhalb der Weinberge an der Saale geleitet wird und lässt mit schweren Maschinengewehren das Feuer auf Burgwerben und den Kirchturm eröffnen. Bei dem Beschuss treffen drei Geschosse das Gebäude, ohne jedoch größeren Schaden anzurichten. Aber der Beschuss aus Richtung Kriechau geht weiter. Zur Vermeidung weiterer Verluste befiehlt Col. Boos um 18.30 Uhr (B) die Einstellung des Vormarschs für die Nacht bis zum nächsten Morgen. Dann soll der Angriff im Schutz der Morgendämmerung fortgesetzt werden.

Als gegen 20.00 Uhr (B) die Co. C, 1./38 unter Capt. Lawrence W. Lange auf Lastwagen die Hauptkolonne des Bataillons im Bereich der Leipziger Straße erreicht, gerät auch sie unter Flakbeschuss. Dabei wird der Cpl. David L. Conway aus Lynn, Massachusetts, als einziger Angehöriger der 2nd US InfDiv im Stadtgebiet von Weißenfels getötet.[116]

Bis 21.15 Uhr (B) haben sich alle Teile des RCT 38 in Weißenfels versammelt. Das 3./9, welches um 12.30 Uhr (B) informiert wurde, dass es dem RCT 38 unterstellt wird, erreicht auf Lastwagen aus dem Raum Braunsbedra[117] kommend Weißenfels und stellt sich dort unter das Kommando von Col. Boos.

Das 3./271, dass sich am Vortag im Raum Markröhlitz versammelt hat, erhält den Befehl, Lützen zu nehmen und fährt um 16.40 Uhr (B) durch Weißenfels und Hohenmölsen in seinen neuen Abschnitt. Dabei vereint es sich unterwegs mit dem aus Stöntzsch kommenden 3rd Plat. Co. A, 777th Tk Bn und dem 3rd Plat. Co. A, 661st TD Bn. In Werben nehmen die Panzer die Infanteristen des 3./271 auf und fahren in Richtung Lützen. Südlich von Lützen erhalten die Panzer feindliches Artillerie- und Flakfeuer, so dass die Infanterie zum Absitzen gezwungen ist. Auf Grund des Widerstandes halten sie in dem kleinen Ort Rahna bis zum nächsten Morgen.

Das RCT 272 der 69th US InfDiv befindet sich im Tagesverlauf entlang der Weißen Elster im Abschnitt zwischen Zeitz und Pegau im Kampf mit zwei umgangenen Flakstellungen und das RCT 273 verlegt in der Reserve der Division in einen Versammlungsraum bei Teuchern.

Die 3rd US AD des VII. US Corps überquert am Morgen nördlich von Halle die Saale und erreicht schnell nach Nordosten fahrend die Elbe westlich von Dessau. Die TF Kelleher der 104th US InfDiv rückt ab Mittag weiter vor und erreicht um 18.00 Uhr (B) mit den vorderen Elementen die Saale in der Nähe von Lettin. Die 1st US InfDiv dringt immer tiefer in den Harz vor und die 9th US InfDiv beginnt ihren Angriff zur Räumung des Ostharzes.

Nördlich der 1st US Army wird im Bereich des XIII. US Corps der 9th US Army der Angriff der 5th US AD über die Elbe auf Befehl des Alliierten Oberkommandos gestoppt und die Division säubert ihren Sektor entlang des Flusses. Die Kräfte haben die im Februar 1945 vereinbarte alliierte Haltelinie erreicht. Die vorderen Elemente der zwei Infanteriedivisionen des XIII. US Corps überholen die Panzerkräfte und erreichen die Elbe nördlich von Tangermünde. Im Bereich des XIX. US Corps ist die 2nd US AD außerstande, eine Brücke zu errichten oder mit einer Fähre über die Elbe zu setzen um die Infanterie des CCB östlich des Flusses zu verstärken. Am Nachmittag zieht sie sich aus dem Brückenkopf zurück. Nach der Entlastung der 83rd US InfDiv im Raum Magdeburg durch das CCA der 2nd US AD setzt das der 83rd US InfDiv beigefügte CCR bei Barby über die Elbe.

Südlich der 1st US Army durchbricht im Bereich des XX. US Corps der 3rd US Army die 6th US AD die feindliche Verteidigung entlang der Weißen Elster und rückt nach Osten vor. Das CCB erreicht die Zwickauer Mulde bei Rochlitz und errichtet einen Brückenkopf. Das CCA erreicht die Linie Spora – Oberkossa. Das CCR beendet die Flussüberquerung im Raum Zeitz und geht mit Teilen durch die Stadt nach Südosten. Die vorderen Elemente erreichen Altenburg, warten aber Verstärkungen ab, bevor der Angriff beginnt. Die 76th US InfDiv, welche den Panzern folgt, räumt Zeitz von letztem Widerstand und fährt nach Osten in Richtung Altenburg. Das CCB der 4th US AD erweitert den Brückenkopf Wolkenburg und nimmt zwei Brücken bei Penig ein. Das CCA räumt, gefolgt vom CCR, Limbach und Wüstenbrand. Teile der 80th US InfDiv des gleichen Corps nehmen Gera.

Kriegstagebuch des OKW/WFSt vom 15. April 1945:
Ebenso verschärft sich die Lage bei der 11. Armee im Harz, der von Westen und Süden angegriffen wurde... Jedoch festigt sich dort die Lage. Es besteht keine Verbindung mehr nach Osten. Bei der 12. Armee an der Elbe hat sich die Lage gefestigt... Über Bitterfeld stieß der Gegner gegen Dessau vor. 4 Bataillone „Scharnhorst" werden hier eingesetzt... Zwischen Halle und Leipzig gleiche Lage. Westlich der Saale gingen die eigenen Kräfte zurück, nachdem die Brücke zerstört war. Teile von Merseburg noch in eigener Hand. Lützen ging verloren. Es besteht noch eine Verbindung mit Leipzig.

Geheime Tagesberichte der Wehrmachtsführung vom 15. April 1945:
AOK 12, XXXXVIII. PzK: *Von Norden drang der Gegner in Halle ein und stieß bis zum Dom vor; in der Stadt wird gekämpft. Ammendorf ging verloren. Im Vorstoß auf Leipzig erreichte der Feind den Westrand von Schkeuditz, den Südwestrand Markranstädt und drängte die eigenen Sicherungen aus dem Raum Großkorbetha bis hart westlich Lützen zurück.*

Auch in den ersten Stunden des **Sonntags**, des **15. April 1945**, kommt der Angriff des RCT 23 der 2nd US InfDiv an der Nordflanke des V. US Corps nicht zum Halten. Dabei gibt es weniger Probleme mit den deutschen Verteidigern am Westufer der Saale, sondern mit den deutschen Truppen, die sich am Ostufer verschanzt haben und von dort die anrückenden Amerikaner unter Beschuss nehmen.[118]

Die links angreifende Co. L, 3./23 sichert um 02.00 Uhr (B) nach kurzem, aber heftigem Widerstand die Eisenbahnflakstellung im Bahnhof Benkendorf. Um 08.00 Uhr (B) erfolgt die Ablösung des 3./23 durch die 38th CavRcnSq, die die

Sicherung der linken Flanke des Corps in diesem Abschnitt übernimmt. Das Bataillon versammelt sich bis 12.00 Uhr (B) mit dem unterstellten 3rd Plat. Co. B, 612th TD Bn in Merseburg.

Im Abschnitt des 2./23 sichern die Infanteristen im Tagesverlauf die Brücken bei Korbetha und bereiten sich darauf vor, am Abend den Fluss zu überqueren und den Angriffs nach Osten im Schutz der Dunkelheit fortzusetzen. Der unterstützende 2nd Plat. Co. B, 612th TD Bn verbleibt während des Tages in seinen Positionen in Schkopau.

Frau **Klara Weishahn** geb. Burgmann, ᛘ 9. 6. 07, meine herzensgute, liebe Frau; **Erika Weishahn**, ᛘ 25. 4. 37, mein einziges Kind; **Frau Magdalena Weishahn** geb. Schwalbe, ᛘ 15. 1. 78, meine gute, liebe Mutter, wurden durch Terrorangriff aus unserer Mitte gerissen. In tiefer Trauer: Kurt Weishahn (im Felde, z. Z. Merseburg, Moltkestraße 13) nebst allen Verwandten. Merseburg, im Oktober 1944.

Todesanzeige für Bombenopfer in der Merseburger Zeitung vom 19. Oktober 1944

Die Soldaten des 1./23 setzen im Mittelabschnitt des RCT 23 um 04.00 Uhr (B) die Einnahme von Merseburg fort und besetzen bis 08.00 Uhr (B) die Stadt vollständig. Die zugeteilten Panzer der Co. C, 741st Tk Bn kommen dabei nicht zum Einsatz. Während am Ostufer der Saale die Gefechte weitergehen, endet hiermit für die stark geschundene Stadt der Krieg, der bereits in der Nacht vom 28./29. August 1940 mit einem Luftangriff der RAF begonnen hatte. Insgesamt 19 Luftangriffe hatte die Stadt auf Grund ihrer Nähe zu den Leuna-Werken zu erdulden bei denen zirka 5800 Bomben auf das Stadtgebiet fielen. 15 Prozent der Gebäude der Stadt wurden dabei zerstört, 35 Prozent schwer beschädigt und 578 Menschen verloren ihr Leben.[119]

Nachdem Merseburg gesichert ist, verlegt am Vormittag auch der Regtl.CP in die Stadt. In der Zwischenzeit ist der Bau einer 40 Tonnen M-2 Treadway Brücke[120] über die Saale südlich von Meuschau als Ersatz für die zerstörte Neumarktbrücke der R 181 durch die Pioniere abgeschlossen und um 13.42 Uhr (B) wird die Brücke für den Verkehr geöffnet. *„Da sämtliche Saalebrücken unseres Gebietes durch Bombentreffer oder eigene Sprengungen beschädigt oder zerstört waren, wurde die Waterloo-(Neumarkt-) Brücke in Merseburg durch die US-Pioniere für leichte*

Fahrzeuge befahrbar gemacht und die ehemalige Teufelstümpelbrücke durch eine Holzkonstruktion ersetzt." berichtet der damals 13 Jahre alte Schüler Heinz Rehmann.[121]

Am Nachmittag beginnt die letzte Phase der Überquerung der Saale und des Mittelkanals durch die Bataillone des RCT 23. Das 1./23 setzt um 16.00 Uhr (B) mit Unterstützung der zehn Panzer der Co. C, 741st Tk Bn den Angriff zum Mittelkanal südlich des Merseburger Stadtteils Neumarkt unter starkem Beschuss durch Handfeuerwaffen und Flak fort.

Zur Unterstützung der Infanteristen nehmen die begleitenden Panzer und Panzerjäger der Co. C, 741st Tk Bn und des 1st Plat. Co. B, 612th TD Bn in der Zeit von 21.15 Uhr bis 22.15 Uhr (B) die Orte Venenien, Neumarkt und den südlichen Teil von Meuschau unter Beschuss. Der Mittelkanal wird am späten Abend südlich von Meuschau, zwischen Venenien und Neumarkt, mit Sturmbooten überquert, ohne auf Widerstand zu stoßen.

Um 21.00 Uhr (B) überquert das 2./23 die Saale bei Korbetha und entwickelt den Angriff nach Südosten auf Kollenbey, das ohne Widerstand genommen wird. Um 24.00 Uhr (B) stehen die Infanteristen in Lössen und beziehen Sicherung. Eine, sich bei Lössen befindliche, Flakstellung scheint geräumt zu sein.[122]

Das 3./23 marschiert aus seinem Sammelraum in Merseburg nach Ockendorf und überquert um 21.30 Uhr (B) den Mittelkanal im Bereich der Eisenbahnbrücke bei Rössen mit Sturmbooten. Innerhalb einer Stunde befindet sich das komplette Bataillon östlich des Kanals. Ohne Pause wird der Angriff nach Norden aufgenommen und bis 23.30 Uhr (B) hat das 3./23 den Ort Trebnitz genommen und die drei Feuerstellungen der Großkampfstellung Nr. 123 mit ihren 18 12,8cm Geschützen nordöstlich des Ortes gesichert. Der Masse der Angehörigen der 10./s.Flak.Abt. 406 und der Bttr. z.b.V. 10439 gelingt die Flucht, bevor die Infanteristen in die Stellungen eindringen.[123]

Der Waffenwachtmeister der s.Flak.Abt. 406, Gerhard Rose, berichtet über den letzten Tag in der Flakstellung Trebnitz: *„In der Flakstellung erhält während des Tages eines der Geschütze einen Volltreffer mit einer Phosphorgranate. Der Phosphor brennt sich durch die Patronenhülsen der in der Nähe lagernden Flakmunition und lässt die Hülsen explodieren. Die Treibladungen fliegen wie Pfeile durch die Luft und vier Mann der Besatzung erleiden schwere Verbrennungen. Mit den in der Stellung vorhandenen Mitteln ist ihnen nicht zu helfen. Der Versuch, die Verwundeten mit einem Sankra hinter die Eisenbahnlinie in Schutz zu bringen, scheitert am starken*

Feindbeschuss. Was aus ihnen wurde, ist mir nicht bekannt. Der Batteriechef befiehlt mir jetzt, mich mit den in der Stellung befindlichen 12 bis 20 Luftwaffenhelfern nach Osten in Sicherheit zu bringen. Wir setzen uns ohne vom Feind behelligt zu werden über die von Merseburg herführende Chaussee nach Rückmarsdorf ab. Unterwegs machen wir mehrmals Halt und ich bitte einige Frauen, die jungen Kerle zu behalten und ihnen Zivil zu geben. In Rückmarsdorf wird der Rest, der bei uns bleiben wollte, weil er sich in der Gruppe sicherer fühlt, durch „Kettenhunde" aufgehalten. Wir werden zum Bhf. Rückmarsdorf, geschickt, wo wir auf den Bahnhofsbänken schlafen. Dann werden wir in eine alte, verlassene Scheinwerferstellung bei Rückmarsdorf geschickt um dort Verteidigung zu beziehen. Dort befinden sich bereits Soldaten mit einigen 2cm und 1,5cm Bordkanonen (Bord-MG 151/15 und 151/20, d.A.) auf Behelfslafette. Sie schießen mit ihnen bis der Schlagbolzen bricht. Dann können sie nicht mehr schießen und wollen wohl auch nicht mehr. Am Wasserwerk Rückmarsdorf haben andere Soldaten bei einem großen Misthaufen mit einem alten französischen MG 24/29 mit Stabmagazin Stellung bezogen. Als es dunkel wird nähern sich amerikanischen Panzer über den Bahndamm der Eisenbahnstrecke nach Süden Rückmarsdorf und die Idioten eröffnen mit dem alten MG das Feuer. Die Panzer halten, rollen zurück, und eröffnen nun ihrerseits das Feuer. Im Minutentakt schlagen die Granaten ein. Wir verblieben dort bis zum nächsten Morgen. Als wir in unserem Loch sitzen und über die weitere Flucht beraten, fällt ein Landser in das Loch und teilt uns mit, dass nebenan ein Oberleutnant Rose ihm gesagt hat, sie sollen abhauen, was er auch tun werde. Also verlassen wir im Schutz des 1,5m hohen Morgennebels unsere Stellung und marschieren entlang des Saale-Elster-Kanals Richtung Leipzig. An der Brücke im Ortsteil Lindenau treffen wir auf eine Panzersperre. Sofort werden wir von der dortigen Bevölkerung aufgefordert, wegzugehen, damit der Ort nicht beschossen wird. An einer Ecke bei einem Feuermelder haben zwei Luftwaffensoldaten in Fliegeruniform mit einem MG 15 Stellung bezogen. Als die ersten Amerikaner durch die Sperre gehen, eröffnen sie mit dem MG das Feuer über die Köpfe der Amerikaner. Sie wollen mit dem Schießen keinen treffen, sondern ihnen nur Angst machen. Am nächsten Tag kam ich am Fußgängertunnel des Bahnhofes Leutzsch als Zivilist in Gefangenschaft."

Die Luftwaffenhelfer der 8./s.Flak.Abt. 406, welche am Vortag die Stellung Kötzschen verlassen hatten, werden in Wallendorf auf Lastwagen verladen und nach Schkeuditz gebracht. Es wird nicht der letzte Ort auf ihrer Odyssee bis hinter die Elbe sein.[124]

Aus der Flakstellung Nr. 122 an der Kärnerstraße in Wallendorf wird der Kirchturm von Kriegsdorf unter Beschuss genommen, wo man amerikanische Artilleriebeobachter vermutet. Dabei werden der Turm und das Kirchenschiff beschädigt.[125]

Während des Tages erbeutet das RCT 23 insgesamt 32 Flakgeschütze der verschiedensten Kaliber und macht 510 Gefangene. An eigenen Verlusten verzeichnet das Regiment drei Tote und 23 Verwundete. Die größte Beute machen die Männer des RCT 23 jedoch auf dem Flugplatz Merseburg.

Als die Infanteristen des RCT 23 den Platz besetzen, finden sie auf dem Gelände zwölf Raketenjäger Messerschmitt Me 163 B-1 „Komet“ mit vier Reservemotoren, zehn Jagdflugzeuge Focke Wulf 190, Teile für vier komplette Flugzeuge der Typen FW 190 oder Junkers Ju 88 und drei unbekannte Flugzeuge. Es handelt sich neben den Raketenjägern Me 163 um Bauteile für sogenannte „Mistelgespanne“, welche am 23. März 1945 halbfertig von Nordhausen nach Merseburg verbracht worden waren.[126] Das V. US Corps schreibt später: *„In Merseburg erbeutete die 2nd InfDiv eine Flugzeugfabrik, die dem Army Air Corps die erste Gelegenheit gab, die Me 163 – einen neuen Raketenjäger – zu studieren.“*[127]

Mistel-Gespann auf dem Flugplatz Merseburg am 5. Mai 1945
Foto: National Archives, 342-FH-3A20021-91520AC (fold.3.com)

Außerdem erbeuten sie in einem angrenzenden Werk das einzige, heute noch erhaltene, Exemplar des Höhenbombers- und aufklärers Ju 388.[128] Später werden auf dem Zubringerbahngleis, das den Flugplatz mit der Hauptbahnstrecke verbindet, drei erbeutete Eisenbahnflakzüge und 20 28cm Eisenbahngeschütze abgestellt, bevor sie demontiert und verschrottet werden.[129]

Aufnahme von einem Eisenbahngeschütz am Flugplatz Merseburg
Foto: Robert Harris, Bulletin Fighting 69th Infantry Div. Ass.

Das RCT 9 der 2nd US InfDiv, welches in der Nacht zum 15. April die eroberten Bereiche in Leuna gesichert hatte, setzt den Angriff in den frühen Morgenstunden fort und bei Tagesanbruch schließt sich die Zange um die Stadt. Das 1./9 dringt von Süden her durch das Werksgelände des Leuna-Werkes vor, während das 2./9 von Norden in die Stadt eindringt.

Um 04.00 Uhr (B) überrennt das 1./9 die Flakstellung Nr. 133 der 1. und 4./s.Flak.Abt. 406 östlich der Kreuzung der Straße zwischen dem Kraftwerk Großkayna und Spergau mit der Reichsstraße 91 und erbeutet zwölf 12,8cm und zwei leichte Flakgeschütze.[130] Nachdem die Stellung gesichert ist, wird ein Plat. der Co. A entsandt, um Übergangsstellen über die Saale westlich von Bad Dürrenberg zu erkunden.

Zerstörungen in den Leuna-Werken, aufgenommen am 1. Mai 1945
Fotos: National Archives, 342-FH-3A21992-A57259AC und 342-FH-3A21993-B57259AC (fold.3.com)

Den Infanteristen fällt dabei eine intakte Brücke kampflos in die Hände und ein verstärkter Plat. errichtet ein Brückenkopf am Ostufer. Die Flakstellung Nr. 119 Spergau-Ost ist zu diesem Zeitpunkt leer. Sie war am 28./29. Juli 1944 nach einem schweren Luftangriff mit hohen Verlusten an Personal und Material geräumt worden.[131] Ein Plat. der unterstellten Co. A, 741st Tk Bn bezieht Sicherungsstellung in der Nähe von Großkayna.

Um 07.00 Uhr wird die Co. B, 1./9 in den südlichen Teil von Leuna entsandt um das Werksgelände zu säubern und um 09.30 Uhr (B) stellen diese Kräfte den Kontakt mit dem 2./9 her. Das 2./9 hatte bei Tagesanbruch die Einnahme des Nordteils von Leuna unter feindlichem Flakfeuer von Osten und Südosten fortgesetzt und nach der Herstellung des Kontaktes mit dem 1./9 bis 11.30 Uhr (B) seinen Abschnitt gesäubert und Sicherungsstellungen bezogen. Nach nur wenigen Stunden sind die verbliebenen Widerstandsnester bereinigt und am Nachmittag ist das Regiment im Besitz eines der wichtigsten Industrieobjekte Mitteldeutschlands.

Aufnahme von den Industrieanlagen im Bereich der Leuna-Werke
Foto: History 12th FA Bn, National Archives

Doch noch sind die Kämpfe im Raum Leuna nicht beendet. Panzer der unterstützenden Co. A, 741st Tk Bn geraten gegen 15.00 Uhr (B) in der Nähe von Fährendorf-Kirchdorf unter Beschuss deutscher Flakartillerie bei Wengelsdorf, wobei ein Soldat verwundet wird.

Um 17.00 Uhr marschiert die Co. A, 1./9 in den Bereich der Saalebrücke und verstärkt den dort befindlichen Plat. bei der Sicherung. Der Rest des Bataillons übernimmt den Schutz der Leuna-Werke.

Capt. Carlson, 9th InfRgt in einer Flakstellung bei Leuna und im Bereich der Leuna-Werke
Fotos: 2nd US InfDiv, National Archives

Zerstörte 10,5cm Flakgeschütze in einer Stellung vor den Leuna-Werken
Foto: "V. Corps Operations in ETO", National Archives

Die Hälfte der Co. B sichert die Fußbrücke über die Saale und bezieht Sicherung im Norden von Leuna. Ein Plat. wird mit einer Sect. leichter Panzer der Co. D, 741st Tk Bn nach Geusa entsandt. Die Co. C löst das 2./9 ab und übernimmt den Schutz von Leuna nach Süden und Osten. Das Bn.HQ und die Co. D des 1./9 errichten Sicherungsstellungen in Spergau.

Während das 1./9 in den Sicherungsstellungen rund um Leuna verbleibt, erhält das 2./9 am Nachmittag den Befehl, ohne seine Co. F den Abschnitt südlich von Leuna bis zur Saale zu säubern und setzt den Angriff mit Unterstützung der leichten Panzer der Co. D, 741st Tk Bn fort.

Das Bataillon beginnt um 20.00 Uhr (B) mit der Bewegung aus dem Nordabschnitt nach Südosten. Die Co. E erreicht Wengelsdorf und entsendet sofort Patrouillen zur Höhe 110 westlich des Ortes. Die deutschen Soldaten in der dort befindlichen Flakstellung Nr. 118 werden von den Patrouillen überrascht und ergeben sich ohne Gegenwehr. Zwölf 10,5cm Flak[132] werden erbeutet und insgesamt 127 Mann treten den Weg in die Gefangenschaft an. Der Kriegsgefangenen-Report des 9th US InfRgt meldet 17 Gefangene der 7./406 und 51 der 9./406. Der Besatzung des Batteriegefechtsstandes in der Schule von Großkorbetha gelingt die Flucht kurz bevor die Co. G Großkorbetha erreicht. Die Infanteristen besetzen die Orte Großkorbetha und Gniebendorf und machen 84 Gefangene.

Während das 2./9 nach Süden vorrückt, erhält die, in der Reserve befindliche, Co. F den Befehl nach Großkayna zu fahren, um einen feindlichen Kessel südlich des Ortes zu beseitigen. Nach dem Erreichen von Großkayna schwenkt die Co. F nach Süden in Richtung Reichardtswerben und trifft im Bereich des Denkmals für die Schlacht bei Roßbach auf starken Widerstand. Östlich des Denkmals zwischen Janushügel und Pölzenhügel liegen die Stellungen der zwei Batterien der Flakstellung Reichardtswerben-Posendorf Nr. 116, darunter die 2./s.Flak.Abt. 406 unter Oblt. Bernhard Ocken, welche die angreifenden Infanteristen unter direkten Beschuss nehmen. Auch mit Gewehren, Maschinengewehren und Panzerfäusten eröffnen sie das Abwehrfeuer. Ihre 2cm Vierlingsflak waren bereits vorher abgezogen worden und fehlen jetzt für die Verteidigung.[133] Als der Angriff der Amerikaner zum Stocken kommt, unternimmt eine Gruppe deutscher Soldaten einen Gegenangriff, der aber zurückgeschlagen wird. Dann werden die deutschen Stellungen durch Artillerie und Mörser mit Phosphorgranaten beschossen.[134] Dennoch ziehen sich die Kämpfe bis in die Morgenstunden des kommenden Tages hin.

Luftaufnahme der Flakstellung Reichardtswerben-Posendorf vom 16. März 1945
Luftbild: Nr. 4117, Luftbilddatenbank Ingenieurbüro Dr. Carls, Estenfeld

Das RCT 38 der 2nd US InfDiv beginnt am Morgen des 15. April um 03.00 Uhr (B) mit dem 1./38 erneut den Angriff vom Nordost-Ausgang von Weißenfels aus nach Norden. Mit Unterstützung des 1st Plat. Co. C, 612th TD Bn nehmen die Infanteristen um 04.15 Uhr (B) Lösau und 05.00 Uhr (B) Dehlitz. Um 05.45 Uhr (B) erreichen Vorausabteilungen den kleinen Ort Oeglitzsch und machen nach leichtem Widerstand 70 Gefangene. Dann geht der Vorstoß in der Morgendämmerung unter Feindfeuer aus drei Richtungen weiter nach Norden. Um 09.00 Uhr (B) treffen acht Panzer der Co. B, 741st Tk Bn, welche von Col. Boos dem 1./38 unterstellt wurden, in Dehlitz ein. Um 09.05 Uhr (B) erreichen die führenden Teile des 1./38 Oebles-Schlechtewitz und das Bataillon sichert seine Stellungen mit der Co. C in Oebles-Schlechtewitz, der Co. A in Kleinkorbetha und der Co. C in Oeglitzsch. Während des Angriffs zerstören die Panzerjäger zwei 8,8cm Geschütze und schalten ein 15cm Feldgeschütz aus.

Die deutsche Flakstellung Nr. 143 der 2., 3. und 5./s.Flak.Abt. 406 an der Saale-Schleife bei Oebles-Schlechtewitz und Kleinkorbetha war bereits in der Nacht vom 10./11. April geräumt worden.[135]

In der Zwischenzeit nähert sich das 2./38, welches um 07.00 Uhr (B) mit der Bewegung begonnen hat, langsam unter starkem Flakfeuer Rippach und Lösau.[136] Die Co. E erreicht Rippach um 14.00 Uhr (B), schwenkt nach Norden und errichtet eine Sperre auf der Autobahn und an der Reichstraße 87. Der unterstellte 2nd Plat. Co. C, 612th TD Bn bezieht in Pörsten Stellung.

Das, dem RCT 38 unterstellte, 3./9 erhält um 10.15 Uhr (B) den Befehl nach Röcken und Bothfeld zu verlegen und beginnt mit der Bewegung von Weißenfels nach Nordosten. In Kompaniekolonne vorgehend marschiert das Bataillon in der Reihenfolge Co. L, K und I nach Selau. Hier teilt sich das Bataillon und die Co. L säubern Borau und Kleben. Weit auseinander gezogen, auf einer Breite von 500 Meter, rücken die Infanteristen über das offene Gelände in Richtung Lösau vor. In ähnlicher Formation bewegen sich die Infanteristen der Co. K von Selau aus in Richtung Osten auf Zorbau und Gerstewitz zu. Dann schwenken sie nach Norden und säubern Nellschütz. Als sich die Männer der Co. L Lösau und der Co. K Poserna nähern, geht starkes deutsches Sperrfeuer auf sie nieder und während die Co. L am Boden festgenagelt wird, erreicht die Co. K nur mit Mühe ohne Verluste Poserna. Erst nach einiger Zeit schaffte es die Co. L bis nach Nellschütz. Während die Co. K nach Göhren weiter marschiert, geht die Co. L über Poserna und Stößwitz nach Kleingöhren. Die nachfolgende Co. I bewegt sich über Nellschütz nach Poserna. Dann hält das Bataillon im Raum Großgöhren.

Nach dem Widerstand im Verlauf des Vormittags erteilt Col. Boos um 15.20 Uhr (B) den Einheiten des RCT 38 den Befehl, in den erreichten Positionen anzuhalten. Nach einer Erholungsphase und der Versorgung mit einer warmen Mahlzeit sollen sie den Angriff bei Dunkelheit fortsetzen.

Eine deutsche Großkampfbatterie östlich der Leuna-Werke nimmt mit ihren 12,8cm Geschützen die amerikanischen Panzer mit aufgesessener Infanterie an der Autobahnauffahrt der Reichsautobahn 9 mit hochgezogenem Sprengpunkt unter Beschuss und wird daraufhin selber das Ziel der Artillerie. Die amerikanischen Granaten schlagen in der Stellung ein und bringen die dort lagernden Granaten zur Explosion. Riesige Explosionspilze stehen über der Stellung. Am Abend versammeln sich die Männer der 10./s.Flak.Abt. 437 zum Abschied und verlassen dann die Stellung um sich nach Osten und Nordosten durchzuschlagen.[137] Bei der Stellung handelt es sich entweder um die Stellung Nr. 139 bei Godulla oder die Stellung Nr. 121 Bad Dürrenberg mit der 3. und 4./s.Flak.Abt. 377 der Flak.UGr. Leuna-Ost.[138]

Bei der 69th US InfDiv befindet sich das 1./271 des RCT 271 am Morgen in der Versammlung im Raum Stöntzsch während das 2./271 nach Einnahme von Weißenfels die Bekämpfung der Flakstellung bei Kriechau, nördlich der Stadt fortsetzt, um dann dem Regiment nach Osten zu folgen. Schwerpunkt des RCT 271 ist an diesem Morgen aber die Fortsetzung der Einnahme von Lützen, die am Vortag vom 3./271 abgebrochen werden musste. Auf dem Regtl.CP in Göthewitz erteilt Col. Henry B. Margeson den Befehl zum Angriff.

Mit zwei Kompanien Infanterie und Unterstützung der Panzer des 3rd Plat. Co. A, 777th Tk Bn und des 3rd Plat. Co. D, 661st TD Bn beginnt das 3./271 am Morgen in breiter Front von Starsiedel und Großgörschen aus den Angriff auf Lützen. Ohne großen Widerstand dringen sie in die zum Teil weiß beflaggte Stadt ein. Während der Besetzung der Stadt verbleibt die Co. I in Starsiedel und sichert die linke Flanke des Bataillons. Die Co. M unter Capt. James E. Stacy erreicht mit ihren Jeeps und Mannschaftstransportern gegen 09.30 Uhr (B) die Orte Röcken, Bothfeld und Michlitz und besetzt sie kampflos. Eine kleine Volkssturmeinheit aus 20 Mann, Rentner und Hitlerjungen, hatte sich bereits am 12. April aufgelöst. Die schwere Eisenbahnflak zwischen Meuchen und Schkölen/Räpitz war am 13. April durch Jagdbomber zerstört worden und stellt keine Bedrohung mehr dar. Nach der Einnahme von Lützen beziehen die Co. K und L Stellungen in der Nähe der Stadt, während die Co. I weiter Stellungen bei Starsiedel hält und die Co. M die Umgebung von Röcken säubert. Der Bn.CP verbleibt in Domsen.

Als gegen Mittag klar ist, dass die Säuberung des Gebietes an der Nordflanke an diesem Tag nicht abgeschlossen werden kann, erhält das 3./271 den Befehl, sich aus Lützen und der Umgebung zurückzuziehen und im Raum Pegau zu versammeln. In Abänderung der bisherigen Pläne soll das RCT 38 der 2nd US InfDiv, das seit dem Morgen aus dem Raum Weißenfels nach Norden vorrückt, den Abschnitt übernehmen.

Das RCT 38 hatte ursprünglich den Abschnitt der 2nd US InfDiv verlassen müssen, da der Vormarsch der Division durch starken Widerstand und fehlende Übergangsmöglichkeiten über die Saale im Raum Schkopau – Merseburg – Leuna so stark behindert wurde, dass ein Stoß in den Rücken der deutschen Kräfte östlich der Saale den Übergang über den Fluss erleichtern und den Weg nach Leipzig öffnen soll. Bevor das RCT 38 bei seiner Nordwärts-Bewegung die bisherige Trennungslinie zwischen der 2nd US InfDiv und der 69th US InfDiv entlang der Linie von Leuna nördlich an Lützen vorbei bis nördlich von Zwenkau zur Weißen Elster erreicht, erhält es den Befehl, den Abschnitt des 3./271 bei Lützen zu übernehmen. Nach dem Übergang der anderen Regimenter der 2nd US InfDiv über die Saale soll das Regiment dann als rechter Angriffskeil weiter nach Osten auf Leipzig vorrücken.

Das 3./9, das an der rechten Flanke des RCT 38 beiderseits der Reichsstraße 87 nach Nordosten marschiert, besetzt mit der Co. K und L die Orte Röcken, Bothfeld und Michlitz. Die Orte waren bereits zwischen 09.00 und 10.00 Uhr (B) von Flankenkräften des 3./271 der 69th US InfDiv eingenommen worden, das mit seinen Hauptkräften die Stadt Lützen angreift. Nach der Säuberung an der linken Flanke des 3./271 hatten sich diese Kräfte befehlsgemäß nach Südosten zurückgezogen, um sich nicht mit den Angriffsspitzen der 2nd US InfDiv zu vermischen. Die Co. I bewegt sich weiter entlang der Hauptstraße, gefolgt vom Rest des Bataillons. Nach Mitternacht erreicht das 3./9 Lützen und reorganisiert sich. In der Nacht marschiert es weiter nach Norden mit dem Ziel Treben. Auch die anderen Bataillone des RCT 38 setzen den Angriff in der Nacht fort, während der CP des RCT in Weißenfels verbleibt.

Um 22.00 Uhr (B) nimmt das 2./38 unter Lt.Col. Jack K. Norris im Zentrum des Angriffs des RCT 38 den Vormarsch entlang der Reichsautobahn 9 nach Norden wieder auf. Das 1./38 setzt ab 23.00 Uhr (B) an der linken Flanke die Säuberung des Ostufers der Saale bis in die Umgebung von Bad Dürrenberg fort, um dort den Kontakt zum RCT 9 herzustellen.

Am Westufer der Saale setzt in der Zwischenzeit nördlich von Weißenfels das 2./271 der 69th US InfDiv den Angriff zur Zerschlagung der Flakstellung Nr. 141 am Schkortelweg bei Kriechau fort. Zur Zerschlagung der Flakstellung bildet Lt.Col. McCormick eine Task Force aus der Co. E und F des 2./271 und Teilen der TF Zweibel, 777th Tk Bn.[139]

Während die Co. E von der Saale her durch die Weinberge bei Burgwerben vorrückt, rollen die Panzer mit der Co. F entlang der Straße Burgwerben – Kriechau nordostwärts. Gegen 08.50 Uhr (B) gerät die Task Force unter Beschuss aus Richtung der Flakstellung Reichardtswerben-Posendorf, der aber keine Schäden verursacht. Mit dem Erreichen von Burgwerben gehen die Kanonen der Cn Co. 273 und die 4,2inch Werfer der Co. A, 86th Cml Mort Bn in Feuerstellung und ab 10.00 Uhr (B) steht die Flakstellung Kriechau-Schkortleben, deren genaue Lage den Angreifern durch einen holländischen Fremdarbeiter aus Weißenfels mitgeteilt wurde, unter Beschuss.

In dieser Situation trifft eine, am Vortag aus Weißenfels geflohene, Gruppe um den K.Kdt. von Weißenfels, Hptm. Herold, bei Kriechau ein. Die Gruppe hatte die Nacht bei Bauern verbracht und sich am Morgen auf dem Weg Richtung Bad Dürrenberg begeben. Auf dem Marsch waren sie den, auf Oebles-Schlechtewitz vorrückenden, Truppen des 1./38 der 2nd US InfDiv fast in die Arme gelaufen. Als einziger Ausweg blieb ihnen der Rückzug über die Saale und der Versuch, weiter nördlich erneut den Fluss zu überqueren um auf diese Weise vor die amerikanischen Truppen zu kommen. So hatten sie kehrt gemacht und waren zur Eisenbahnbrücke bei Dehlitz marschiert. Doch dabei gerieten sie auf Höhe des Weißenfelser Übungsplatzes an der Saale direkt zwischen frisch ausgehobene amerikanische Schützenlöcher. Wild um sich schießend hatten sie die überraschten Amerikaner überrannt und so mit Mühe und Not die Brücke erreicht, die sie unter Beschuss überquerten. Auf dem Westufer angekommen, hatte sich der Adjutant des K.Kdt. Lt. Fischer zur Flakstellung Kriechau begeben, um so Informationen über die Lage zu erhalten. Hier hatte ihm der Batteriechef mitgeteilt, dass die drei Batterien der 1.–3./s.Flak.Abt. 568 noch über 150 Schuss verfügen und er gewillt ist, diese erst zu verschießen, bevor er sich in Gefangenschaft begibt. Bis dahin, so bittet er Fischer, soll die Gruppe die Saalebrücke sichern, damit die Stellung nicht von hinten angegriffen werden kann. Als Fischer zur Brücke zurückkehrt, sind dort auch die Reste der Ausb.Kp. des Pi.Ers.Btl. 14, die sich aus der Weißenfelser Neustadt nach Burgwerben zurückgezogen haben, eingetroffen. Jetzt bezieht das kleine Häufchen um Hptm. Herold Verteidigungsstellung an der Brücke.[140]

Um 11.40 Uhr (B) meldet das 2./271: *„Wir sind am Ziel. Wir bereiten uns vor und haben einige Geschützstellungen erkannt.“* Inzwischen nimmt das Feuergefecht an Intensität zu. Noch bevor die Task Force mit dem Angriff auf die Flakstellung beginnt, erhält Lt.Col. McCormick neue Befehle. Er soll das Bataillon und die TF Zweibel versammeln und Weißenfels zu verlassen. Erst nach eindrücklicher Schilderung der Lage erhält er Aufschub bis zur Beendigung der Einnahme der Stellung.

Gegen 16.00 Uhr treten die Infanteristen der Co. F mit Unterstützung der Panzer des 1st und 2nd Plat. von Capt. Robert Goodman's Co. D, 777th Tk Bn zum letzten Angriff an. Die Panzer wühlen sich durch die Burgwerbener Gartenanlage in Richtung Kriechau, während Infanteristen der Co. E an der Flanke durch den Ort und die Weinberge vorrücken.[141] Um 17.25 Uhr (B) meldet das 2./271 eine große Anzahl deutscher Truppen, einschließlich SS und etwa 30 8,8cm Flakgeschütze nordwestlich und nördlich von Kriechau. Dann geht alles schnell.

Die Flakstellung Schkortleben-Kriechau aus Richtung Osten am 8. April 1945
Luftbild: Nr. 1021, Luftbilddatenbank Ingenieurbüro Dr. Carls, Estenfeld

Die Besatzung der Flakstellung ergibt sich angesichts der Übermacht. Gegen 18.30 Uhr (B) hat die Co. F Kriechau vollständig gesäubert. In der Umgebung der Burgwerbener Mühle gehen die letzten Angehörigen der Ausb.Kp. des Pi.Ers.Btl 14 in Gefangenschaft.[142]

Bis 19.00 Uhr (B) hat die TF McCormick nach eigenen Angaben 32 8,8cm und 2cm Geschütze erbeutet bzw. zerstört und 500 Kriegsgefangene, darunter auch Italiener, gemacht.[143] Um 20.25 Uhr (B) erreicht die folgende Meldung des 2./271 den Regtl.CP: *„Auftrag ausgeführt... Empfehlen baldmöglichst detaillierte Besichtigung des Gebietes durch technische Einheiten zur Bergung der Ausrüstung.“* Dann fahren die Teile der TF Zweibel nach Weißenfels zurück. Die Infanteristen säubern die Umgebung einschließlich Schkortleben und sichern die Stellung.

Die vorderen Elemente der 69th US InfDiv erreichen an der Südflanke des V. US Corps Positionen südlich von Leipzig. Das CCA der 9th US AD erreicht nordwestlich von Borna die Region Thierbach – Kitzscher – Stockheim nachdem es Borna, das vom CCB ohne Widerstand eingenommen wird, umgangen hat. Das CCR erreicht die Mulde-Linie von Grimma bis in den Bereich Colditz – Lastau.

Links angelehnt an das V. US Corps errichtet im Bereich des VII. US Corps das CCB der 3rd US AD einen Brückenkopf an der Mulde in der Nähe von Törten und Elemente erreichen auf der rechten Seite den Raum Thurland. Das CCR räumt seinen Bereich bis auf den nordöstlichen Rand von Köthen und sendet Elemente nach Westen in Richtung Bebitz. Das CCA an der Rechten der Division geht entschlossen bis Dessau und erreicht die Linie Quellendorf – Körnitz – Fernsdorf. An der rechten Grenze der Division finden die Aufklärer des 83rd Armd Rcn Bn der 3rd US AD die Städte Wolfen und Bitterfeld stark verteidigt vor und sichern Reuden, Thalheim und Sandersdorf. Die 1st und 9th US InfDiv schalten in den kommenden Tagen die deutschen Truppen im Harz aus.

Bei der 104th US InfDiv, die an der rechten Flanke des Corps Halle angreift, nimmt das 1./415 gegen Flak- und Panzerfaustfeuer die Orte Zscherben, Angersdorf, Schlettau[144] und Halle-Passendorf. Bei Passendorf erobern die Infanteristen eine Flakstellung der 21. Flak.Brig. Dabei fallen ihnen die acht 8,8cm Geschütze der s.Hei.Flak.Bttr. 242/IV in die Hände. Die Batterie, die bis Juli 1944 in Lettin lag, hatte bis Dezember 1944 mit der s.Hei.Flak.Bttr. 236/IV eine Doppelbatterie gebildet, bevor diese nach Markkleeberg bei Leipzig verlegt wurde.[145] Östlich von Nietleben, am Südrand der Dölauer Heide, besetzen die Infanteristen den, seit 1936 von der Ln.Schule Halle genutzten, Fliegerhorst Halle-Nietleben. Der Flugplatz ist verlassen, die letzten Angehörigen der Fliegerhorst-Kdtr. 40/III des Flughafenbereichs-Kdo. 7/III hatte man in die Stadtverteidigung eingegliedert.

Nördlich des VII. US Corps säubert das XIII. US Corps der 9th US Army weiter das Gebiet entlang der Elbe, während zusätzliche Elemente der Infanterie aufschließen. Das XIX. US Corps beendet die Räumung seines Abschnittes westlich der Elbe. Die 2nd US AD behauptet ohne das CCR seine Verteidigungsstellungen im Raum Magdeburg und das CCB hält das Westufer der Elbe von Westerhüsen bis Schönebeck. Die 83rd US InfDiv erweitert den Elbe-Brückenkopf östlich von Barby. Teile der 35th US InfDiv räumen die rechte Flanke des Corps zwischen Saale und Elbe, setzen dann über die Saale und besetzen Groß-Rosenburg. Ein Regiment setzt die Säuberung des Harzes fort und stellt den Kontakt mit der 1st US InfDiv des VII. US Corps der 1st US Army her.

Südlich der 1st US Army überquert im Bereich des XX. US Corps der 3rd US Army die 6th US AD die Mulde mit dem CCB bei Rochlitz und dem Rest der Division bei Lunzenau und rückt dann weiter nach Osten bis zur alliierten Haltelinie vor, um auf die Ankunft der Roten Armee zu warten. Das CCA nimmt in der Nähe von Mittweida drei Brücken über die Zschopau. Die nachfolgende 76th US InfDiv säubert Zeitz und Altenburg und drückt ostwärts, um den Mulde-Brückenkopf der 6th US AD zu übernehmen. Das CCB der 4th US AD verbessert seine Positionen im Bereich Burgstädt und nimmt die Brücken über den Fluss Chemnitz bei Draisdorf und nördlich des Ortes ein. Das CCA patrouilliert in Richtung Chemnitz. Die nachrückende 80th US InfDiv räumt Crimmitschau und den größten Teil von Glauchau.

* * *

---

1 "V Corps Operations in ETO", S. 430.

2 "Phantom Nine: The 9th Armored (Remagen) Division 1942–1945", S. 258. Die gleiche Aussage findet sich in der Section IV, G 2, des AAR der 9th AD.

3 Chronik von Göhritz.

4 Damit wird versucht, versteckte Gegner zu einer Feuererwiderung zu bewegen, damit diese so ihre Stellungen verraten.

5 History 19th Tk Bn S. 36.

6 Gem. "Phantom Nine" und Werner Anton in „Die angloamerikanischen Bombenangriffe während des II. Weltkrieges auf Ziele im Raum Merseburg und die deutschen Abwehrmaßnahmen", Schkopau, Mai 2002

7 „Als Einsatzhafen wurde ein Flugplatz bezeichnet, dessen Gelände vom Reichsfiskus angekauft worden war und der über bestimmte bauliche Anlagen verfügte. Kennzeichen eines solchen E-Hafens war das Vorhandensein eines sogenannten Luftwaffengutes." Schreibt Jürgen Zapf in seinem Buch „Flugplätze der Luftwaffe 1934-1945 und was davon übrig blieb". Sie wurden bis anfangs des Krieges in E-Häfen I. und II. Ordnung unterschieden, dann nur als E-Häfen und ab etwa 1943 als Flugplätze bezeichnet.

8 Gem. Tessin. Siehe auch Merseburger Beiträge 1/2002, Heinz Rehmann, S. 14.

9 Gem. Tessin.

10 Die Chronik der USAAF nennt den Einsatz von 73 Bombern, was mit Sicherheit zu viel sein dürfte.

11 „Der Tod ist der tägliche Gast" v. Martin Pabst, Galgenbergische Literaturkanzlei, 2007, S. 52 „Joop Epskamp erinnert sich".

12 Gem. 19th Tk Bn, S. 36 „in der Nähe der Orte Steuden und Schafstädt".

13 History 19th Tk Bn, S. 36.

14 Zeitzeugenbericht von F. Kilian, Heiligenstadt, Soldat in der 5./s.Flak.Abt. 433 am Flugplatz Merseburg. (Archiv Möller)

15 Gem. Rose.

[16] Gem. Rose an der Straße von Frankleben nach Großkayna und gem. Erbe vier Flakgeschütze nordwestlich von Weißenfels an der RAB 9.
[17] Gem. Erbe. Weitere Stellungen konnten bisher nicht ermittelt werden.
[18] „Ein Deutscher Jungen weint nicht" v. Pacyna, S. 129.
[19] Ebenda. Das Vorhandensein von größeren Mengen Panzerfäusten in den Flakstellungen belegen auch die Berichte des Munitionsräumdienstes über die Beräumung der Flakstellung Groitzsch und Nißma im Raum Zeitz.
[20] Zeitzeugenbericht F. Kilian, Angehöriger der 5./s.Flak.Abt. 433.
[21] Siehe Nicolaisen „Gruppenfeuer und Salventakt" und Dülk „Feuerglocke".
[22] „Ein Deutscher Jungen weint nicht" v. Pacyna, S. 129. Siehe auch „Erinnerungen an Merseburg/Leuna 1944/45".
[23] OKW/WFSt, Handakte Maj. Oxenius, FS v. 12.04.45.
[24] Die Angaben zu den Standorten der Flakstellungen beruhen auf der Auswertung der Bücher „Verbände und Truppen der deutschen Wehrmacht und der Waffen-SS" von Tessin; „Flak" von Koch; „Gruppenfeuer und Salventakt" von Nicolaisen; „Feuerglocke" von Dülk; den Berichten von Pacyna, Rox, Kilian und weiteren beteiligten Zeitzeugen; umfangreichen Recherchen von Rose, Berlin, und Czepluch, Halle/S., den Berichten von Ortschronisten der Region sowie der Auswertung der Unterlagen der amerikanischen Verbände.
[25] History 19th Tk Bn, S. 36.
[26] Gem. Beßler war die Stellung besetzt und die Geschütze haben das Feuer auf die Amerikaner eröffnet. Dabei wurden mindestens vier Fahrzeuge westlich Delitz getroffen.
[27] History 19th Tk Bn, S. 36. Siehe auch History Co. D, 19th Tk Bn.
[28] History Co. D, 19th Tk Bn.
[29] Gem. "The 19th Tank Battalion – A History", auf der die Schilderung der Kämpfe um Schotterey beruht, wurden 8 x 8,8cm und 4 x 12,8cm Geschütze erbeutet. Das 656th TD Bn nennt 8 x 8,8cm Geschütze. Siehe auch den Erlebnisbericht von Rudolf Günther. Günther ordnet die Einnahme der Stellung dem 13. April zu, aber die Unterlagen des 19th Tk Bn sind eindeutig. Allerdings spricht er auch von der 104th US InfDiv, die dort nicht war.
[30] Auch der Heimatforscher Tomaszewski, Burgscheidungen, gibt an, dass die Brücke nicht zerstört war.
[31] Gem Irrgang.
[32] Die vorliegenden Unterlagen deuten darauf hin, dass das Bataillon dem CCA über die Saale hinaus folgen sollte. Das 2nd und 3rd Bn hatte eindeutig die Stadt Weißenfels als Ziel.
[33] Gemäß einem Bericht in der „Freiheit" Nr. 86 v. 12.04.85 sollen einige der Wehrmachstangehörigen auf ihrer Flucht versucht haben, die Brücke über die Unstrut zu sprengen. Die Sprengung soll lediglich ein Loch in der Mitte der Brücke verursacht haben, welches später schnell repariert wurde. Andere, wie z.B. Tomaszewski, bezweifeln, ob es überhaupt zu einem Sprengversuch kam.
[34] Siehe hierzu Bericht Kurt Könnicke in der „Freiheit" Nr. 84 v. 10.04.85.

[35] Die Chronik von Laucha von Rektor Barkowski, Stadtarchiv Laucha. Siehe auch Bericht in der MDZ Weißenfelser Zeitung, vom 12.04.1995, der durch weitere Zeugenberichte bestätigt wurde.

[36] Seit 1948 OT von Gröst, das seit 2006 zu Mücheln gehört.

[37] AAR 661st TD Bn.

[38] Bericht Herr Knauth, Markwerben.

[39] Bericht Rose.

[40] „Als Luftwaffenhelfer 1944 in Berlin und Leuna" v. Dr. W. Waldhauer, Leverkusen.

[41] Nahlendorf liegt direkt südlich angrenzend an Lunstädt und wurde am 01.04.1937 in Lunstädt eingemeindet. Lunstädt wurde am 01.071950 in Roßbach eingemeindet, das dann am 01.04.2004 zu Braunsbedra kam.

[42] Gem. Czepluch „Die Bedeutung der Scheinwerke...". Czepluch bezieht sich auf einen Augenzeugen, der allerdings den 15. April als Zeitpunkt der Besetzung nennt. Wahrscheinlich wurde das Objekt dann erst richtig von der nachfolgenden Infanterie gesichert.

[43] Chronik der Co. B, 741st Tk Bn "The Story of Vitamin Baker". Wahrscheinlich handelt es sich bei der Selbstfahrlafette um die Zugmaschine der Pak.

[44] Heinz Rehmann schreibt in den Merseburger Beiträge 1/2002 von einem „Flieger-Kampfregiment 553, das in Flieger-Kampfregiment 153" umbenannt wurde. Die Bezeichnung „Flieger-Kampfregiment" gibt es aber nicht, auch nicht die Nummer „553". Auch die Angabe dass sich das I./Kampfgeschwader 77 kurzzeitig in Merseburg befunden und im April 1939 nach Prag-Ruzin verlegt haben soll, ist nicht korrekt. Gem. Tessin wurde die I./KG 77 aber im Mai 1939 in Prag-Khely aufgestellt. Die Verwechselung kommt dadurch zu Stande, dass die I./KG 77 aus der I./KG 153 aufgestellt wurde.

[45] Gem. Tessin.

[46] Merseburger Beiträge 1/2002, Beitrag Heinz Rehmann, S. 11/12.

[47] Gem. Tessin.

[48] „Die Geschichte des Flugplatz Merseburg" auf www.luftfahrt-technik-museum.de. Siehe auch Heinz Rehmann.

[49] Merseburger Beiträge 1/2002, Beitrag Heinz Rehmann, S. 11/12.

[50] Gem. Tessin. Siehe auch Merseburger Beiträge 1/2002, Beitrag Heinz Rehmann, S. 14.

[51] „Garnisonsgeschichte Jüterbog St. Barbara e.V.", www.hl-barbara.de.

[52] Gem. Tessin. Siehe auch Merseburger Beiträge 1/2002, Beitrag Heinz Rehmann, S. 14.

[53] Erinnerungen v. Heinz Rehmann.

[54] Erlebnisbericht von R. Günther auf www.geschichte-mitteldeutschland.de.

[55] Erlebnisbericht von R. Günther auf www.geschichte-mitteldeutschland.de.

[56] Gem. Wolf Thieme, Belzig, damals Lützkendorf. Thieme spricht von einem Absturz, was nicht zu der Geschichte passen würde, denn das Risiko, bei einem Absturz zu sterben dürfte für jeden Piloten zu groß gewesen sein.

[57] Der späte Angriffszeitpunkt beruht wahrscheinlich auf die Kämpfe vor der Front des RCT 9 bei Schortau. Gem. Chronik von Friedensdorf wurde am 13. April in Leuna Panzeralarm ausgelöst.

[58] Gem. dem Bericht des damaligen Lt. Rox aus der Batterie Kötzschen starb Albert wahrscheinlich durch einen Treffer des Turmes.

[59] Bei dieser Flakstellung kann es sich gem. Nicolaisen um die Stellung Niederklobikau gehandelt haben, es kann aber auch ein Zusammenhang mit der Stellung Frankleben-Geiseltal bestehen.

[60] Zusammenhang Stellung Frankleben-Geiseltal. Gem. Nicolaisen verlassen LwH nach einem Gefecht in der Nacht vom 13./14.04. die Stellung in Richtung Bad Dürrenberg.

[61] „Das Geiseltal – Sonntag der 8. April 1945“ v. M. Koch, www.dasgeiseltal.de.

[62] Merseburger Beiträge 1/2002, Heinz Rehmann, S. 33.

[63] „Die italienischen Militärinternierten im deutschen Machtbereich 1943-1945“ v. Gerhard Schreiber, Schriftenreihe des MGFA, Oldenbourg – Verlag, S. 309, Tab. 16.

[64] „Zwangsarbeit“, www.dasgeiseltal.de.

[65] „Evakuierungstransporte des KZ Buchenwald und seiner Außenkommandos“ v. Christine Schäfer, Buchenwaldheft 16 , 1983, S. 42.

[66] „Zwangsarbeit“, www.dasgeiseltal.de.

[67] Heute Tagebau.

[68] Im AAR der 2nd US InfDiv wird nur von Barnstädt gesprochen. Göhritz ist heute ein Ortsteil von Barnstädt. Im Ortsteil Göhritz standen vor der Gaststätte gem. Lautenschläger zwei Panzer zur Sicherung, was ein Zeichen dafür ist, dass sich Gen. Robertson dort befunden haben könnte. Ein Stab (also wahrscheinlich der Div.CP) soll sich in der Angerstraße im Haus von Frau Bindernagel und in der Schule befunden haben.

[69] Gem. Bericht Frieda Kahmann, Herbert Gonschoreck und Lautenschläger.

[70] Gem. K. Lautenschläger. In Barnstädt befinden sich auf dem Friedhof keine deutschen Soldatengräber. Nach Berichten sollen aber deutsche Soldaten in Barnstädt gestorben sein. Wohin sie umgebettet wurden oder was mit ihnen geschehen ist, ist nicht bekannt.

[71] Gem. Dr. Kretzschmar, damals Burgwerben, befand sich ein deutscher Funkposten der Flak auf dem Kirchturm von Burgwerben.

[72] Zeitzeugenbericht von Joachim Pfauter, Rekrut im Pi.Ers.Btl. 14 Weißenfels. Er beobachtete das Gefecht mit dem Scherenfernrohr.

[73] G 3 Journal der 69th US InfDiv.

[74] Dr. med. Friedrich Kretzschmar, Artikel „Kriegsschäden an der Burgwerbener Kirche“ im „Weißenfelser Heimatbote“ 10. Jahrgang, Heft 4, Dez. 2001, mit freundlicher Genehmigung von Herrn Dr. med. Kretzschmar; Auch Irrgang bestätigt die Anwesenheit italienischer Soldaten.

[75] Manuskript Dr. Fernau, Röcken nennt 16.04.45 als Datum für dieses Gefecht mit US Truppen im Raum Kleingörschen, Eisdorf, Kitzen. Diese Information bezieht sich auf die Aussagen eines Zeitzeugen, der damals noch ein Kind war. Das Feuerduell fand aber am 13.04.45 mit US Truppen nördlich von Stöntzsch statt. Der Flakzug war gem. Nicolaisen ab Oktober 1944 dort. Unklar ist die Nummerierung. Holm u. Tessin nen-

nen die s.Flak.Abt.525 (E) im Bereich der 14. Flakdivision. Wahrscheinlich handelt es sich hier aber um die s.Flak.Abt.535 (E), da die amerikanischen Unterlagen Gefangene der 2./535 bei Gröben nennen und Nicolaisen bei Lützen die 4./535 nennt.

[76] Gem. Dr. Fernau.

[77] Um welche Batterien es sich hierbei handelt, ist unklar. Möglicherweise handelt es sich nicht um Batterien, sondern um Einzelgeschütze.

[78] Zeitzeugenbericht von F. Kilian, ehemaliger Angehöriger der 5./s.Flak.Abt. 433. Gem. Kilian eröffnete nur die Luftwaffenbatterie das Feuer, da die RAD-Batterie nordöstlich der Chaussee lag. Gem. dem Zeitzeugenbericht von Rose war die RAD-Batterie die 7./304. Siehe auch „Erinnerungen an Merseburg/Leuna 1944/45".

[79] Handakte Maj. Oxenius, OKW/WFSt, NSFO der Wehrmacht, Berlin 09.04.45.

[80] Bericht von Henry Gross, in "The Story of Vitamin Baker".

[81] Gem. Kilian.

[82] Hauptmann ist wahrscheinlich falsch, gemäß Kilian war Oberleutnant Jacob der Batteriechef.

[83] Gem. Kilian.

[84] „Erinnerungen an Merseburg/Leuna 1944/45". Siehe auch Kilian.

[85] Ob es sich dabei um den Wasserturm der Sixti-Kirche, der sich südöstlich des Gotthardt-Teiches befindet, handelt, ist unklar.

[86] Gem. Kilian.

[87] Gem. den Unterlagen von Herrn Czepluch befanden sich sechs 10,5cm Geschütze und sechs 8,8cm Geschütze in der Stellung. Gem. Hesse und Kilian, Flakhelfer in der Stellung, waren es zwölf 10,5cm Geschütze.

[88] „Die Tongrube" v. Kurt Hesse.

[89] "The Story of Vitamin Baker".

[90] Oder Eppelheimer.

[91] Gem. Kilian und Hesse.

[92] Gem. Kilian, Brief August 2005.

[93] Der Luftwaffenhelfer Kilian berichtet, dass er beide Offiziere dort wiedersah.

[94] Möglicherweise wurde diese Stellung bereits am 12.04.45 durch Teile des 19th Tk Bn angegriffen, was erklären könnte, warum das 19th Tk Bn vier 12,8cm Flak bei Schotterey erbeutet haben will.

[95] Zeitzeugenbericht Dr. R. Nietzsche, Leuna, damals Neukirchen.

[96] Entgegen der Angaben in „Flak", S. 263, war das Werk in einem guten Zustand und nicht zerstört. Dies bestätigt der Bericht "V Corps Operations in ETO", S. 430.

[97] "V Corps Operations in ETO", S. 430.

[98] Gem. Tessin.

[99] Zeitzeugenbericht Dr. R. Nietzsche, Leuna, damals Neukirchen. Andere Quellen geben an, dass der Turm von amerikanischer Artillerie getroffen wurde.

[100] Erinnerungen v. Heinz Rehmann. Im Merseburger Beiträge 1/2002, Heinz Rehmann, S. 10 nennt Rehmann die Strecken leicht abgeändert.

[101] Gem. Beßler wurde der Ort sowohl von deutscher als auch amerikanischer Artillerie beschossen. Gemäß einem Zeitzeugen hat sich die Besatzung der Stellung vor dem Eintreffen der Infanterie in Zivilbekleidung abgesetzt. Im AAR des 23rd InfRgt finden sich auch keine Hinweise auf Kämpfe mit der Flak.

[102] Gem. Rose hieß der Batteriechef Hptm Gerhard Jursch, an anderer Stelle auch Bleichwitz o. Bleischütz.

[103] Nach Angaben von Schilling befanden sich südlich des Ortes ein Flugplatz und eine Flakstellung. Nähere Angaben liegen nicht vor.

[104] Zeitzeugenbericht Dr. R. Nietzsche, Leuna, damals Neukirchen.

[105] Siehe Nicolaisen Bd. 2, S. 1361.

[106] Gem. Rose.

[107] Gem. dem Bericht von Herrn Rox erteilte Maj. Großmann der 8./406 Kötzschen den Befehl zum Rückzug hinter die Saale. Über den Verbleib von Major Großmann ist nichts bekannt.

[108] Gem. Nicolaisen Bd. 2, S. 1361.

[109] „Ein deutscher Junge weint nicht" v. Pacyna.

[110] Gem. Rose.

[111] Zeitzeugenbericht Wilhelm Hanauer, Flakkanonier und Wolfgang Blochowitz, LwH in Beuna., Archiv Möller. Siehe auch Nicolaisen und Rose. Czepluch nennt 12,8cm Geschütze der 2./377 (v). Fotomaterial und die Aussagen von Blochowitz sowie Hanauer bestätigen 8,8cm Flak.

[112] OT von Braunsbedra.

[113] Zeitzeugenbericht Joachim Pfauter.

[114] S-2-3 Journal 271st InfRgt, 14.04.45, 12.30 und 13.30 Uhr (B).

[115] Gem. Irrgang soll der deutsche Beobachter in der Schlosskuppel am Morgen gemeldet haben, dass beim Vorrücken der amerikanischen Kolonne über Eselsweg – Leipziger Straße zwei Panzer durch die Flak in Kriechau abgeschossen worden sein, worauf sich die anderen Panzer zurückzogen. Diese Aussage ist falsch, da die Kolonne des RCT 38 erst am Nachmittag auf der Leipziger Straße vorrückte und sich die Schlossbesatzung zu diesem Zeitpunkt bereits in Kriegsgefangenschaft befand. Auch die TFZ und das 2./271 melden im Tagesverlauf keine Verluste durch Flakbeschuss in diesem Abschnitt.

[116] Gem. der Kopie des „Morning Reports" von Capt. Lawrence W. Lange, CO Co. C, 1./38 aus dem Besitz von Gerry Morenski, Tochter von Conway.

[117] Braunsbedra entstand durch den Zusammenschluss von Bedra und Braunsdorf.

[118] "V Corps Operations in ETO", S. 428.

[119] Merseburger Beiträge 1/2002, Heinz Rehmann, S. 34.

[120] Eine Floßsackbrücke mit 40t Tragfähigkeit.

[121] Erinnerungen v. Heinz Rehmann.

[122] Es finden sich keine Hinweise, dass sich dort April 1945 eine Stellung befand.

[123] Gem. Czepluch sollen sich die 2./540, 6./362 und z.b.V. 10439 in der Stellung befunden haben.

[124] Dargestellt im Buch „Ein deutscher Junge weint nicht".

[125] Die Chronik von Friedensdorf schreibt am 15. April, dass die „Kirche durch deutsche Flak zerschossen wurde.".

[126] Merseburger Beiträge 1/2002, Beitrag Heinz Rehmann.

[127] "V Corps Operations in ETO", S. 430.

[128] „Junkers Ju 388 – Entwicklung, Erprobung und Fertigung des letzten Junkers-Höhenflugzeugs" v. C. Vernaleken und M. Handig: Aviatic-Verlag, Oberhaching 2003.

[129] Merseburger Beiträge 1/2002, Beitrag Heinz Rehmann, S. 10. Siehe auch „Bahnknoten Merseburg" v. Krause, Herdam Fotoverlag Wesseling 1997.

[130] Gem. Rose 2 x 6 Geschütze.

[131] Gem. Czepluch, Brief v. 30.07.2004.

[132] Gem. Czepluch soll es sich um 12,8cm Flak gehandelt haben.

[133] Zeitzeugenbericht Herbert Wenzel, Reichardtswerben.

[134] Zeitzeugenbericht Herbert Wenzel, Reichardtswerben.

[135] Keine Hinweise auf diese Stellung in den amerikanischen Unterlagen. Die Kriegsgefangenenmeldung des 9th InfRgt meldet lediglich 3 Gefangene der 5./406. Gem. Dr. Fernau wurde die Stellung in der Nacht 10./11. geräumt.

[136] Gem. Dr. Fernau.

[137] Siehe Nicolaisen Bd. 1. S. 495. Unklar ist, ob die Angehörigen der 10./437 nur zukommandiert waren oder die Besatzung der Stellung stellten.

[138] Die genaue Stellungsbezeichnung konnte nicht eindeutig identifiziert werden. Drei Kriegsgefangene der 2./211 beim 9th US InfRgt weisen auf Bad Dürrenberg hin.

[139] In der Chronik des 271st InfRgt und in anderen Unterlagen der 69th US InfDiv wird Kriechau als Kreisan bezeichnet. Hier liegt eindeutig eine Verwechslung vor, welche auf das amerikanische Problem mit deutschen Ortsnamen zurückzuführen ist.

[140] Gem. A. Fischer.

[141] Gem. Kretzschmar handelte es sich dabei um mindestens acht Panzer. Gem. der Chronik des 777th Tk Bn nahmen der 1st und 2nd Zug der Co. D an diesem Angriff teil. Jeder Zug verfügte über fünf leichte Panzer M 5. Der 1st Zug hatte bereits einen Panzer bei Selau verloren.

[142] Gem. Pfauter.

[143] Die Angaben über die Anzahl der erbeuteten Flakgeschütze und die gemachten Kriegsgefangenen sind unterschiedlich und schwanken zwischen 32 bis 40 Geschützen (meist jedoch 32 Geschütze) und 400 bis 500 Mann. Sowohl Pfauter und Irrgang, als auch die Chronik der TFZ, berichten von italienischen Soldaten in der Flakstellung Kriechau. Es handelt sich hierbei wahrscheinlich um Freiwillige der zu diesem Zeitpunkt in Deutschland internierten Teile der italienischen Armee. Auch von russischen Hilfswilligen wird vereinzelt berichtet, Belege hierfür gibt es jedoch nur bei der Flak in Merseburg.

[144] Angersdorf entstand 1936 durch Zusammenlegung von Angersdorf und Schlettau. Angersdorf ist heute ein Ortsteil von Teutschenthal.

[145] Gem. „Gruppenfeuer und Salventakt" v. Nicolaisen.

V. Der Untergang der letzten Flakstellungen

Kriegstagebuch des OKW/WFSt vom 16. April 1945:
Der Feind stieß gegen Halle vor, wo er bis zum Dom gelangte. Südlich Halle hat er seinen Kopf erweitert. In Merseburg ist noch der Nordteil in eigener Hand. Im Raum von Leipzig Ruhe.

Geheime Tagesberichte der Wehrmachtsführung vom 16. April 1945:
OB West, AOK 12, XXXXVIII. PzK: *In Halle sind in der Stadt schwere Kämpfe im Gange. Von Westen und Osten zog der Gegner Verstärkungen an den äußeren Verteidigungsring von Leipzig heran. Ein Angriff auf die Stadt ist bisher nicht erfolgt.*

Erdlageunterrichtung Lw.Kdo. West I H Stand 08.00 Uhr – FS Nr. 244/45 „Geheim" an Lfl.Kdo. 6: *Im Nordteil Halle Kämpfe.*

Nach Tagen zäher Kämpfe gewinnt am **Montag,** dem **16. April 1945**, der Angriff der 2nd US InfDiv erstmals wieder stark an Boden. Im Abschnitt des, an der Nordflanke der Division eingesetzten, RCT 23 setzt das 1./23 mit Unterstützung des 1st Plat. Co. B, 612th TD Bn den Angriff des Vortages fort und säubert die Orte Meuschau, Venenien und Neumarkt und bekämpft bis 04.45 Uhr (B) kleinere Widerstandnester gegen leichten Widerstand.

Das 2./23 sichert bis 03.29 Uhr (B) Tragarth, Löpitz und Wallendorf, während das 3./23 mit Unterstützung des 3rd Plat. Co. B, 612th TD Bn bis 05.00 Uhr (B) den Ort Kriegsdorf[1] besetzt.

Dann bereitet sich die Co. L, 3./23 darauf vor, die Flakstellung Nr. 122 Wallendorf der Flak.UGr. Schkopau West im Borntal östlich des Ortes anzugreifen, von der aus seit dem Vortag immer wieder amerikanische Positionen unter Beschuss genommen wurden. Von den zeitweise drei Batterien, zu denen die 4./Flak.Abt. 132 (RAD), eine Batterie mit Luftwaffe und Heimatflak und eine Batterie mit italienischen Hilfswilligen unter deutscher Führung mit insgesamt 36 8,8cm Flakgeschützen gehörten, sollen sich zu diesem Zeitpunkt noch 24 Geschütze in der Stellung befunden haben, deren Bedienungen zum Großteil aus RAD-Männern bestanden.[2]

Schwere Maschinengewehre der unterstützenden Co. M, 3./23 eröffnen das Feuer, um die deutschen Verteidiger niederzuhalten. Doch die Bedienungen an ihren 8,8cm Geschützen erwidern sofort das Feuer und nehmen ihrerseits die amerikanischen MG-Stellungen unter Beschuss. Jetzt schlagen deutsche Flakgranaten in Kriegsdorf ein und verursachen schwere Schäden an der Schule, mehreren Wohnhäusern, Ställen und Scheunen. Auch die Kirche wird erneut getroffen. Nachdem der deutsche Beschuss nachgelassen hat, beginnen um 08.00 Uhr (B) zwei Platoon Infanterie der Co. L zwischen der Brücke am östlichen Ortsausgang und dem Friedhof aus dem Schutz des Floßgraben heraus angreifend, ausgeschwärmt auf 500 Meter Breite mit dem Sturmangriff über den frisch bestellten Acker der „Floßgrabenbreite“ in Richtung der deutschen Stellungen. Auf halber Strecke trifft die Infanteristen ein erneuter Feuerschlag der Flak. In der Chronik von Kriegsdorf heißt es: *„Mit ungeheurem Krachen und unter Entwicklung von großen Rauch- und Staubwolken krepierten die Granaten als Tiefgeschosse und zerfetzten die Angreifer. Granatsplitter flogen selbst bis zu den ersten Häusern des Dorfes.“* Eine größere Anzahl amerikanischer Infanteristen soll dabei gefallen sein. Der Rest zieht sich zurück.[3]

Als sich in der darauf folgenden Kampfpause der Batterieführer der RAD-Batterie nach Zöschen begibt, um den dortigen Volkssturm zur Unterstützung der Verteidigung zu holen – die Volkssturmmänner waren nicht wie befohlen erschienen – nutzt die Masse der Arbeitsdienstmänner die Gelegenheit und flieht. Noch bevor er zurück ist, erfolgt ein erneuter Angriff der Co. L, 3./23, der jedoch auf keinen weiteren Widerstand trifft. Die wenigen verbliebenen Arbeitsdienstmänner ergeben sich kampflos.[4] Jetzt trifft auch von Norden die zur Hilfe gerufene Co. G, 2./23 ein und bis 11.30 Uhr (B) ist die gesamte Stellung vollständig gesäubert. Die Reste der Besatzung ergeben sich. Zwei 17 und 21 Jahre alte deutsche Soldaten, die tot in der Stellung vorgefunden werden, werden auf dem Friedhof von Kriegsdorf beerdigt.[5]

Die Panzer der unterstellten Co. C, 741st Tk Bn folgen der Infanterie und überqueren die Saale um 04.30 Uhr (B), während der Co.CP in Merseburg verbleibt. Bei Tageslicht hat das RCT 23 einen stabilen Brückenkopf über die Saale errichtet und seine Stellungen gefestigt. Um 09.27 (B) erreichen die Panzer der Co. C, 741st Tk Bn Tragarth, wo sie verbleiben und den ganzen Tag über nicht zum Einsatz kommen.

Erst gegen 21.30 Uhr (B) setzt das RCT 23 seinen Angriff mit dem 1./23 und 2./23 fünf Kilometer weiter nach Osten fort, nachdem das 1st Bn um 23.40 Uhr (B) die Linien des 3./23 bei Kriegsdorf passiert hat. Die Bataillone treffen auf keinen weiteren Widerstand. Gegen 19.45 Uhr (B) wird der Co.CP der Co. C,

741st Tk Bn nach Tragarth verlegt. Bis 23. 48 Uhr (B) besetzt das 2./23 mit Unterstützung des 2nd Plat. Co. B, 612th TD Bn die Orte Zöschen, Zweimen und Göhren ohne Widerstand. Die Flakstellung Nr. 144 Zöschen mit der, zur s.Flak.Abt. 540 gehörenden 4./s.Flak.Abt. 674, ist zu diesem Zeitpunkt bereits geräumt.[6] Auch die 12,8cm Eisenbahnflak ist abgezogen.[7] Dölkau wird gegen 24.00 Uhr (B) besetzt. Der Regtl.CP verlegt von Merseburg nach Pretzsch. Während des Tages hat das RCT 23 36 Geschütze der Kaliber 8,8cm und größer erobert und 271 Gefangene gemacht. Der Preis sind ein getöteter Offizier und acht Mannschaften, sowie zwei verwundete Offiziere und 24 Mannschaften.

Während in den ersten Morgenstunden die Masse der Einheiten der 2nd US Inf-Div bereits östlich der Saale stehen, ist das 2./9 des RCT 9 noch immer westlich des Flusses mit der Bekämpfung der Flakbatterien bei Reichardtswerben-Posendorf, nördlich von Weißenfels, gebunden.

Um 00.00 Uhr (B) treten die Infanteristen der Co. F, 2./9 zum erneuten Angriff auf die Stellungen an. Dabei werden alle Angehörigen eines Trupps Vorgeschobener Beobachter der amerikanischen Feldartillerie durch starkes deutsches MG-Feuer verwundet. Nachdem auch noch das Funkgerät der Kompanie getroffen wird und die Verbindung zum Bataillon für zwei Stunden abreist, kommt der Angriff zum Stocken. Als sie den Angriff mit Unterstützung eines Plat. der Co. E und eines Plat. der Co. G erneut aufnehmen, haben viele der Flaksoldaten die Stellung bereits verlassen und sind in Richtung Reichardtswerben geflohen. Dort entledigen sie sich ihrer Waffen im Dorfteich. Um 09.30 Uhr (B) haben die Männer des 2./9 die Stellung endgültig genommen und acht 8,8cm und acht 10,5cm Flak erbeutet. 162 Deutsche ergeben sich und treten den Weg in die Gefangenschaft an. Der Angriff hat die Co. F sieben Tote und achtzehn Verwundete gekostet. Einige der im Ort in Gefangenschaft geratenen Flakmänner müssen unter Bewachung die vorher weggeworfenen Waffen aus dem Dorfteich bergen. Zum Glück herrschen an diesem Tag geradezu sommerliche Temperaturen. Bis Mittag besetzen die Soldaten der Co. G und E des 2./9 die Orte Tagewerben und Posendorf und nehmen 94 Gefangene.[8] Dann sammelt sich das Bataillon im Raum Wengelsdorf – Großkorbetha – Großkayna.

Mit der Einnahme der Flakstellung bei Reichardtswerben enden am 16. April die Kämpfe des V. US Corps westlich der Saale.

Die Co. A, 1./9 stellt um 07.45 Uhr (B) mit Patrouillen den Kontakt zum RCT 38 bei Bad Dürrenberg her und das Bataillon säubert im Tagesverlauf das Gebiet bis zum Abschnitt des RCT 38. Dabei kommen große Teile der Besatzung der Stellung Trebnitz, welche vorher durch das RCT 23 eingenommen wurde, in die Gefangenschaft des RCT 9. Das Regiment meldet 153 Gefangene der 10./s.Flak.Abt. 406 und 75 Gefangene der Bttr. z.b.V. 10439.

Die, dem RCT 9 unterstellten, Co. A und D, 741st Tk Bn errichten am frühen Nachmittag ihren CP in Leuna. Die Co. A, 612th TD Bn, welche sich seit dem Vortag in Spergau befindet, verbleibt dort während des Tages.

Das RCT 38 setzt seinen Angriff während der Nacht gegen leichten Widerstand fort. Das unterstellte 3./9, dass an der rechten Flanke des RCT nach Mitternacht Lützen erreicht hat, reorganisiert sich und marschierte in Kompaniekolonne mit der Co. I voraus, gefolgt von der Co. L und K, weiter nach Norden mit dem Ziel Treben. Als die Co. I die Außenränder des Dorfes erreicht, kommt es zu einem kurzen Feuergefecht, dann dringen die Infanteristen in den Ort ein. Mit Unterstützung der nachfolgenden Teile des Bataillons wird die Säuberung des Ortes fortgesetzt. Als sich die Männer der Co. I gegen 05.30 Uhr (B) im Ort einrichten wollen, erhalten sie den Befehl, weiter nach Lehna vorzugehen. Kaum haben sich die Infanteristen dem Ort genähert, kommt es erneut zum Schusswechsel. Nach einem 45minütigen Feuergefecht ergeben sich vierzehn Deutsche und gehen in Kriegsgefangenschaft. Die Co. I verzeichnet zwei Tote, vier Verwundete und einen Vermissten. Bis 06.00 Uhr (B) hat das 3./9 Lehna, Nempitz und Treben besetzt und verbleibt dort bis zum Abend.

Das 2./38 rückt im Zentrum des RCT 38 entlang der Reichsautobahn weiter nach Norden vor und gerät auf Höhe des Dorfes Kauern unter Beschuss durch die 8,8cm Flakgeschütze der Großkampfbatterie Nr. 147 Thalschütz. Die zumeist jungen Luftwaffen- und RAD-Angehörigen der 1./s. Flak.Abt. 132, 2./s.Flak.Abt. 393 und der 1./s.Flak.Abt. 323 eröffnen das Feuer auf die anrückenden Spitzen. Dabei verliert die unterstellte Co. C, 612th TD Bn einen Panzerjäger M-18 „Hellcat“ und ein Radspähpanzer M-20 wird beschädigt. Das Bataillon hält und Artillerie nimmt die deutschen Stellungen unter Beschuss. Dabei wird das Feuer durch Artilleriebeobachter der Feldartillerie aus ihren leichten einmotorigen Flugzeugen geleitet, die, wie an den Tagen zuvor, die Aktionen der Bodentruppen unterstützen.

Sechzehn Flaksoldaten, die jüngsten gerade einmal 16 Jahre alt, verlieren ihr Leben. Sie werden am nächsten Tag durch Pfarrer Götze auf dem Friedhof Tollwitz beerdigt.[9]

Artilleriebeobachtungsflugzeug Piper L-4 „Grasshopper" des HQ 12th FA Bn
Foto: History 12th FA Bn, National Archives

Der Rest der Besatzung flieht aus der Stellung. Als die nachfolgenden Pioniere der unterstellten Co. C, 2nd Engr Bn die verlassene Stellung erreichen, zerstören sie 32 8,8cm Flakgeschütze durch Sprengung der Verschlüsse.

Das 2./38 setzt den Vormarsch fort und säubert Ragwitz, Kauern und Tollwitz. Während die Hauptkräfte des Bataillons Thalschütz besetzen, erreicht die Co. G unter Capt. Allen A McElroy den Ort Rampitz. Zum Glück für die Infanteristen waren die achtzehn 10,5cm Flakgeschütze der Flak.Bttr. z.b.V. 10568 in der Flakstellung Nr. 150, Schweßwitz-Ellerbach links des Ortsverbindungsweges zwischen den Ortschaften Schweßwitz und Ellerbach, bereits im Januar 1945 an die Oderfront nach Küstrin verlegt worden, denn sonst wäre die Kolonne auf der Autobahn in das Kreuzfeuer zweier Großkampfbatterien geraten.[10]

Das 1./38 erreicht an der Linken am frühen Morgen sein Ziel mit der Co. A unter dem Kommando von Capt. Roy L. White in Porbitz-Poppitz, der Co. B unter Capt. Estel Elkins in Lennewitz, der Co. C unter Capt. Lawrence W. Lange in Bad Dürrenberg und dem unterstellten 1st Plat. Co. C, 612th TD Bn in Bad Dürrenberg und stellt an der Saale den Kontakt zum RCT 9 her.

Um 13.30 Uhr (B) beginnt der erneute Angriff das 2./38 nach Norden und das Bataillon erreicht um 14.30 Uhr (B) Witzscherdorf während die Co. E nach Kötzschau und weiter nach Schladebach fährt. Ohne Widerstand besetzen sie die teilweise zerstörte und verlassene Flakstellung Nr. 146 zwischen Schladebach und Wüsteneutzsch am Floßgraben. Die 2./lei.Flak.Abt. 729 (o) hatte am 20. Dezember 1944 nach Koblenz verlegt und die s.Hei.Flak. 236/IV (z.b.V. 10338) hatte Schladebach Richtung Stettin verlassen. 29 Mann der 1./s.Flak.Abt. 627, die in Schladebach stationiert war, werden später vom 9th InfRgt als Kriegsgefangene gemeldet.[11]

Das Co. HQ der unterstellten Co. B, 741st Tk Bn fährt um 14.45 Uhr (B) nach Zöllschen und im Verlauf des Nachmittags folgen die zwei Platoons Panzer von Dehlitz. Am späten Nachmittag halten die Verbände des RCT 38 in den erreichten Stellungen und auf dem Regtl.CP des RCT 38 in Tollwitz werden die Pläne für die Fortsetzung des Angriffes in der Nacht gemacht. Das 2./38 soll an der Linken nach Osten vorstoßen und Alt-Ranstädt und Markranstädt nehmen und das 3./9 an der Rechten soll nach Osten durch Quesitz und Döhlen nach Seebenich vorrücken. Zur Unterstützung wird dem 3./9 um 21.00 Uhr (B) der 1st Plat. Co. B, 741st Tk Bn mit vier Panzern unter Lt. Sheppard unterstellt, welcher von Treben nach Seebenich fährt. Um 23.00 Uhr (B) beginnen die beiden Bataillone mit dem Angriff.

Das 3./9, das während des Tages in den erreichten Positionen verblieben ist, beginnt um 23.00 Uhr (B) mit dem Angriff Richtung Leipzig. Der Plan sieht vor, dass die Co. I mit den Hauptkräften die Orte Döhlen, Questitz, Göhrenz nehmen soll, während ein Platoon auf Albersdorf vorgeht. Hierfür erhält die Kompanie einen Platoon der Co. K, die sich in der Reserve des Bataillons befindet, zur Verstärkung unterstellt. Parallel zur Co. I soll die Co. L vorstoßen und Thronitz, Seebenich und Rehbach nehmen. In der Zwischenzeit soll die Co. K die Orte Kulkwitz, Gärnitz säubern und anschließend bei Seebenich mit dem Rest des Bataillons warten. Der Angriff der Co. I und L trifft jedoch auf starken Widerstand und die Infanteristen werden bis in die Morgenstunden des 17. April an ihren ersten Zielen aufgehalten.

Die Divisionseinheiten und der Div.CP der 2nd US InfDiv verlassen ihre Quartiere in Barnstädt und verlegen über die Saale in den Raum Bad Dürrenberg. Der Div.CP geht nach Schladebach.

An diesem Tag erhält das 2./271 der 69th US InfDiv nach Abschluss der Kämpfe im Raum Weißenfels den Befehl zur Verlegung nach Rötha bei Böhlen, wo es um 18.30 Uhr (B) ankommt. Das 3./271, welches am Vortag nach der Einnahme von Lützen nach Pegau zurückgefahren war, greift gegen 11.00 Uhr (B) von Pegau aus in Richtung Audigast an und trifft dort auf schweren Widerstand. Die Kämpfe ziehen sich in diesem Bereich bis zum nächsten Tag hin. Die anderen Einheiten der 69th US InfDiv drücken nach Nordosten und erreichen Positionen südöstlich von Leipzig.

Das CCA der 9th US AD des V. Corps erreicht die Mulde im Bereich Bennewitz – Grimma. Die Kolonnen des CCR setzen in ihrem Abschnitt über den Fluss und besetzen Colditz. Das CCB beendet seine Versammlung im Bereich Wettewitz.

An der Nordflanke des V. US Corps setzt die 38th CavRcnSq der 102nd CavGp ihren Sicherungs- und Säuberungsauftrag fort. Im Saale-Abschnitt bei Beesen, der von der 4. und 5./s.Flak.Abt. 540 der Flak.UGr. Schkopau-Nordwest in der Flakstellung Silberhöhe gesichert wird, geraten Patrouillen des Tp. B und Ranger des 2nd Ranger Bn bei der Annäherung an das Westufer der Saale unter Gewehr- und MG-Feuer. Südlich davon, im Abschnitt des Tp. A, überquert eine Vier-Mann-Patrouille unter Führung von Lt. Edlin von der Co. A, 2nd Ranger Bn, die Saale und trifft auf einen deutschen Vorposten, der umgangen wird. In der dahinterliegenden Ortschaft machen sie vier Gefangene und weisen den Bürgermeister an, weiße Fahnen zu hissen. Dann überwältigen sie einen völlig überraschten Vorposten, bei dem sich gerade einige junge Frauen aus dem Ort befinden. Zehn deutsche Soldaten ergeben sich. Mit vierzehn Gefangenen kehrt Lt. Edlin zum Westufer zurück.[12]

Das an der Nordflanke der 1st US Army vorgehende VII. US Corps erteilt an diesem Tag seinen Divisionen den Haltebefehl entlang des Flussverlaufes der Elbe und Mulde, um auf die Ankunft der Roten Armee zu warten. Die 3rd US AD behauptet einen Brückenkopf über der Mulde. Ihr CCR beseitigt den Widerstand in Bernburg und schließt den Harz-Ausgang. Auf der Rechten wird Köthen besetzt. Das CCA bewegte sich nach Nordosten in Richtung Dessau. Das CCB hält den Mulde-Brückenkopf in der Nähe von Törten und setzt unter Feuer den Brückenbau fort. Die 104th US InfDiv geht gegen zähen Widerstand weiter vor und trifft über der Saale auf eine große feindliche Gruppierung. Im Norden von Halle stehen Teile der 104th US InfDiv im harten Kampf mit der schwachen, sich aber zäh verteidigenden, Besatzung der Stadt.

Das 3./413 der 104th US InfDiv verlässt um 11.00 Uhr (B) Nietleben und besetzt mit Unterstützung der Panzer des 3rd Plat. Co. B, 750th Tk Bn und des 1st Plat. Co. B, 817th TD Bn bis gegen 20.00 Uhr (B) den Raum Zöberitz – Reideburg – Rabatz am Ostrand von Halle. Die Infanteristen übernehmen drei Straßensperren vom RCT 414 bei Diemitz. Die dortige Flakstellung der s.Hei.Flak. 254/IV der 21. Flak.Brig. am Dautzsch, deren Geschütze den Güterbahnhof schützen sollten, ist verlassen.

Nördlich der 1st US Army wird die 5th US AD des XIII. US Corps der 9th US Army von der nachrückenden Infanterie entlang der Elbe entlastet. Die 5th US AD bekommt den Auftrag, den hinteren Bereich von Nachzüglern zu räumen. Die Corpszone erweitert sich entlang der Elbe südwärts. Im Bereich des XIX. US Corps hält die 2nd US AD ihre Verteidigungsstellungen oberhalb von Magdeburg und rechts der Elbe und bereitet sich gemeinsam mit der Infanterie auf den Angriff auf die Stadt Magdeburg vor. Die 83rd US InfDiv behauptet trotz starker Gegenangriffe im Abschnitt des CCR der 2nd US AD den Brückenkopf östlich von Barby. Das XVI. US Corps übernimmt den Abschnitt des XVIII. US Corps südwestlich von Münster.

Südlich der 1st US Army entlastet im Bereich des XX. US Corps der 3rd US Army die 76th US InfDiv die 6th US AD oberhalb ihres Abschnittes an der Zwickauer Mulde und die 6th US AD beginnt ein Instandhaltungs- und Rehabilitationsprogramm. Die 4th US AD wird an der Zwickauer Mulde von der 80th US InfDiv abgelöst.

An diesem Tag verlegt der Stab des XC. AK der 7. Armee aus dem Raum Waldheim in Richtung Erzgebirge nach Freiberg. Die Kräfte des stellv. IV. AK Dresden, welche bisher im Abschnitt Pirna – Dresden – Meissen – Riesa nach Osten sicherten, werden der 7. Armee unterstellt und erhalten den Befehl, gemeinsam mit dem XC. AK auch nach Westen zu sichern.

Kriegstagebuch des OKW/WFSt vom 17. April 1945:
In Halle hält sich noch eine kleine Gruppe tapfer weiter, ebenso in Merseburg. Nach Leipzig besteht noch Verbindung von Norden und Nordosten aus; der Feind schob sich an den Osten heran.

Geheime Tagesberichte der Deutschen Wehrmachtsführung vom 17. April 1945:
12. Armee, XXXXVIII. PzK: *Die eigene Besatzung in Halle wurde... zurückgedrängt... Im Kampfraum Leipzig griff der Gegner von Westen mit Panzerunterstützung den äußeren Verteidigungsring an und warf die eigenen Sicherungen nach Osten zurück. Schkeuditz wurde trotz überlegenen Feinddruckes gehalten... Dem Gegner gelang es in den Westteil von Leipzig einzudringen. Im Vorgehen von Südosten drang der Gegner in Liebertwolkwitz und von Osten in Hohenheida ein. Leipzig liegt unter schwerem Artilleriebeschuss. Der Kampfkommandant lehnte die formelle Aufforderung eines amerikanischen Generals zur Übergabe der Stadt ab.*

Erdlageunterrichtung mittlere Westfront abends Lfl.Kdo. 6
Von Norden und Süden Feind in Halle eingedrungen. Kämpfe in der Stadt. Am Westrand Leipzig weiterhin Kämpfe. (Quelle Lfl.Kdo. 6)

Am **Dienstag,** den **17. April 1945**, werden die Kämpfe zur Einnahme des Großraumes Schkopau – Merseburg – Leuna und zur Vorbereitung des Angriffs auf Leipzig durch die Truppen des V. US Corps fortgesetzt. Die 2nd und 69th US InfDiv beginnen mit der Einschließung von Leipzig von Westen und Süden her. Die 9th US AD säubert den Bereich entlang der Mulde und patrouilliert nach Norden um die Ausgänge aus Leipzig nach Osten und Norden zu blockieren.

Das 1./9 der 2nd US InfDiv verlegt gegen 16.30 Uhr (B) aus dem Raum nördlich von Bad Dürrenberg in einen Versammlungsraum bei Lützen, um am nächsten Tag den Angriff nach Osten auf Knautnaundorf zu führen. Die unterstellte Co. A, 612th TD Bn erreicht gegen 14.00 Uhr (B) von Spergau kommend mit dem 2nd, 3rd Plat. und dem Rcn Plat. Röcken und der 1st Plat. versammelt sich südlich von Lützen. Die unterstellte Co. A, 741st Tk Bn von 1st Lt. Roger J. McDonough verlegt nach Lützen und die Co. D, 741st Tk Bn unter Capt. Thomas N. Snyder erreicht um 14.00 Uhr (B) Bothfeld. Ein Plat. Co. D, 741st Tk Bn geht nach Röcken. Das 2./9 verbleibt im Raum Wengelsdorf, Großkorbetha, Großkayna, Korbetha und reorganisiert sich nach den schweren Kämpfen der vorangegangenen Tage.

Im Abschnitt des RCT 23 setzt das 2./23 den Angriff entlang der Trennungslinie zwischen dem V. und VII. US Corps der 1st US Army in der Nacht fort und bis 03.30 (B) sind Dölkau, Horburg, Möritzsch, Kötzschlitz, Dölzig und Kleinliebenau genommen. Das 3./23 folgt dem 2./23 um 02.30 Uhr (B). Das 1./23 sichert Günthersdorf, Zschochergen und Priesteblich bis 06.00 Uhr (B) und stellt um 10.38 Uhr (B) den Kontakt zum RCT 38 her. Der Regtl.CP verlegt von Wallendorf nach Zöschen, wo er um 10.58 Uhr (B) entfaltet.

Dann werden Patrouillen nach Osten entsandt um die Straßen und Brücken im Vormarschabschnitt aufzuklären. Um 17.00 Uhr (B) setzt das RCT 23 den Angriff in Richtung Leipzig fort. Das 2./23 säubert Rückmarsdorf gegen 18.00 Uhr (B) und das 1./23 sichert Frankenheim und Lindennaundorf gegen leichten Widerstand. Das 3./23 verbleibt als Regtl.Res. in Göhren. Anschließend geht das 2./23 weiter nach Osten vor und nimmt Burghausen und Gundorf gegen leichtes Gewehrfeuer bis 20.30 Uhr (B) ein. Die Co. E und F rücken bis Böhlitz vor und nehmen den Ort nach einem kurzen Feuergefecht ein. Das 3./23, erreicht in der Regtl.Res. um 21.30 Uhr (B) Rückmarsdorf und versammelt sich. Der Regtl.CP erreicht um 19.30 Uhr (B) Dölzig.

Das RCT 38, dass seinen Angriff gemeinsam mit dem RCT 23 bereits gegen 23.00 Uhr (B) begonnen hat, geht mit dem 2./38 und dem unterstellten 3./9 nach Osten vor, um die Ausgangstellungen für den Angriff nach Leipzig hinein zu erobern. Das 3./9 trifft mit der Co. I auf schweren Widerstand beim Vormarsch auf Döhlen – Quesitz und der Co. L auf Thronitz – Seebenich. Döhlen wird gegen 00.20 Uhr (B) erreicht und nach der Überwindung des angetroffenen Widerstandes geht der Angriff um 02.30 Uhr (B) weiter. Die Kämpfe ziehen sich bis zum Morgen hin und um 04.30 Uhr (B) befindet sich die Co. I in Quesitz, Co. L in Seebenich und die nachfolgende Co. K mit der HQ Co. in Thronitz. Das Bataillon erhält den Befehl, in diesen Positionen zu verbleiben, da das 2./38 sein Ziel Markranstädt noch nicht erreicht hat.

Das 2./38 erreicht aus dem Raum Kötzschau – Töllwitz angreifend um 00.50 Uhr (B) ohne Widerstand Alt-Ranstädt. Die Co. E unter Capt. Glen W. Kennedy und F, 2./38 unter 1st Lt. Fred W. Herres erreichen in den frühen Morgenstunden die Außenränder von Markranstädt und treffen auf die deutschen Verteidiger, die mit Unterstützung einiger gepanzerten Fahrzeuge und Flak Widerstand leistet. Artillerie wird angefordert und legt eine Feuerkonzentration auf die Stadt. Eine Stunde später gelingt es der Infanterie in die Stadt einzudringen und bis 07.45 Uhr (B) ist der meiste Widerstand beseitigt.

Das RCT 38 beendet am Vormittag seine Angriffsoperationen und säubert das besetzte Gebiet von den, in der Nacht umgangenen, Widerstandsnestern. Das 1./38 in der Reserve des RCT versammelt sich in einem Versammlungsraum bei Kleinlehna – Alt-Ranstädt, wo es um 15.50 Uhr (B) eintrifft.

Um 15.00 Uhr (B) erhält das 3./9 den Befehl, den Angriff gegen 17.00 Uhr (B) wieder aufzunehmen und bis 07.00 Uhr (B) des 18. April die Eisenbahnlinie Leipzig – Zeitz erreicht zu haben. Die Co. L geht mit Patrouillen von Seebenich nach Rehbach vor. In der Nähe des Ortes treffen sie auf Widerstand einer Gruppe 80 Hitlerjungen. Nach einem kurzen Gefecht erlischt der Widerstand.[13] Bis zum Einbruch der Dunkelheit werden die restlichen Kräfte der Kompanie nachgezogen. In Rehbach geraten die Infanteristen in deutsches Artilleriefeuer von der rechten Flanke her, wobei es zu Verlusten kommt. Geschütze der Großkampfbatterie Eythra der Flak.UGr. Zwenkau feuern im direkten Richten auf die im freien Gelände vorrückenden amerikanischen Truppen. Die Co. I geht auf die gleiche Weise wie die Co. L vor und dringt nach kurzem Gefecht in Göhrenz ein. Von hier aus geht es weiter nach Albersdorf, das 21.30 Uhr (B) genommen wird. Im Schutz der Dunkelheit erreicht die Co. I die Eisenbahnlinie und nimmt nach kurzem, aber heftigem Kampf, um 23.57 Uhr (B) Leipzig-Windorf. Auch die Co. L setzt nach schneller Reorganisation in Rehbach den Angriff um 23.00 Uhr (B) fort und erreicht sein Ziel bis 02.00 Uhr (B) des 18. April. Die Garnison von Knauthain und Knautkleeberg wird bei der Wachablösung überrascht und gefangengenommen.

Das 2./38, das am Abend den Angriff ebenfalls wieder aufgenommen hat, erreicht bis 21.30 Uhr (B) Miltitz und Lausen und setzt den Angriff in der Nacht in Richtung Schönau fort. Vorauskräfte erreichen die Kaserne in Schönau. Der Nordrand von Großzschocher wird um 22.00 Uhr (B) von der Co. E erreicht.

Am späten Abend stehen die Verbände des 23rd und 38th InfRgt an den westlichen Stadträndern von Leipzig

Die 69th US InfDiv setzt die Einnahme von Ausgangsstellungen für den Angriff auf Leipzig fort. Während des Tages trifft das RCT 271 an der Nordflanke der Division auf starken Widerstand bei der Einnahme des Gebietes um Zwenkau. Das RCT 272 erreicht im Tagesverlauf Positionen östlich von Leipzig in der Nähe von Althen. Das RCT 273 fährt in einen Versammlungsraum in der Nähe von Borna. Die Divisionen des V. US Corps haben ihre Tagesziele erreicht und dem Angriff auf Leipzig steht nun nichts mehr entgegen.

Im Bereich des VII. US Corps der 1st US Army festigt die 3rd US AD ihren Abschnitt südlich der Elbe und westlich der Mulde und beginnt in der Nacht vom 17. zum 18. April mit dem Rückzug aus dem Brückenkopf im Bereich Törten. Eine Task Force des CCR stößt nördlich von Köthen nach Aken an der Elbe vor und eine andere dreht von Bernburg nach Süden um den Abschnitt Bobbau-Steinfurth – Jeßnitz zu räumen. Das CCA beendet die Säuberung im Abschnitt südlich von Dessau. Nach dem Scheitern der Verhandlungen über die Übergabe von Halle nimmt die 104th US InfDiv den Angriff auf die Stadt wieder auf und dringt mit Teilen von Süden und Osten in die Stadt ein. Bis zum Tagesende sind zwei Drittel der Stadt geräumt. Teile der 104th US InfDiv erreichen Sandersdorf und Roitzsch. Die 1st und 9th US InfDiv setzen den Angriff im Harz gegen Widerstand fort.

Nördlich der 1st US Army wird dem XIII. US Corps der 9th US Army die 29th US InfDiv zugeführt um die 5th US AD bei ihrem Auftrag an der linken Corpsflanke nordwärts zur Elbe zu unterstützen, wo eine Lücke zwischen den amerikanischen und britischen Streitkräften entstanden ist. Das XIX. US Corps beginnt nach einer Luftvorbereitung den Angriff auf Magdeburg und räumt über zwei Drittel seines Abschnittes. Das CCB der 2nd US AD behauptet seine Verteidigungslinie entlang der Elbe. Die 83rd US InfDiv verbessert ihre Positionen im Elbe-Brückenkopf östlich von Barby. Im Bereich der 3rd US Army, südlich der 1st US Army, gruppiert sich das XX. US Corps für den Vorstoß nach Süddeutschland und in den Alpenraum um.

Am 17. April 1945 enden die Kämpfe um die Besetzung des mitteldeutschen Industriegebietes Schkopau – Merseburg – Leuna. Sechs Tage haben die Kämpfe mit den hauptsächlich aus Flakverbänden bestehenden Verteidigern angedauert und einen hohen Blutzoll auf beiden Seiten gefordert. Wenngleich dieser Kampf den Vormarsch der amerikanischen Truppen nach Osten gebremst hat, aufhalten konnte er ihn nicht. Nach der Beendigung der Kämpfe treten die in Gefangenschaft geratenen Soldaten, Luftwaffenhelfer, Arbeitsdienst- und Volkssturmmänner den langen Weg in die Kriegsgefangenschaft an, von dem viele erst nach Jahren wieder nach Hause zurückkehren. Aber sie haben überlebt.

Während viele der im Abschnitt des V. US Corps verwundet in Gefangenschaft geratene Soldaten ins Kriegsgefangenenlazarett Sangerhausen gebracht werden, erfolgt die Sammlung und der Abtransport der anderen in verschiedenen Etappen über die Sammelpunkte der amerikanischen Divisionen der 1st US Army. So erfolgt der Abtransport der im Raum Merseburg in Gefangenschaft geratenen Angehörigen der 21. Flak.Brig. über Barnstädt, während sich die Männer aus Kriechau, Reichardtswerben und Großkorbetha zuerst im Weißenfelser Gefängnis wiedertreffen.[14]

In Barnstädt war kurz nach Besetzung des Ortes neben dem Divisionsverbandplatz der 2nd US InfDiv auf dem Sportplatz, wohin in den nächsten Tagen die amerikanischen und auch deutschen Verwundeten der Kämpfe um die Flakstellungen bei Merseburg und Leuna gebracht werden, auch der Kriegsgefangenensammelpunkt der Division unter dem Kommando des CO des MP Plat., Maj. William F. North, errichtet worden.[15]

Nach der Befragung erhalten die Gefangenen hier zum ersten Mal amerikanische Verpflegungsrationen.[16]

Deutsche Kriegsgefangene im Raum Leipzig vor dem Abmarsch in ein Lager
Fotos: "V. Corps Operations in ETO", National Archives

Auf Studebaker-Lastwagen führt der Weg der Kriegsgefangenen dann über die Lager Naumburg und Heiligenstadt zum Sammellager Welda bei Warburg und weiter zu den großen Kriegsgefangenenlagern auf den Rheinwiesen. Allein im Naumburger Kriegsgefangenenlager auf dem Gelände zwischen der Heereszeuganstalt und der Weißenfelser Straße, wo zeitweise bis zu 60 000 Mann unter freiem Himmel inhaftiert sind, endet für viele von ihnen auf Grund Krankheit und Verwundung dieser Weg in den Massengräbern an der Südmauer des Friedhofes.[17] Während für diese Soldaten der Krieg zu Ende ist, gehen die Kämpfe im mitteldeutschen Raum weiter.

Am **Mittwoch**, dem **18. April** 1945, beginnen im Bereich des V. US Corps die 2nd und 69th US InfDiv mit dem koordinierten Angriff auf Leipzig. In den Kellern und LS-Räumen in Raum Leipzig hören die Einwohner: *„Tapferer Widerstand der Besatzung von Halle und entschlossene Abwehr unserer Truppen im Raum von Leipzig verhinderten den Gegner am weiteren Vorstoß nach Osten. Im Vorfeld von Leipzig kam es zu heftigen Kämpfen mit dem von Westen, Süden und Osten angreifenden Feind, der nur wenig vorwärts kommen konnte."*

Einen Tag später, am **Donnerstag**, dem **19. April 1945** meldet der Rundfunk: *Der zähe Kampf um Halle und Leipzig hat den Gegner hohe Verluste gekostet und hat ihn zum Abziehen starker Kräfte von anderen Frontabschnitten gezwungen. Die im Südteil von Halle auf engem Raum zusammengedrängte Besatzung behauptet sich weiter gegen alle Angriffe überlegener Kräfte. Unsere im westlichen und östlichen Vorfeld von Leipzig stehenden Truppen wurden vom Feind auf die Elster und den südlichen Stadtrand zurückgedrängt.*

An diesem Tag sichert die 38th CavRcnSq der 102nd CavGp, die weiter selbstständig an der nördlichen Flanke des V. US Corps operiert, Schkeuditz, das bereits am Vortag gegen 11.00 Uhr von einer leichten amerikanischen Aufklärungspatrouille von Dölzig kommend erreicht wurde. Nach kurzen Verhandlungen im Rathaus waren sie in Richtung Lützschena weitergefahren.[18] Dabei soll sich ihnen in der Nähe des Wasserwerkes, an der Elsterbrücke, der Ortsgruppenleiter von Schkeuditz, Friedrich, mit gezogener Pistole entgegengestellt haben. Er wurde kurzerhand erschossen. Doch zum Glück für die Stadt bleibt das der einzige Vorfall.[19] Ohne einen Schuss ergibt sich jetzt die Stadt einer fünfköpfigen Aufklärungspatrouille unter Lt. Purobsky der unterstellten Co. A, 2nd Ranger Bn. Zuvor hatten die Ranger die Flakstellung Raßnitz passiert, deren Besatzungen der zwei Luftwaffen- und RAD-Batterien ihre 12,8cm Flakgeschütze kurz vor Eintreffen der Amerikaner verlassen hatten. Und das, obwohl der Batteriechef, ein Hauptmann, noch kurz zuvor Wachen an der Straße nach Leipzig hatte aufstellen lassen, die Versprengte aufgriffen und einem Schnellgericht in Leipzig zugeführt hatten.[20]

Sicher war seine Beute an Flüchtigen recht ordentlich. Manfred Demmer schreibt in seinen Erinnerungen an den April 1945 in Schkeuditz: „*...nach Beginn des Dauergeschützfeuers strömten deutsche Truppen auf der Hauptstraße Halle – Leipzig, der Reichsstraße 6, in Richtung Osten. Angangs kamen noch motorisierte Einheiten in ungeordneter Formation, einzelne Panzer der Typen Tiger und Panther, Sturmgeschütze und motorisierte Artillerie rollten Richtung Leipzig. An einen sehr großen Panzer ohne Geschützrohr im Turm kann ich mich noch erinnern, der Panzer, vermutlich Königstiger, wurde von einer Vielzahl Soldaten als Transportmittel genutzt. Später marschierten auf der Straße mehr oder weniger durcheinander gewürfelte Einheiten der Luftwaffe, des Heeres, der Organisation Todt und des Reichsarbeitsdienstes, alle in Richtung Osten. Die Zusammensetzung der zurückflutenden Truppen wurde immer ungeordneter und desolater. Soldaten kamen zum Teil zu Fuß, auf Fahrrädern oder auch mit Pferdegespannen. Sie schleppten ihre Waffen und Gepäck selbst, oder hatten dieses auf den Fahrrädern und Pferdefuhrwerken abgelegt. Ab und zu sah man einen PKW, in diesen waren meistens Offiziere. Wir sahen auch Gruppen von Wehrmachtshelferinnen, diese waren meistens auf Lastkraftwagen. Auf den nicht sehr zahlreichen Lkws, diese häufig mit Holzgasantrieb, befanden sich auch Verwundete und Rotkreuzschwestern. Es war ein trauriger Anblick, die deutsche Wehrmacht in dieser Verfassung auf dem Rückzug zu sehen.*“[21]

Nördlich von Schkeuditz wird der Flughafen Halle/Leipzig besetzt, der bei einem Bombenangriff am 16. April 1944 schwer zerstört worden war.[22] Die Bedienungen der 3,7cm Flakgeschütze 18/37 der lei.Hei.Flak. 9/IV ergeben sich kampflos. Auf dem Flugplatz werden mehrere Flugzeuge erbeutet.[23] Auch das nahegelegene Werk III Schkeuditz der Siebel Flugzeugwerke GmbH und eine Funkstation werden gesichert.[24] In mehreren Ortschaften werden die Patrouillen durch winkende Bewohner begrüßt. Der unterstellte Tp. B, 102nd CavRcnSq, der Radefeld angreift, verhindern mit Hilfe des Feuers der leichten Panzer den Ausbruchsversuch einer Gruppe deutscher Fahrzeuge. Der Tp. B, 38th CavRcnSq folgt der Squadron noch am selben Tag, nachdem sich die letzten deutschen Soldaten aus dem Saale-Abschnitt südlich von Halle nach Osten abgesetzt haben.

Halle kapituliert, nachdem die amerikanischen Truppen des VII. US Corps den Verteidigern ein letztes Ultimatum gestellt hatten.[25] Von der Kampfbesatzung Halle, zu der bei Beginn der Kämpfe zirka 4000 Mann gehörten, gelingt lediglich 600 Mann das Absetzen hinter die Mulde-Linie.

Das 1./414 der 104th US InfDiv rückt auf Zwintschöna und Dieskau vor. Dabei zerstören die Panzerjäger des 1st Plat. Co. A, 817th TD Bn zwei umgangene 8,8cm Flakgeschütze und töten eine Anzahl Deutscher durch Explosivgeschosse. Eine Flakstellung des Flak.Rgt. 33 der 21. Flak.Brig. mit 20 Geschützen wird südöstlich von Dieskau gegen leichten Widerstand genommen.[26] Das 3./414 besetzt mit Unterstützung der Panzerjäger Ammendorf und Radewell und macht 150 Gefangene.

Am **Freitag**, dem **20. April 1945**, 02.00 Uhr (B), am Geburtstag des Führers, enden die Kämpfe in Leipzig mit der Kapitulation der Besatzung des Völkerschlachtdenkmales. Als am gleichen Tag Kräfte einer russischen Kavalleriebrigade bei Meißen die Elbe überschreiten und die 7. Armee den Flügel des XC. AK nach Süden zurücknimmt, ist die Verbindung zwischen amerikanischer und russischer Armee geöffnet.[27]

Letztmals wird im Rundfunk über den Kampfraum Halle und Leipzig berichtet. *„Während die auf engstem Raum zusammengedrängte Besatzung von Halle der Übermacht erlegen ist, hielten die in einzelne Kampfgruppen aufgespaltenen Verteidiger von Leipzig weiterhin starken Angriffen stand."*

Wenige Tage später, am **25. April 1945**, kommt es zum symbolischen ersten Zusammentreffen zwischen Angehörigen der 69th US InfDiv und der 58. Gardedivision der Roten Armee im Raum Torgau.

Mit dem Fall von Halle und Leipzig gerät die Masse des XXXVIII. PzK der 12. Armee in amerikanische Kriegsgefangenschaft. Nur Teilen der 14. Flak.Div., der 21. Flak.Brig. und der Besatzung von Halle und Leipzig gelingt es, sich hinter die Elbe und Mulde abzusetzen. Die Reste der 21. Flak.Brig. werden unter dem Kommando von Oberst Roessner in der Flak.Brig. z.b.V. Roessner zusammengefasst. So erreichen die Luftwaffenhelfer der Batterie Kötzschen mit der K.Gr. Rottmann, benannt nach dem Regimentskommandeur des Flak.Rgt. 33, Anton Rottmann, über Delitzsch – Bad Düben am 26. April 1945 Coswig, wo sie die Elbe über eine Pontonbrücke überqueren und Stellung nach Osten beziehen. Am 27. April fällt Maj. Anton Rottmann bei Wittenberg an der Elbe im Kampf gegen die Richtung Elbe drückenden russischen Verbände.[28]

Lt. Bernhard Rox, 8./s.Flak.Abt. 406 berichtet hierzu: *„Wir lagen mit unserer Kampfgruppe Rottmann in einem Waldgebiet bei Wittenberg. Die Russen auch. Meinen Kommandeur erwischt es fast neben mir, tot. Ich hatte zunächst Glück, Oberarmverwundung. Ich verabschiede mich von meinen Kameraden, bekam etwas Proviant* *und zog von dannen. Ich organisierte mir ein Fahrrad, fand gute Menschen in einer schon fast menschenleeren Gegend. Man türmte vor dem Iwan. Ich fand keinen Arzt oder Lazarett zur ärztlichen Versorgung. Die Wunde eiterte stark. Mein Weg vorbei an Magdeburg – Burg – Dessau gen Nordwesten führte zum Elbe-Übergang Tangermünde. Man informierte mich, dass sich die Reste der 14. Flakdivision unter dem Kommandeur, Generalmajor Adolf Gerlach, dort sammeln sollten. Die Amis würden uns dann aufnehmen. Wir trafen dort Kameraden aus anderen Batterien und freuten uns, den Russen entkommen zu sein. Als wir dann das westliche Elbe-Ufer erreichten riss man unserem Divisionskommandeur sein Ritterkreuz vom Hals und führte ihn ab. Uns trieb man dann wie eine Viehherde mit Hunden nach Stendal auf nasse Wiesen. Dort befanden sich ca. 100 000 Mann. Später ging es in eine Kaserne nach Hannover. Nach 14 Tagen brachte man mich in einem britischen Sankra in die Lazarettstadt Pyrmont, wo ich 4 Monate zur Ausheilung meines Oberarmes verblieb."*

Die jungen Luftwaffenhelfer erreichen von Wittenberg aus über Hundeluft – Ragösen – Weiden – Nedlitz – Schweinitz – Dretzel am 3. Mai 1945 Bergzow, wo sie zum wiederholten Mal Stellung beziehen.

Hasso Pacyna Mai 1944
Foto: privat

Der damalige Luftwaffenoberhelfer Hasso Pacyna schreibt hierzu in seinem Buch „Ein deutscher Junge weint nicht“: *„Am 4. und 5. Mai verblieben wir in dieser Stellung am Rande eines von den deutschen Truppen östlich der Elbe gebildeten Brückenkopfes. Die US-Amerikaner hatten am westlichen Ufer Stopp gemacht und standen Gewehr bei Fuß, griffen also in die Abwehrkämpfe der Deutschen gegen die Russen nicht ein. In diesem Brückenkopf mangelte es weder an Soldaten noch an Waffen und Munition oder an Verpflegung. Es war daher relativ einfach, die schlecht bewaffneten und schwach motorisierten russischen Soldaten auf Distanz zu halten. Doch Tag für Tag wurde der Brückenkopf verkleinert, indem meist in der Nacht Soldaten mit Frachtkähnen über die Elbe transportiert wurden, die dann sofort von den Amerikanern gefangenengenommen wurden."*

Am 7. Mai geht diese kleine Gruppe bei Ferchland unter dem Schutz der weißen Fahne über die Elbe in amerikanische Gefangenschaft.

✝

Betet

für den auf dem Felde der Ehre gefallenen

Berufsschuldirektor

Anton Rottmann.

Major und Rgts.-Kdr.

Inhaber des E. K. 1. und 2. Klasse nnd anderer Auszeichnungen

geboren am 24. Juli 1891 zu Beckum,

gefallen am 27. April 1945 bei Wittenberg (Elbe)

Seiner Familie ein treusorgender Vater,

Seinen Schülern ein wahrhafter Freund und Erzieher,

Seinen Mitarbeitern ein edel und gerecht denkender Kamerad.

Seinen Soldaten ein vorbildlicher Führer bis in den Tod.

Für diese Welt ist er untergegangen, aber aufgegangen in Christus. Wir weinen zwar, da wir umherschauen und seine Liebe nicht mehr sehen. Doch danken wir Gott, daß er unser war, mehr noch, daß er unser ist. Denn alles lebt dem lieben Gott, und wer immer heimkehrt zum Herrn, bleibt in der Gemeinschaft der Familie und ist uns nur vorausgegangen.

(Hl. Hieronymus)

Zuvor hatte am Mittag des 3. Mai 1945 der Komm.Gen. des XXXXVIII. PzK, Gen.d.Pz.Tr. Maximilian Reichsfreiherr v. Edelsheim im Auftrag des Oberbefehlshabers der 12. Armee, General Wenck, die Elbe mit einem Schwimmwagen überquert und den amerikanischen Truppen der 9th US Army das Kapitulationsangebot der 12. Armee überbracht. Die Reste seines XXXXVIII. PzK, die bei Coswig liegen, hatte er zuvor an Gen.Lt. Wolf Hagemann übergeben.[29] Als am 4. Mai vormittags die Übergabeverhandlungen im Rathaus von Stendal stattfinden, lehnt Gen.Maj. James E. Moore, der Stabschef der 9th US Army, auf Grund der alliierten Vereinbarungen die Kapitulation jedoch ab, akzeptiert aber eine „individuelle Kapitulation". 118 000 deutsche Soldaten entgehen dadurch in diesem Abschnitt der russischen Gefangenschaft.[30]

Teile des Stabes der 14. Flak.Div. sollen bei ihrer Absetzbewegung noch den Raum Schwerin – Hagenow erreicht haben, bevor auch sie in Gefangenschaft gehen.[31] Am 8. Mai 1945, 23.01 Uhr MEZ, findet der Kampf der Soldaten der 14. Flak.Div. und der 21. Flak.Brig. gemeinsam mit den Angehörigen der 12. Armee mit der offiziellen Kapitulation der Wehrmacht ihr Ende.

* * *

---

[1] Ortsteil von Leuna. Bis zum 11.11.1950 Kriegsdorf, dann Friedensdorf.

[2] Gemäß der Chronik von Kriegsdorf und Zeitzeugenbericht Horst Knopf, Spergau, bis Februar 1945 Luftwaffenhelfer in Wallendorf. Gespräch v. 10.09.2005, Archiv Möller.

[3] Chronik von Friedensdorf, 2010, S. 81. Die Chronik nennt 43 Gefallene, die Gefallenenzahlen des 23rd InfRgt für diesen Tag nennen jedoch insgesamt nur neun Gefallene.

[4] Chronik von Friedensdorf, 2010, S. 81.

[5] Chronik von Friedensdorf, 2010, S. 81.

[6] Die s.Flak.Abt. 540 der 21. Flak.Brig. hatte im Januar 1945 nach Küstrin verlegt. Ob die 4./674 dabei war, ist nicht bekannt. Auch die genaue Lage der Stellung ist unklar.

[7] „Der Tod ist ein ständiger Begleiter“ v. Martin Pabst, S. 34.

[8] Gem. Wenzel. Das Gerücht, wonach Luftwaffenhelfer in der Flak-Stellung bei Reichardtswerben erschossen wurden, nachdem sie sich ergeben hatten, ist unzutreffend. Herr Irrgang berichtet davon, dass Luftwaffenhelfer dieser Batterie unter den Gefangenen im Gefängnis Weißenfels waren.

[9] Gem. Dr. Fernau 12 Tote, gem. Dorfchronik 16 Tote.

[10] Gem. Dr. Fernau und Czepluch.

[11] Gem. Rose befanden sich drei Batterien mit 2 x 6 und 1 x 8 Geschützen in der Stellung. Rehmann nennt in den Merseburger Heften 1./2002, S. 10, 24 Geschütze Kaliber 8,8cm. Gem. Rehmann verlies eine Einheit Schladebach am 20.12.44 Richtung Koblenz, so dass es sich nur um die leichte Flak gehandelt haben kann.

[12] Aus dem AAR der 38th CavRcnSq gehen keine genauen Ortsangaben hervor. Die einzige deutsche Flakstellung in diesem Abschnitt ist die Stellung Beesen/Silberhöhe, über deren genaue Lage ebenfalls nichts bekannt ist. Die Stellung soll eine Doppelstellung gewesen sein, was zur amerikanischen Angabe einer Stärke von zirka 200 Mann passt. Welcher Ort durch die Patrouille kurzzeitig besetzt wurde, ist unklar.

[13] Kriegsende in Sachsen S. 19.

[14] Gem. Kilian und Irrgang.

[15] Gem. K. Lautenschläger.

[16] Zeitzeugenbericht Kilian.

[17] Zeitzeugenbericht Hans Irrgang.

[18] Aufzeichnungen von Richard Rothe, Schkopau, veröffentlicht in „Linie 11 – Aktuelles aus Schkeuditz & Umgebung“, 1995. Rothe schreibt, dass sich am 18.04.45 gegen 11.00 Uhr Amerikaner am Mühlberg befanden und zwei zu Verhandlungen im Rathaus Schkeuditz waren.

[19] „Erinnerungen“ v. Manfred Demmer, S. 54.

[20] Zeitzeugenbericht W. Hanauer.

[21] „Erinnerungen“ v. Manfred Demmer, S. 53.

[22] www.leipzig-halle-airport.de.

[23] Gem. Manfred Demmer, Duisburg, damals Schkeuditz, spielten sie als Kinder in den Trümmern von Ju 88, He 111 und FW 200 Flugzeugen.

[24] “V Corps Operations in ETO”, S. 430.

[25] „Our way to Halle“.

[26] Gem. Czepluch, Merseburg † befanden sich 14 8,8cm Geschütze in der Stellung, gem. Nicolaisen 12 8,8cm Flak. Möglicherweise wurden durch die Amerikaner leichte Flakgeschütze dazu gezählt.

[27] Gem. Bericht Oberst i.G. Wilutzky, Ia der H.Gr. G.

[28] Gem. Rox.

[29] Gem. Koch „Flak“.

[30] Henke „Die amerikanische Besetzung Deutschlands“.

[31] Henke „Die amerikanische Besetzung Deutschlands“.

VI. Die amerikanische Besatzungszeit

Mit dem Ende der Kampfhandlungen beginnt für die Städte und Dörfer im mitteldeutschen Industriezentrum die amerikanische Besatzung, die, wenn auch von kurzer Zeitdauer, doch von wesentlicher Bedeutung ist. Schließlich stellt sie den ersten Schritt in die Nachkriegszeit dar. Mit ihr beschäftigen sich bereits ausführlich die Bücher „Kriegsschauplatz Leipziger Südraum 1945“ und „Endkampf an der Mulde 1945“. Daher beschränken sich die Ausführungen auf einige wesentliche Informationen, die im Zusammenhang mit dem mitteldeutschen Industriegebiet Schkopau – Merseburg – Leuna stehen.

Die amerikanische Besatzungszeit ist prinzipiell durch mehrere Phasen geprägt, die im Zusammenhang mit der Präsenz der amerikanischen Truppenverbände stehen. Im ersten Zeitabschnitt übernehmen Teile der Kampfdivisionen und deren Trosse die Sicherung des besetzten Gebietes und nehmen im Zusammenwirken mit der G-5 Abteilung der Division die Aufgaben der Military Government in den frisch besetzten Gebieten war.

Floyd Gasque vor einer Leuna-Tanksäule
Foto: 9th US AD

Ab dem Erreichen der Saale-Linie durch die amerikanischen Verbände der 1st und 3rd US Army am 11. und 12. April 1945 wird der mitteldeutsche Raum durch das V. und VII. US Corps der 1st US Army nördlich der Linie Naumburg – Zeitz – Meuselwitz – Geithain – Rochlitz und durch das XX. und VIII. US Corps der 3rd US Army südlich der Linie besetzt. Die Trennungslinie zwischen dem nördlich eingesetzten VII. US Corps und dem V. US Corps der 1st US Army verläuft von der Südkante von Halle, nördlich an Leipzig vorbei bis nördlich von Eilenburg an die Mulde. Die Trennungslinie zwischen dem XX. und VIII. US Corps der 3rd US Army bildet die Reichsautobahn 4 zwischen Jena – Chemnitz. Die östliche Haltelinie dieser Armeen bildet der Fluss Mulde.

Im zweiten Abschnitt erfolgt die Absicherung des besetzten Gebietes durch rückwärtige Truppenteile und Verbände der Corps und der Armeen sowie durch nicht mehr benötigte Kampfverbände. Mit ihrer Unterstützung beginnen Provisional Military Government Detachment mit der Übernahme der administrativen Aufgaben. So übernehmen folgende bekannten Prov. MG Detachment die Verwaltung im besetzten mitteldeutschen Raum:

Kreis Querfurt	...MG Detachment No. 14 Querfurt
Mansfelder Seekreis	MG Detachment No. 15 Eisleben
Halle Stadt	MG Detachment No. 17 Halle
Saalkreis	MG Detachment No. 18 Halle
Kreis Weißenfels	...MG Detachment No. 19 Weißenfels
Kreis Delitzsch	MG Detachment No. 20 Delitzsch
Kreis Bitterfeld	MG Detachment No. 21 Bitterfeld
Kreis Köthen	MG Detachment No. 31 Köthen
Kreis Bernburg	MG Detachment No. 32 Bernburg
Eisleben Stadt	MG Detachment No. 34 Eisleben
Kreis Dessau	MG Detachment No. 39 Dessau

Am 22. April 1945 erfolgt die Unterstellung des VIII. US Corps unter die 1st US Army. Die 1st US Army übernimmt ab diesen Zeitpunkt die militärische Führung aller amerikanischen Truppen im mitteldeutschen Raum zwischen dem Zusammenfluss von Elbe und Schwarzer Elster und dem Erzgebirge.

Ende April 1945 beginnt der dritte Abschnitt, der in Mittedeutschland durch die Konsolidierung der amerikanischen Truppen entlang der Haltelinie und dem Beginn von Umgruppierungen gekennzeichnet ist und dem Leipziger Südraum eine veränderte militärische Führung bringt. Da der Stab des V. US Corps für die Führung der Truppen in einem anderen Abschnitt benötigt wird, übernimmt am 28. April das VII. US Corps den bisherigen Abschnitt des V. US Corps und deren unterstellter Divisionen. Die räumliche Verteilung bleibt im Wesentlichen unverändert. Lediglich die 2nd US InfDiv wird aus der Front des VII. US Corps an der Mulde abgezogen und verlegt nach Süddeutschland, von wo aus sie an der Besetzung von Pilsen teilnimmt. Ihr Abschnitt wird durch die 69th US InfDiv übernommen. Am 6. Mai wird der Stab der 1st US Army herausgelöst und die 9th US Army übernimmt die Führung der Truppenteile und Verbände.

Oben: Jeep der 69th US InfDiv auf dem Haupttorplatz von Leuna. Unten: Angehörige der 69th US InfDiv besichtigen ein Mistel-Gespann auf dem Merseburger Flugplatz. Fotos: Courtesy of Palm Springs Air Museum

Panzerspähwagen des 69th Rcn Tp. auf dem Platz vor dem Schützenhaus in Mücheln
Fotos: Tec 5 Harry Kelly und Toni Mandrino, Sammlung M. Koch Mücheln

Oben: Charles Tanz Sr., HQ 724th FA Bn der 69th US InfDiv posiert im Mai 1945 mit Kameraden auf einem erbeuteten Flakgeschütz im Raum Leuna.
Unten: John K. Greenwell (li.) und James F. Farquhar, 369th Med Bn in Neumark

Fotos:
Oben: Bulletin
69th Infantry Div. Ass.
Unten: Courtesy of
Palm Springs Air
Museum

Hinter den Kampfverbänden, die unmittelbar an der Haltlinie stehen, übernehmen jetzt nicht mehr benötigte Artillerie-, Flak- und Pioniereinheiten der 12th Army Group, der Corps und der Armeen die Aufgaben der Besatzungstruppe.

Der vierte und letzte Zeitabschnitt, der von vielen auch als die eigentliche „Amerikanische Besatzungszeit“ empfunden wird, und sich von der Kapitulation des Deutschen Reiches bis zum Abzug der amerikanischen Streitkräfte aus der zukünftigen sowjetischen Besatzungszone erstreckt, stellt sich vom militärischen Gesichtspunkt als eine Folge von Unterstellungswechseln der höheren Stäbe und der Herauslösung von Truppenteilen und Verbänden aus den besetzten Gebieten dar. Ziel dieser Aktivitäten ist ab Mitte Mai das Freisetzen von Kampfverbänden in Europa für den pazifischen Kriegsschauplatz, wo die amerikanischen Streitkräfte im zähen Kampf mit den Truppen des kaiserlichen Japans stehen und sich auf den entscheidenden Angriff auf das japanische Mutterland vorbereiten.

Am 11. Mai 1945 dehnt die 69th US InfDiv, die bisher eine Linie entlang des Westufers der Mulde, östlich von Leipzig, besetzt hat, ihren Besatzungsbereich nach Westen aus und übernimmt die Verantwortung für folgende Kreise:

271st InfRgt	Kreis Querfurt
272nd InfRgt	Kreis Zeitz und Teile des Landkreises Weißenfels
273rd InfRgt	Kreis Grimma und Borna, westlich der Mulde
69th DivArty	Kreis Merseburg
661st TD Bn	Kreis Merseburg, südlich und westlich von Leipzig
269th Engr C Bn	Kreis Leipzig, westlich der Stadt Leipzig
69th Rcn Tp	Südwestteil des Landkreises Weißenfels
777th Tk Bn	Kreis Leipzig, östlich und nördlich der Stadt

Somit besetzt die 69th US InfDiv ein Gebiet von 60 Kilometer Länge und 100 Kilometer Breite, begrenzt im Osten von der Mulde, im Norden von der Stadt Halle, im Süden von Eisenberg und im Westen durch die Stadt Ziegelroda und dem Allstedter Forst.

In diesen Zeitraum fällt auch eines jener denkwürdigen Ereignisse, die von der Zivilbevölkerung nicht wahrgenommen wurden. Am **30. April 1945** trifft die Allied War Crime Commission von Buchenwald kommend auf dem Flugplatz Merseburg ein und besichtigt die angrenzenden, stark zerstörten Leuna-Werke.

Die War Crime Commission mit dem CG der 3rd US Army, General Patton (Mitte, 3 Sterne am Helm) in Merseburg. Unten bei der Besichtigung eines „Mistel"-Gespannes auf dem Flugplatz Merseburg. Fotos: National Archives

Zerstörte Anlagen und Bahngleise der Leuna-Werke, aufgenommen am 1. Mai 1945

Unter den Besuchern ist auch der CG der 3rd US Army, General Patton, dessen Armee am 11. April 1945 Buchenwald befreit hatte. Neben den zerstörten Anlagen finden auch die, auf dem Flugplatz stehenden „Mistel"-Gespanne die Aufmerksamkeit der Besucher, bevor sie vom Flugplatz aus ihr nächstes Ziel anfliegen.

Die Truppenbewegungen im mitteldeutschen Raum gehen weiter. Anfang Juni übernimmt die 7th US AD den Abschnitt Halle – Bitterfeld – Delitzsch – Dessau – Eilenburg von der 104th US InfDiv, die in die Heimat verlegt wird. Am 15. Juni 1945 wechselt noch einmal die Zuständigkeit für den mitteldeutschen Raum von der 9th US Army zur 7th US Army unter Lt.Gen. Alexander M. Patch. Ende Juni 1945 bestehen die Besatzungstruppen der 7th US Army in Mitteldeutschland aus dem XXI. Corps mit der 5th und 7th US AD und der 69th US InfDiv und dem VIII. Corps mit der 6th US AD, 6th CavGp, 30th, 76th und 102nd US InfDiv.

Am 27. Juni 1945 erhalten die Divisionen des VIII. US Corps den Befehl der 7th US Army, ab 00.00 Uhr (B) unter das Kommando des XXI. US Corps zu gehen. Der Stab des VIII. US Corps wird von der Verantwortung abgelöst und bereitet sich für den Abmarsch vor. Am 30. Juni 1945 trifft, für viele überraschend, der endgültige Befehl zum Abzug aus Mitteldeutschland ein. Doch noch überraschter als die Soldaten, ist die Zivilbevölkerung. Trotz aufkeimender Gerüchte über einen unmittelbar bevorstehenden Abzug der amerikanischen Truppen hatte die alliierte Militärführung die Abzugspläne nicht nur vor den eigenen Truppen, sondern auch vor der Bevölkerung verheimlicht. So erfolgt der Abzug innerhalb weniger Tage in einer Art Blitzaktion.

Ab dem 1. Juli 1945 rücken die westalliierten Truppen gemäß den alliierten Vereinbarungen aus Mitteldeutschland ab und übergeben die Verantwortung an die Sowjetunion. Die zeitweise amerikanisch und britisch besetzten Teile Mitteldeutschlands werden Teil der SBZ – der sowjetisch besetzten Zone. Damit beginnt ein neues Kapitel der Geschichte Mitteldeutschlands.

Irgendwo im amerikanisch besetzten Teil Mitteldeutschlands
Anfang Juli 1945 Foto: National Archives

* * *

Epilog

Die Anfangsphase der Forschungen zu dieser Dokumentationsreihe über die amerikanische Besetzung Mitteldeutschlands im April 1945 war bis einschließlich des Erscheinens der 1. Auflage des Buches zur amerikanischen Besetzung von Weißenfels geprägt von der Auffassung, dass eine Betrachtung der Bodenkampfhandlungen abgekoppelt vom strategischem Luftkriegsgeschehen möglich wäre, da zum Zeitpunkt der alliierten Besetzung Mitteldeutschlands die großen Luftangriffe auf die deutschen Städte und die Industriezentren bereits beendet waren.

Was sich vom Prinzip her bei der Betrachtung der Geschehnisse bei der Besetzung von Nordthüringen, des Harz und selbst der Industrieregion Dessau – Bitterfeld – Wolfen als möglich erwies, bekam jedoch einen völlig neuen Gesichtspunkt, als die Forschungen auf das mitteldeutsche Industriezentrum Merseburg – Schkopau – Leuna und den Leipziger Südraum ausdehnt wurden. Denn hier wurde schnell klar, dass das Kampfgeschehen am Boden in diesem Raum wesentlich von der Existenz des mitteldeutschen Flakgürtels geprägt war, dessen Batterien die Hauptlast der Bodenkämpfe im Abschnitt zwischen Halle – Schkopau – Merseburg – Leuna – Weißenfels – Zeitz – Borna und im unmittelbarem Vorfeld von Leipzig tragen sollten.

Und die Existenz dieses Flakgürtels beruhte einzig und allein auf dem Vorhandensein von kriegswichtigen Industrieobjekten von strategischer Bedeutung, deren Verlagerung nicht oder nicht mehr möglich war und die somit um jeden Preis vor den Luftangriffen der Alliierten geschützt werden mussten. Selbst als die immer tragischere Entwicklung an der Ostfront die oberste Führung der Wehrmacht veranlasste, alle möglichen Reserven von anderen Frontabschnitten abzuziehen, wurde dieser Flakgürtel nur unwesentlich geschwächt.

Als Anfang April 1945 klar wurde, dass trotz aller Schutzmaßnahmen diese Objekte bereits so stark zerstört waren, dass ein Aufbau auf Grund der heranrückenden Fronten nicht mehr möglich war, war es zu spät, die zu diesem Zeitpunkt nicht mehr benötigten Geschütze aus den Stellungen abzuziehen, um sie zur Verteidigung der Reichshauptstadt Berlin einzusetzen. Die Wehrmacht, der es an fast allem fehlte, hatte weder Lafetten noch Zugmaschinen, um die Flakgeschütze aus den Stellungen zu ziehen. Doch anstatt die Stellungen aufzugeben, wurden sie Teil der letzten deutschen Verteidigungslinie nach Westen im mitteldeutschen Raum.

Überzeugt von der Richtigkeit ihres Handelns oder auch aus Angst vor möglichen Repressalien harrten die Besatzungen der Stellungen hinter den zum Erdkampf umgestellten Geschützen häufig bis zum bitteren Ende aus und leisteten den überlegenen amerikanischen Truppen verzweifelten Widerstand. Oftmals verhinderte alleine die Courage einzelner Offiziere und Unteroffiziere, die den zumeist jugendlichen Soldaten und Arbeitsdienstangehörigen das Absetzen im letzten Moment befahlen oder mit ihren Besatzungen kapitulierten, größere Opfer.

Es gelang ihnen zwar, die amerikanischen Panzerverbände mehrere Tage aufzuhalten und zu größeren Umgehungsmanövern zu zwingen, doch letztendlich hatten sie keine Chance. Es ist die Tragik dieser Flaksoldaten, dass ihr Kampf außer der Verlängerung des Sterbens und der Erhöhung der Opferzahlen auf beiden Seiten keinen Sinn hatte. Im Gegensatz zu den Kämpfen an der Ostfront, trug ihr Ausharren nicht dazu bei, anderen Wehrmachtseinheiten und der Zivilbevölkerung die Flucht in sichere Regionen zu ermöglichen. Im Gegenteil, es wurden so Ortschaften durch die Kampfhandlungen in Mitleidenschaft gezogen, die ansonsten von keinerlei strategischer und taktischer Bedeutung waren und wie viele tausende Ortschaften und Dörfer ohne jegliche Folgen den Krieg überstanden hätten. Auf diese Weise hatte sie doch noch der von Goebbels beschworene und im Berliner Sportpalast von den Massen bejubelte „totale Krieg“ eingeholt.

Der Endkampf der Flakstellungen des mitteldeutschen Flakgürtels ist ein Beispiel für die Sinnlosigkeit der letzten Kämpfe, das in der bisherigen Literatur nur wenig Niederschlag gefunden hat, aber symptomatisch für die Endphase des Zweiten Weltkrieges ist. Es ist zu hoffen, dass diese Dokumentation dazu beiträgt, dies zu verdeutlichen und gleichzeitig an die Opfer beider Seiten zu erinnern.

* * *

Abkürzungen

AAA (AW) Bn	*Anti Aircraft Artillery (Automatic Weapons) Battalion* (amerik.) - Flakartillerie-Maschinenkanonen-Bataillon
AAR	*After Action Report* (amerik.) - Einsatzbericht
Abt.	Abteilung
AD	*Armored Division* (amerik.) - Panzerdivision
AFA Bn/Gp	*Armored Field Artillery Battalion/Group* (amerik.) - Gepanzertes Feldartilleriebataillon/Regiment
AG	Aktiengesellsachaft
AGr	*Army Group* (engl./amerik.) - Armeegruppe
A.Gr.	Armeegruppe, deutsch
AIB/AIR	*Armored Infantry Battalion/Regiment* (amerik.) – Panzerinfanterie-bataillon/Panzerinfanterieregiment der *US Army*
AK	Armeekorps, deutsch
AOK	Armeeoberkommando
Armd Engr Bn	*Armored Engineer Battalion* (amerik.) - Gepanzertes Pionier-bataillon der *US Armored Division*
ArtyCdr	*Artillery Commander* (amerik.) - Kommandeur der Divisins-artillerie
AT Plat.	*Anti-Tank Platoon*(amerik.) - Panzerabwehrzug
(B)	*Bravo* – Zeit – Zeitangabe bei US Army - beginnt am 2. April und entspricht unserer Sommerzeit.
BA-MA	Bundesarchiv – Militärarchiv Freiburg i. Br.
Bn	*Battalion* (engl./amerik.) - Bataillon
Bf 109	Deutsches Jagdflugzeug Messerschmidt Bf 109, Bf steht für Bayerische Flugzeugwerke
Bn.CP	*Battalion Command Post* (engl./amerik.) - Bataillonsgefechtsstand
Bn.HQ	*Battalion Headquarters* (engl./amerik.) - Bataillonshauptquartier
brit.	britisch
Brig.	Brigade
Brig.Gen.	*Brigadier General* (engl./amerik.) - Brigadegeneral, Rang in der brit. Armee und der *US Army* ohne Äquivalent zur Wehrmacht
Bttr.	Batterie – Einheitsbezeichnung bei der Artillerie, auch Flak
Btry	*Battery* (engl./amerik.) - Abkürzung für Batterie
Capt.	*Captain* (engl./amerik.) Hauptmann
CavGp	*Cavalry Group* (engl./amerik.) - Aufklärungsregiment bzw. motorisierte Aufklärungseinheit, die direkt dem Kommando der *Corps* untersteht
CavRcnSq	*Cavalry Reconnaissance Squadron* (engl./amerik.) - Aufklärungs-bataillon/Aufklärungseinheit der US AD bzw. der CavGp in der Tradition der US-Kavallerie

CC A / CC B / CC R	*Combat Command A, B, R* (Reserve) - Kampfverband der US AD, gebildet in der Regel aus einem Tk Bn, einem AIB sowie Unterstützungselementen, der sich für den Einsatz in sogenannte *Task Forces* untergliedert
CG	*Commanding General* (engl./amerik.) - Kommandierender General
Cml Mort Bn	*Chemical Mortar Battalion* (engl./amerik.) - selbstständiges Chemisches Bataillon, ausgerüstet mit schweren Granatwerfern
Cpl.	*Corporal* (engl./amerik.) - Unteroffizier
Co. A, B (etc.)	Company (engl./amerik.) - Kompanie der *US Army* mit Buchstabennummerierung als Angabe der Bataillonszugehörigkeit
Col.	*Colonel* (engl./amerik.) - Oberst
Cn Co.	*Cannon Company* (amerik.) - Geschützkompanie der InfRgt'er der US InfDiv
CO	*Commanding Officer* (engl./amerik.) - Befehlshabender Offizier, ab KpChef aufwärts, Offiziere im Rang bis Col.
CP	*Command Post* (engl./amerik.) - Gefechtsstand
CT	*Combat Team* (engl./amerik.) - Kampfgruppe der US AD, in der Regel bestehend aus einem Bataillon und Verstärkungskräften
DivArty	*Division Artillery* (amerik.) – Divisionsartillerie der *US Army*
DP	*Displaced person* (engl./amerik.) - Bezeichnung für die befreiten ausländischen Zwangsarbeiter, KZ-Häftlinge und aus deutscher Kriegsgefangenschaft befreiten alliierten Soldaten
Dr.	Doktor (akademischer Grad)
d.R.	„der Reserve" – Zusatz zum Dienstgrad für Reserveoffiziere
(Eisb.)	Eisenbahnflak
Engr C Bn	*Engineer Combat Battalion* (engl./amerik.) – Pionierbataillon der InfDiv der *US Army*
ETO	*European Theater of Operations* (engl./amerik.) - Europäischer Kriegsschauplatz
FA Bn	*Field Artillery Battalion* (engl./amerik.) – Feldartilleriebataillon der *US Army*
FA Gp	*Field Artillery Group* (amerik.) - Feldartillerieregiment der *US Army*
Flak.Abt.	Flugabwehrkanonen-[Flak]-Abteilung
Flak.Brig.	Flak-Brigade
Flak.Div.	Flak-Division
Flak.Gr.	Flak-Gruppe
Flak.UGr.	Flak-Untergruppe
Flak.Rgt.	Flakregiment
Flak.Sw.Gr.	Flakscheinwerfergruppe
Flak.Sw.Rgt.	Flaksscheinwerferregiment
flak-v	flakverwendungsfähig

FS	Fernschreiben
Fü.Stab	Führungsstab
FW 190	Focke Wulf 190 – deutsches Jagdflugzeug
(gem.mot.)	gemischt motorisiert
Gen.d.Inf.	General der Infanterie
Gen.d.Art.	General der Artillerie
Gen.d.Flakart.	General der Flakartillerie
Gen.d.Pz.Tr.	General der Panzertruppe
Gen.Kdo.	Generalkommando
Gen.Lt.	Generalleutnant
Gen.Maj.	Generalmajor
Gen.Obst.	Generaloberst
GFM	Generalfeldmarschall
HE	*High Explosiv* (engl./amerik.) Bezeichnung für Sprenggranate
H.Gr.	Heeresgruppe
Hptm.	Hauptmann
HQ	*Headquarters* (engl./amerik.) - Hauptquartier
i.G.	„im Generalstab" - Zusatz zum Dienstgrad für Offiziere des Generalsstabsdienstes
I.G.	Interessengemeinschaft z.B. I.G. Farben
InfDiv	Infanteriedivision
InfRgt	Infanterieregiment
IPW Team	*Interrogation Prisoner of War Team* (engl./amerik.) Kriegsgefangenenbefragungsteam
(It.)	(Italienisch)
JG	Jagdgeschwader der Deutschen Luftwaffe
Ju 88	Junkers Ju 88, zweimotoriges Flugzeug der Junkers Flugzeug- und Motorenwerke
K.Kdt.	Kampfkommandant
Kdr.	Kommandeur
Kdr.d.Pz.Tr.	Kommandeur der Panzertruppen im Wehrkreis
Kdtr.	Kommandantur
KG	Kampfgeschwader der Deutschen Luftwaffe
K.Gr.	Kampfgruppe – Bezeichnung für unterschiedlich zusammengesetzte Einheiten, welche häufig nach ihrem Kommandeur benannt wurden
Koflug	Flughafen-Bereichskommando
Komm.Gen.	Kommandierender General
Korps.Gr.	Korpsgruppe
KTB	Kriegstagebuch
KZ	Konzentrationslager
Lfl.Kdo.	Luftflottenkommando
LS-Bunker	Luftschutz-Bunker

Lt.	*Lieutenant* (engl./amerik.), Leutnant (deutsch) 1st Lt - Oberleutnant; 2nd Lt - Leutnant
Lt.Col.	*Lieutenant Colonel* (engl./amerik.) - Oberstleutnant
Lt.Gen.	*Lieutenant General* (engl./amerik.) - Generalleutnant
Lw	Luftwaffen
Maj.	Major (engl./deutsch)
Maj.Gen.	*Major General* (engl./amerik.) - Generalmajor
Me 109	Messerschmidt 109 – deutsches Jagdflugzeug
Med Bn	*Medical Battalion* (engl./amerik.) - Sanitätsbataillon
MG	Maschinengewehr
MGFA	Militärgeschichtliches Forschungsamt
Mort Pla.	*Mortar Platoon* (amerik.) - Granatwerferzug in der HQ Co. der Tk Bn, ausgerüstet mit 81mm Granatwerfern
MP	*Military Police* (engl./amerik.) - Militärpolizei
NARA	*National Archives* U.S.A. - Nationalarchiv der USA
No.	(engl./amerik.) - steht für Nr.
NSDAP	Nationalsozialistische Deutsche Arbeiterpartei
NSFO	Nationalsozialischer Führungsoffizier
(o)	(ortsfest) - Flakwaffen auf festem Sockel
Oberst i.G.	Oberst im Generalstab
Oblt.	Oberleutnant
Obstlt.	Oberstleutnant
Obstgruf.	Oberstgruppenführer der SS, vergleichbar Generaloberst
OB West	Oberbefehlshaber West
OKW	Oberkommando der Wehrmacht
Pak	Panzerabwehrkanone
Pfc.	*Privat First Class* (engl./amerik.) - Gefreiter
Pi.Btl.	Pionierbataillon
PKW	Personenkraftwagen
Plat.	*Platoon* (engl./amerik.) - Zug, Teil einer Kompanie
Plat.Sgt.	*Platoon Sergeant* (engl./amerik.) - Zugfeldwebel
Prof.	Professor
Prov. MG. Detachment	*Provisional Military Government Detachment* (amerik.) – Provisorisches Militärregierungskommando
Pvt.	*Privat* (engl./amerik.) - einfacher Soldat
PW/POW	*Prisoner of War* (engl./amerik.) - Kriegsgefangener
PzArmee	Panzerarmee
PzK	Panzerkorps
Pz.Tr.	Panzertruppe
R	Reichsstraße, heute Bundesstraße
RAB	Reichsautobahn
RAD	Reichsarbeitsdienst
RAF	*Royal Air Force* (brit.) – Königliche Britische Luftwaffe

Rcn Plat.	*Reconnaissance Platoon* (engl./amerik.) - Aufklärungszug
Rcn Tp.	*Reconnaissance Troop* (engl./amerik.) - Aufklärungskompanie der *CavRcnSq*
RCT	*Regimental Combat Team* (engl./amerik.) - Regimentskampfgruppe (in den US InfDiv) - trägt die Nummer des Regiments, durch welches sie gebildet wird - z. B. *RCT 38*
Regtl.CP	*Regimental Command Post* (engl./amerik.) - Regimentsgefechtsstand
Regtl.Res.	*Regimental Reserve* (engl./amerik.) - Regimentsreserve
Rgt.	Regiment – deutsche Abkürzung
Sect.	*Section* (engl./amerik.) - Halbzug, Teil eines Platoon der *US Army*
s.Flak.Abt.	Schwere Flakabteilung
Sgt.	*Sergeant* (engl./amerik.) - Unteroffizier
SHAEF	*Supreme Headquarters Allied Expeditionary Force* (engl./amerik.) - Oberstes Hauptquartier der Alliierten Expeditionsstreitkräfte in Europa
s.Hei.Flak.	schwere Heimatflak
sMG	schweres Maschinengewehr
SS	Schutzstaffel der NSDAP (1925 gegr. als „Stabswache" zum pers. Schutz Hitlers; bis 1934 Unterorganisation der SA, danach unter Himmler eigenständiges Repressionsorgan der NSDAP im Dritten Reich)
SSgt.	*Staff Sergeant* (engl./amerik.) - Stabsunteroffizier
Stellv. AK	Stellvertretendes Armeekorps - von den Wehrkreisen aufgestellt
Stellv. Gen.Kdo.	Stellvertretendes Generalkommando - Stab des Stellv. AK
TD Bn	*Tank Destroyer Battalion* (amerik.) - Panzerjägerbataillon der *US Army*,
Tec 3	*Technician 3rd Grade* (amerik.) - Techniker; Dienstgrad *US Army* = Staff Sergeant, Tec 4 = Sergeant, Tec 5 = Corporal
TF	*Task Force* (engl./amerik.) - Kampfgruppe, bestehend aus allen Waffengattungen in US-Divisionen, gebildet für einen bestimmten Auftrag
Tk Bn	*Tank Battalion* (engl./amerik.) - Panzerbataillon der *US Army*
Tp.	*Troop* (engl.) (engl./amerik.) - Kompanie der *CavRcnSq*
T/Sgt.	*Technical Sergeant* (amerik.) - entspricht *First Sergeant*, Stabsfeldwebel
USAAF	*United States Army Air Force* (amerik.) - Luftwaffe der US Army, heute nur noch *United States Air Force* als eigenständige Teilstreitkraft
(v)	ortsveränderlich
Vgl.	Vergleiche
V-Waffen	Vergeltungswaffen, auch Wunderwaffen - Bezeichnung für die ersten Marschflugkörper und Großraketen der Wehrmacht

Waffen-SS	Entsteht 1933 aus der Allgemeinen SS als „Stabswache Berlin" – später „Leibstandarte Adolf Hitler"; 1935 entsteht daraus die „SS-Verfügungstruppe" mit Standarten im Reich (u. a. eingesetzt beim Betrieb der KZ's), die mit Beginn des 2. Weltkriegs zur Waffen-SS ausgebaut wird; gegen Ende des Krieges rund 900.000 Mann.
W.Kr.	Wehrkreis
WFSt	Wehrmachtsführungsstab
z.b.V.	Zur besonderen Verwendung
.30cal	Amerikanisches MG Kaliber 7,62mm
.50cal	Amerikanisches MG Kaliber 12,7mm

Nummerierungen:

I a	1. Generalstabsoffizier der Division (Wehrmacht), verantwortlich für Einsatz und Führung
I b	2. Generalstabsoffizier der Division (Wehrmacht), Quartiermeister
I c	3. Generalstabsoffizier der Division (Wehrmacht), verantwortlich für Feindlage und Abwehr
G-1/S-1	Personalabteilung bei der *US Army* („G" bei Army/Div., „S" bei Regt./Bn)
G-2/S-2	Abteilung für Feindaufklärung bei der *US Army*
G-3/S-3	Abteilung für Operationen und Planungen der *US Army*
G-4/S-4	Abteilung für Logistik der *US Army*
G-5	Abteilung für administrative Aufgaben der *US Army* in besetzten Gebieten (*Civil Affairs/Military Government*); spezielle *G-5 Sections* gab es ab Ebene der Divisionen
1./271	1. Bataillon des 271st InfRgt, hier der 69th US InfDiv der *US Army*
4./662	Kurzform für 4./s.Flak.Abt. 662 (o) - 4. Batterie der schweren Flakabteilung 662 (ortsfest) der Deutschen Wehrmacht

Quellenverzeichnis

Military Studies, Historical Division USAREUR/OCMH, Washington DC im Bestand des Bundesarchiv-Militärarchiv Freiburg i. Br. und National Archives Microfiche Publication, Foreign Military Studies, U.S.A.

ZA 1/144 A-893	Gen.Maj. Frhr. v. Gersdorff, Chef d. Stabes 7. Armee, „Die Endphase des Krieges - Vom Rhein zur tschechoslowak. Grenze" v. 20.03.46
ZA 1/660 B-309	Gen.d.Inf. Hitzfeld, „Kampf in Mitteldeutschland (22.3.-11.5.), dies im Rahmen des LXVII. AK für Zeit 22.3.-19.4. 45" v. 22.08.46
ZA 1/857 B-507	Gen.d.Inf. Petersen, Komm.Gen. Gen.Kdo. XC.AK „Kämpfe vom 20.03.45 bis 6.05.45" v. Nov. 46-Mai 47
ZA 1/858 B-507	Skizzen XC. AK - Petersen
ZA 1/935 B-583	Gen.d.Inf. F. Schulz - Mai 1946, Lage (im Großen) H.Gr. G April 1945 (identisch mit Brief)
ZA 1/1056 B-703	Oberst i.G. Horst Wilutzky, Ia der H.Gr. G, „Der Kampf der H.Gr. G im Westen –-Abschlusskämpfe in Mittel- und Süddeutschland bis zur Kapitulation vom 22.03.–06.05.45" v. Sept./Okt. 47
ZA 1/2418- 2420	(T-123), Geschichte des OB West - GFM Kesselring, Band I-IV

NARA B-219	Gen.d.Pz.Tr. Maximilian Reichsfreiherr v. Edelsheim - Bericht über die Tätigkeit des deutschen XXXXVIII. PzK beim amerikanischen Feldzug in Mitteldeutschland vom 11.04.-03.05.45 v. 12.07.1946
NARA B-394	Gen.d.Pz.Tr. Walter Wenck – An beiden Ufern der Elbe, 12. Armee, 11.4.–Mai 1945
NARA B-606	Oberst Günther Reichhelm – Das letzte Aufgebot (Kämpfe der deutschen 12. Armee im Herzen Deutschland 13.4.-7.5.1945)

Bundesarchiv-Militärarchiv Freiburg i. Br.

RW 4/v.134	Tägliche Wehrmachtsberichte des OKW v. 1.4.-16.4.45

Amerikanische und britische Unterlagen, Chroniken, Bücher

- United States Army in World War II - Special Studies, Chronology 1941-1945, compiled by Mary H. Williams, Office of the Chief of Military History, Department of the Army, Washington D.C. 1960

- United States Army in World War II - The E.T.O, The last offensive - Chapter XVII, Sweep to the Elbe by Charles B. Mac Donald, Center of Military History, Washington D.C. 1993
- Order of Battle U.S. Army in World War II, Shelby L. Stanton, Presidio Press, Novato CA 1985
- Central Europe - The U.S. Army Campaigns of World War II - Edward N. Bedessem, U.S. Army Center of Military History CMH-Pub 72-36, (Broschüre, veröffentlicht im Internet 27.10.2000)
- Air Ministry Weekly Intelligence Summaries – The Royal Air Force Museum Collection, MLRS Books
- "Normandy to Victory. The War Diary of General Courtney H. Hodges & the First U.S. Army", Maj. William C. Sylvan & Capt. Francis G. Smith Jr., Copyright 2008 by the Association of the U.S. Army
- "Spearhead in the West - The Third Armored Division 1941-1945", reprinted by the Battery Press, Library of Congress Katalog No. 80-65-184
- "Phantom Nine: The 9th Armored (Remagen) Division 1942–1945" Dr. Walther E. Reichelt, 1987, Übersetzung Jürgen Möller, 2002
- HQ 9th Armored Division - PR-Section, Capt. Cav. PR Officer Charles Gillett 3. Sept. 1945, Übersetzung: Ulrich Koch, Archiv Koch Berlin
- "The 19th Tank Battalion - A History", 1945, Hof/Saale
- "The Training and Combat History of the Company 'D' 19th Tank Battalion" by Capt. Edgar A. Terrell Jr., 1945, published by Merriam Press
- "741st Tank battalion - D-Day to V-E-Day and The story of 'Vitamin Baker'", Archiv Möller
- "Pictorial history of the 69th Infantry Division, 15 May 1943 to 15 May 1945", Munich, F. Bruckmann KG., 1945
- "Trespass against them, history of the 271st infantry regiment, 15 May 1943-25 May 1945", John F. Higgins, Naumburg, H. Sieling, 1945 Compiled and written by Lt. John F. Higgins - Archiv Joseph Lipsius
- "History of the Battle axe regiment of the Fighting 69", Leipzig, J. J. Weber, 1945/ Editor, E. Cline Fletcher - Archiv Joseph Lipsius
- "273rd infantry history - First to meet Russian Army", Grimma, Friedrich Bode, 1945 Written by Sgt. Elbert H. Duncan, Archiv Joseph Lipsius
- "Deuces Wild - The history of an Infantry Battalion", by Lt. J.F. Higgins, HQ 2nd Bn 271st Infantry, Archiv Joseph Lipsius

Amerikanische Kriegstagebücher

- After Action Report V. Corps, April 1945, NARA 205-0.3
- After Action Report VII. Corps, April 1945, NARA 207-0.3
- After Action Report 3rd Armored Division, April 1945, NARA 603-0.3
- After Action Report 6th Armored Division, April 1945, NARA 606-0.3
- After Action Report 9th Armored Division, April 1945, NARA 609-0.3

- After Action Report 2nd Tk Bn, 9th AD, April 1945, NARA, 609-TK(2)-0.3
- After Action Report 14th Tk Bn, 9th AD, April 1945, NARA, 609-TK(14)-0.3
- After Action Report 19th Tk Bn, 9th AD, April 1945, NARA, 609-TK(19)-0.3
- After Action Report 27th AIB, Bn, 9th AD, April 1945, NARA, 609-TINF(27)-0.3
- After Action Report 89th CavRcnSq (Mecz), 9th AD, April 1945, NARA, 609-CAV-0.3
- After Action Report 656th TD Bn, 9th AD, April 1945, NARA, TDBN-656-0.3
- After Action Report 2nd Infantry Division, April 1945, NARA 302-0.3
- After Action Report 9th InfRgt, 2nd InfDiv, April 1945 - NARA 302-INF (9)-0.3
- After Action Report 23rd InfRgt, 2nd InfDiv, April 1945 - NARA 302-INF (23)-0.3
- After Action Report 38th InfRgt, 2nd InfDiv, April 1945 - NARA 302-INF (38)-0.3
- After Action Report 741st Tk Bn, 2nd InfDiv, April 1945 - NARA ARBN-741-0.3
- After Action Report 612th TD Bn, 2nd InfDiv, April 1945 - NARA TDBN-612-0.3
- After Action Report 69th Infantry Division, April 1945, NARA 369-0.3
- G 3 Journal 69th Infantry Division, April, Mai 1945, NARA 369-3
- After Action Report 271st Infantry Regiment April 1945, NARA 369-INF (271)–0.3
- Unit History 271st InfRgt, NARA (bei 369-INF (271)–0.3)
- S 2-3 Journal 271st InfRgt, NARA (bei 369-INF (271)–0.3)
- After Action Report 273rd Infantry Regiment April 1945, NARA 369-INF (273)–0.3
- After Action Report 661st TD Bn, 69th InfDiv, April 1945, NARA TDBN-661-0.3
- The 777th Tank Battalion, Archiv Joseph Lipsius
- After Action Report 76th Infantry Division, April 1945, NARA 376-0.3
- After Action Report 104th Infantry Division, April 1945, NARA, 3104-0-3
- After Action Report 3rd Cavalry Group, April 1945, Patton Museum of Cavalry and Armor Fort Knox, Kentucky, Archiv Ulrich Koch Berlin
- After Action Report 38th CavRcnSq, April 45, MHI, Digital Library Chronological list
- After Action Report 102nd CavRcnSq, April 45, v. Barbera Berntsen, 1999
- Combat History 102nd CavRcnSq, NARA

Deutsche Unterlagen, Chroniken, Bücher (Auswahl)

- KTB des OKW (WFSt) 1940-1945 geführt v. Helmuth Greiner u. Percy E. Schramm, KTB des OKW (WFSt) 01. 01.1944 - 22.05.1945, Band 4 v. Percy E. Schramm, Bernard & Graefe Verlag GmbH & Co. Kg, Bonn
- „Die Geheimen Tagesberichte der Wehrmachtsführung im Zweiten Weltkrieg 1939–1945“, Bd.12 1.1.45-8.5.45 - Kurt Mehner Biblio Verlag Osnabrück 1984
- „Verbände und Truppen der deutschen Wehrmacht und Waffen-SS 1939–1945“, Georg Tessin; Bd. 1-15, 2. verbesserte Auflage, 1972-79, Biblio Verlag Osnabrück
- „Die Deutsche Wehrmacht 1939 - 1945 - Führung und Truppe“, Kurt Mehner; Militair-Verlag Klaus D. Patzwall - Norderstedt 2. Auflage 1993
- „Heereseinteilung 1939“, Gen.Lt. a.D. Friedrich Stahl, Verlag Hans-Henning Podzun Bad Nauheim 1954
- „Das Deutsche Heer 1939-1945“, Wolf Keilig, Podzun-Pallas-Verlag Bad Nauheim 1956

- „Das große Buch der Deutschen Heere im 20. Jahrhundert“, Bruce Quarrie, Podzun-Pallas-Verlag 1990
- „Die Generäle des Heeres“, Wolf Keilig, Podzun-Pallas-Verlag GmbH, Friedberg 1983
- „Deutscher Volksturm - Das letzte Aufgebot 1944/1945“ v. Franz W. Zeidler , Bechtermünz-Verlag, für Weltbildverlag GmbH, Augsburg 1999
- „Hitlers Weisungen für die Kriegsführung 1939-1945“, Walter Hubatsch, Bernhard & Gräfe Verlag für Wehrwissen, Frankfurt/Main, 1962
- „Der Zweite Weltkrieg – Kampf ums Reich – Krieg an allen Fronten“, Verlag Pabel-Moewig Rastatt, 1994
- „Die amerikanische Besetzung Deutschlands“, Klaus-Dietmar Henke, R. Oldenbourg Verlag, München, 1996
- „Wehrmacht und Niederlage“, Andreas Kunz, Schriftreihe des MGFA, Band 64, R. Oldenbourg Verlag, München, 2005
- „Die italienischen Militärinternierten im deutschen Machtbereich 1943-1945“ v. Gerhard Schreiber, Schriftenreihe des MGFA, Oldenbourg-Verlag, 1990
- „Deutschland im Zweiten Weltkrieg“, Wolfgang Schumann und Olaf Groehler, Bd. 6, Akademie-Verlag Berlin 1985
- „Deutsche Chronik 1933–1945“, Heinz Bergschicker, Verlag der Nation Berlin, 4. Auflage 1988
- „Der Zweite Weltkrieg“, Heinz Bergschicker, Deutscher Militärverlag, Berlin 1964
- „Geschichte des Zweiten Weltkrieges 1939–1945“, 10. Band, Kartensammlung
- „Die Besatzer und die Deutschen - Amerikanische Zone 1945-1948“, Klaus-Jörg Ruhl, Droste Verlag Düsseldorf 1980, Sonderausgabe für Gondrom Verlag GmbH & Co.KG. Bindlach 1989
- „Der verdammte Krieg - Kriegsende 1943-45“, Guido Knopp, C. Bertelsmann Verlag GmbH , München 1991, Sonderausgabe 1998
- „Kriegsende 1945 in Deutschland“, Schriftreihe des MGFA, Band 55, R. Oldenbourg Verlag, München, 2002
- „Goebbels Tagebücher 1945 – Die letzten Aufzeichnungen“, Lizenzausgabe mit Genehmigung des Hoffmann und Campe Verlag Hamburg
- „Erinnerungen“ v. Albert Speer, Ullstein Verlag, 1969
- „Soldat bis zum letzten Tag“, Albert Kesselring, Generalfeldmarschall a.D., Verlag S. Bublis Schnellbach 2000, Erstauflage 1953
- „Ein Infanterist in zwei Weltkriegen“, Otto Maximilian Hitzfeld, Biblio Verlag, Osnabrück 1983
- „Die Armee Wenck - Hitlers letzte Hoffnung“, Günther W. Gellermann; Bernard & Graefe Verlag Bonn, 3. Auflage 1997
- „Die Armee Wenck – Hitlers letzte Hoffnung“ v. Günther W. Gellermann, Bernard & Graefe in der Mönch Verlagsgesellschaft mbH Bonn, 4. Auflage 2007
- „Our Way to Halle – Der Marsch der ‚Timberwölfe‘ nach Halle“, Matthias J. Maurer, fliegenkopf verlag Halle 2001
- „Grenzfluss Mulde – Kriegsende 1945 in Nordsachsen“ herausgegeben von Adolf Böhm, Sax-Verlag Beucha, 1. Auflage 1995

- „Alte Soldaten sterben nicht – Krieg und Kriegsgeschrei im Leipziger Land“ v. Dieter Walz, Sachsenbuch Verlagsgesellschaft Leipzig, 1998
- „Das Kriegsende in Sachsen 1945“ v. Wolfgang Fleischer, Poszun-Pallas Verlag, 2004
- „Flugplätze der Luftwaffe 1934–1945“, Bd. 4, Sachsen-Anhalt, v. Jürgen Zapf, VDM
- „Gruppenfeuer und Salventakt – Schüler und Lehrlinge bei der Flak 1943–1945“ v. Hans-Dietrich Nicolaisen, Selbstverlag Dr. Nicolaisen, Büsum, 1993
- „Die Flakhelfer – Luftwaffen- und Marinehelfer im Zweiten Weltkrieg“ v. Hans-Dietrich Nicolaisen, Ullstein Verlag, 1985
- „Flak“ v. Horst Adalbert Koch, Podzun-Verlag, Bad Nauheim, 2. Auflage 1965
- „Die Garnisonsstadt Weißenfels und ihre Soldaten“ hrsg. vom Deutschen Bundeswehrverband, Kameradschaft Ehemalige Weißenfels-Burgenlandkreis, Arbeitsgruppe Traditionspflege, Ausgabe 2002
- „Weißenfels Geschichte einer Stadt“, Karl-Heinz Bergk, Verlag Janos Stekovics, 2010
- „Geschichte Mitteldeutschlands - Industrie und Technologie - Das mitteldeutsche Chemiedreieck“, Mitteldeutscher Rundfunk, Halle/S. 2000
- „Faktor Öl – Die Mineralölwirtschaft in Deutschland 1859-1974“, v. Rainer Karlsch u. Raymond G. Stokes, C. H. Beck Verlag München
- „Ein Ingenieur in den Leuna-Werken – Arthur Rabisch, sein Leben und Wirken“ v. Adalbert Rabisch, GRIN Verlag 2006
- „Der Tod ist der tägliche Gast“ v. Martin Pabst, Galgenbergische Literaturkanzlei, erweiterter Nachdruck 2007
- „Bahnknoten Merseburg“ v. Krause, Herdam Fotoverlag Wesseling 1997
- „Junkers Ju 388 – Entwicklung, Erprobung und Fertigung des letzten Junkers-Höhenflugzeugs“ v. C. Vernaleken und M. Handig, Aviatic-Verlag, Oberhaching 2003
- „Ein deutscher Junge weint nicht“ v. Hasso Pascyna, Gerhard Hess Verlag
- „Davongekommen“ v. Peter Schunk, ibidem-Verlag, Stuttgart, 2000
- „Feuerglocke – Luftwaffenhelfer-Schicksale“ v. Franz Dülk und Fritz Fickentscher, Verlag Feuerglocke, Kitzingen am Main, 1993
- „Erinnerungen – Eine Kindheit und Jugend in Deutschland 1938…1961“ v. Manfred Demmer, Duisburg, 2008
- „Schulfrei für den Tod“ v. Hermann Langer, Verlag Neues Leben Berlin 1988
- „Soldaten hinter Stacheldraht - Deutsche Kriegsgefangene des Zweiten Weltkriegs“ v. Rüdiger Overmann, Propyläen Verlag, 2. Auflage 2000

Deutsche Zeitzeugenberichte, Veröffentlichungen, private Sammlungen und Archivunterlagen

- „Die Aktion Leuthen - Das Ende des deutschen Ersatzheeres im Frühjahr 1945“, Andreas Kunz, MGFA - Zeitschrift für Geschichtswissenschaften, Heft 9, 48. Jahrgang 2000, S. 789 ff.
- Handakte Maj. Oxenius, OKW/WFSt/Org aus dem Bestand der MGFA Dokumententenzentrale, Sammlung Eiermann, Sinsheim

- „Evakuierungstransporte des KZ Buchenwald und seiner Außenkommandos", Buchenwaldheft 16, Christine Schäfer, NMG Buchenwald 1983
- „Das Kriegsende im Stab eines Armeekorps" Sonderheft Dresden 2005. Militärhistorische Schriften des Arbeitskreises Sächsische Militärgeschichte e.V.
- „60. Jahrestag der schweren Luftangriffe auf das Ammoniakwerk Merseburg GmbH" siehe Leuna Werke Teil 1 u. 2, Winfried Czepluch, Stadt-Anzeiger Leuna, 05/2004 und 07/2004
- „Die anglo-amerikanischen Bombenangriffe während des II. Weltkrieges auf Ziele im Raum Merseburg und die deutschen Abwehrmaßnahmen" v. Heinz Rehmann, Schkopau Merseburger Beiträge, Jg. 7, 1/2002
- „...und am 15. April 1945 war für uns der II. Weltkrieg zu Ende" v. Heinz Rehmann
- Sammlung zum Einsatz der deutschen Flak zum Schutz des Ammoniakwerkes Merseburg GmbH, Winfried Czepluch †, Halle/Saale
- „Die Bedeutung der Scheinwerke im Areal des Ammoniakwerkes Merseburg GmbH" Manuskript v. Winfried Czepluch †, 2005
- „Die Luftangriffe auf Leuna und Merseburg am Ende des II. Weltkrieg", Dokumentation v. Martin Pabst, Archiv Czepluch
- „Kriegsschäden an der Burgwerbener Kirche", Weißenfelser Heimatbote" 10. Jahrgang, Heft 4, Dez. 2001
- Unveröffentlichtes Manuskript „Markwerben vor dem letzten Krieg und die Kriegsjahre 1939-1945" v. Fred Knauth, Markwerben
- Brief von Herrn Dieter Gräff, Sohn von Pfarrer Johann Gräff, an Dr. Richard Kretzschmar v. 16.04.2004 – Bericht zu den Ereignissen an der Burgwerbener Kirche im April 1945 - mit freundlicher Genehmigung von Herrn Gräff und Dr. Kretzschmar
- Sammlung zum Einsatz der Batterien der 21. Flak.Brig. im Raum Halle – Leuna v. Gerhard Rose, Berlin-Marzahn
- Unterlagen des Stadtarchivs Mücheln unter Verwaltung des Kultur- und Heimatverein e.V. Mücheln
- „Die Tongrube... als der Krieg nach Hause kam..." v. Prof. Kurt Hesse.
- Zeitzeugenbericht und Unterlagen Bernhard Rox †, Münster, 06.07.2004
- Zeitzeugenbericht Friedrich Kilian, Heiligenstadt, Briefe an Jürgen Möller 2002/2203
- Zeitzeugenbericht Herbert Wenzel, Reichardtswerben, Dezember 2002
- Zeitzeugenbericht Gerhard Rose, Berlin-Marzahn, 09.05.2004
- Zeitzeugenbericht Herr Werner Erbe, Dresden, Interview Juli/August 2003
- Chronik von Friedensdorf (Stadt Leuna, bis 11.11.1950 Kriegsdorf)
- „Linie 11 – Aktuelles aus Schkeuditz & Umgebung", Ausgabe 50, Mai 1995

Weitere Beiträge aus Zeitschriften und Zeitschriftenreihen

Webseiten

- Beiträge zum Mineralölwerk Lützkendorf und zum Flakeinsatz v. Matthias Koch, www.dasgeiseltal.de

- „Als Luftwaffenhelfer 1944 in Berlin und Leuna“ v. Dr. Wolfgang Waldhauer, Leverkusen, www.seniorennet-hamburg.de
- „Erinnerungen an Merseburg/Leuna 1944/45“, www.luther-in-bs.de
- „Erlebnisbericht von Rudolf Günther Schulzeit bis Kriegsende 1945“, www.geschichte-mitteldeutschlands.de
- „Die Garnison Halle (Saale) zwischen 1919 und 1939“, paper.olaf-freier.de
- „Die Geschichte des Flugplatz Merseburg“, www.luftfahrt-technik-museum.de
- „Flugplatz Merseburg“, www.sachsenschiene.net
- „Garnisonsgeschichte Jüterbog St. Barbara e.V.“, www.hl-barbara.de

Informationen, die dem Internetportal Wikipedia unter dem jeweiligen Schlagwort entnommen wurden, sind als solche gekennzeichnet und haben den Stand 2013.

Verwendetes Kartenmaterial

- Topographische Karte der US Army, Central Europe, 1:100 000, 1st Edition, published by War Office, 1944
- Messtischblätter 1:25 000 des Landesamtes für Vermessung und Geoinformation Sachsen-Anhalt, Ausgabe 1934-1938/40
- Shell Reisedienst Straßenkarte Nr. 11, Thüringen - Mitteldeutschland (vor 1945)
- Shell Reisedienst Straßenkarte Nr. 12, Sachsen - Mitteldeutschland (vor 1945)
- Wanderkarte 1:100 000 Umgebung von Halle/Saale, Verlag Conrad Hirte & Sohn, Halle/Saale (vor 1945)

Privataufnahmen eines deutschen Flakoffiziers von den Industrieanlagen im Raum Leuna
Fotos: Sammlung Eiermann, Sinsheim

Niedrigflug-Luftaufnahme der USAAF von einer zerstörten Flakstellung bei Merseburg vom 12. Mai 1945. Foto: National Archives, 342-FH-3A22002-81115AC (fold3.com)

Niedrigflug-Luftaufnahme der USAAF von den Leuna-Werken Merseburg vom 12. Mai 1945. Foto: National Archives, 342-FH-3A22004-A81117AC (fold3.com)

Niedrigflug-Luftaufnahme der USAAF von den Leuna-Werken Merseburg vom 12. Mai 1945. Foto: National Archives, 342-FH-3A22006-C81117AC (fold3.com)

Mineralölwerk Lützkendorf

Das Mineralölwerk Lützkendorf nach dem Luftangriff der 8th USAAF vom 28. Mai 1944.
Foto: National Archives, 342-FH-3A21899-3A21899 (fold3.com)

Niedrigflug-Luftaufnahme der USAAF vom zerstörten Mineralölwerk Lützkendorf vom 12. Mai 1945. Foto: National Archives, 342-FH-3A21907-81114AC (fold3.com)

Niedrigflug-Luftaufnahme der USAAF vom zerstörten Mineralölwerk Lützkendorf vom 12. Mai 1945. Foto: National Archives, 342-FH-3A21907-81114AC (fold3.com)

Das brennende Mineralölwerk Lützkendorf und Zerstörungen im Werksgelände
Foto oben: Sammlung Eiermann, Sinsheim; Foto unten: Stadtarchiv Mücheln

Privataufnahmen eines Flakoffiziers vom brennenden Mineralölwerk Lützkendorf Fotos: Sammlung Eiermann, Sinsheim

Oben: Der brennende Europa-Tank im Mineralölwerk Lützkendorf.
Unten: Die Hermann-Göring-Straße (heute Rathenau-Straße) in Krumpa nach dem Luftangriff vom 7. Juli 1944 Fotos: Sammlung Eiermann, Sinsheim

Privataufnahme eines deutschen Flakoffiziers von der durch Bomben beschädigten Kirche von Lützkendorf. Foto: Sammlung Eiermann, Sinsheim

Privataufnahme eines deutschen Flakoffiziers von Zerstörungen nach einem Luftangriff, Ort unbekannt. Fotos: Sammlung Eiermann, Sinsheim

Privataufnahme eines deutschen Flakoffiziers von Zerstörungen nach einem Luftangriff, Ort unbekannt. Fotos: Sammlung Eiermann, Sinsheim

Privataufnahme eines deutschen Flakoffiziers von einem zerstörten 12,8cm Eisenbahnflakzug (oben) und Bahnanlagen (unten), Ort unbekannt.
Fotos: Sammlung Eiermann, Sinsheim

Privataufnahme eines deutschen Flakoffiziers von zerstörten Bahnanlagen und Kesselwagen Ort unbekannt. Foto: Sammlung Eiermann, Sinsheim

Flakkaserne Merseburg

8,8cm Flakgeschütze in der Flakkaserne Merseburg

Soldat mit Fahrrad neben einem PKW der Luftwaffe vor einer Baracke in der Kaserne
Fotos: M. Koch, www.dasgeiseltal.de

Schema einer Flakstellung mit 8,8cm Flakgeschützen

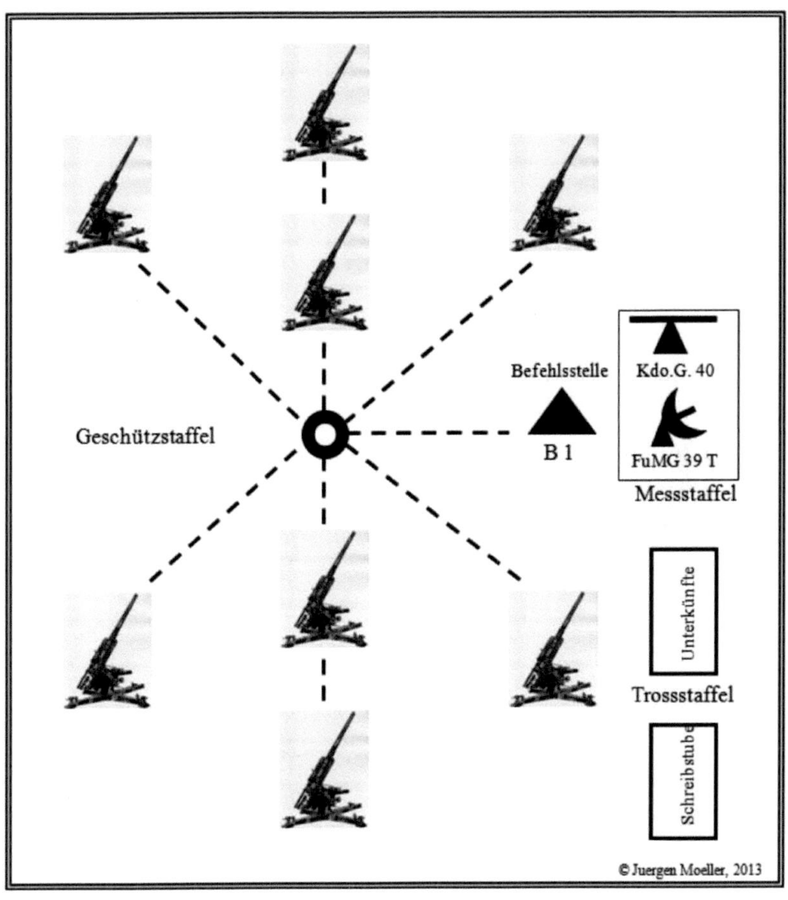

Die üblichen Stärken der deutschen Flakbatterien betrugen:

8,8cm Flak 18/36/41	4 Geschütze
10,5cm Flak 38	4 Geschütze
10,5cm Flak 39	4 – 6 Geschütze
12,8cm Flak 40	4 Geschütze

Bei den Heimatflakbatterien betrug die Stärke 4-6 Geschütze.

1943 erfolgte die Erhöhung der Anzahl der Kanonen bei den:

schweren Einzelbatterien 12,8cm	von 4 auf 6
schweren Einzelbatterien 10,5 u. 8,8cm	von 4 - 6 auf 8- 12
lei./mittl. Einzelbatterien 2cm u. 3,7cm	auf 9 Geschütze je Batterie

Soldaten beim Laden eines 8,8cm Flakgeschützes im Heimatgebiet
Foto: Bundesarchiv, Bild 101I-635-3999-24/Walther/CC-BY-SA

Taktisch-technische Daten	8,8cm Flak 18	8,8cm Flak 36	8,8cm Flak 41
Kaliber	8,8 cm	8,8 cm	8,8 cm
Feuergeschw. prakt.	15 – 20 S/min	15 – 20 S/min	20 – 25 S/min
Zünderreichweite	10 600 m	10 600 m	12 350 m
Schussweite max.	14 680 m	14 860 m	20 000 m
Schusshöhe max.	10 600 m	10 600 m	14 700 m

Angaben gem. F.M. v. Senger und Etterlin

Die 10,5cm Flak

Ein schweres 10,5cm Flakgeschütz einer Küstenbatterie in Feuerbereitschaft
Foto: Bundesarchiv, Bild 101I-621-2942-14/Doege/CC-BY-SA

Taktisch-technische Daten	10,5 cm Flak 38	10,5cm Flak 39
Kaliber	10,5 cm	10,5 cm
Feuergeschw. prakt.	10 - 15 S/min	10 – 15 S/min
Zünderreichweite	11 800 m	11 800 m
Schussweite max.	17 500 m	17 700 m
Schusshöhe max.	12 100 m	12 800 m

Angaben gem. F.M. v. Senger und Etterlin

Die 12,8cm Flak

12,8cm Flak 40 auf Plattenlafette
Foto: US Army manual - TM-E 30-451 "Handbook of German Military Forces"

Taktisch-technische Daten	12,8cm Flak 40	12,8cm Flak-zwilling 40
Kaliber	12,8 cm	12,8cm
Feuergeschw. prakt.	10 – 12 S/min	20 – 24 S/min
Zünderreichweite	12 800 m	12 800 m
Schussweite max.	20 900 m	20 900 m
Schusshöhe max.	14 800 m	14 800 m

Angaben gem. F.M. v. Senger und Etterlin

10,5cm Flakgeschütze einer Eisenbahnflakbatterie in Feuerbereitschaft.
Foto: Bundesarchiv, Bild 101I-638-4208A-25/Hagen/CC-BY-SA

Ein Flakturm mit schwerem 12,8cm Flakgeschütz im Reichsgebiet 1943
Foto: Bundesarchiv, Bild 101I-656-6103-09/Morocutti/CC-BY-SA

Die modifizierte Variante des Funkmessgerätes FuMG 62 D „Würzburg“ mit aufgesetzter Antenne für die Freund-Feind-Kennung auf dem Dipol. Foto: Eiermann, Sinsheim

Kommandogerät 40 (Baujahr 1942) mit Ringrichter-Richtungshörer
Foto: Eiermann, Sinsheim

Original erhaltene Flakbaracke in Braunsbedra Foto: M. Koch, www.dasgeiseltal.de

Alter Bunker in der Ortslage Krumpa Foto: J. Möller, Februar 2013

Der Kopf einer britischen 6 Tonnen - Bombe, abgeworfen am 6. April 1945 über Lützkendorf, als Friedensdenkmal in Krumpa
Foto: J. Möller, Februar 2013

Ein Ein-Mann-Bunker an der Straße Mücheln - Langeneichstädt
Foto: J. Möller, Februar 2013

Die Kirche von Delitz am Berge (oben), wo im April 1945 die weiße Fahne wehte und die Kirche von Schortau (unten) Fotos: J. Möller, Februar 2013

Kriegsgräber mahnen

Grabstätte für die, am 30. November 1944 und 5. April 1945 gefallenen, Flaksoldaten und italienischen Freiwilligen der Flakstellung Schortau auf dem Friedhof Schortau
Fotos: J. Möller, Februar 2013

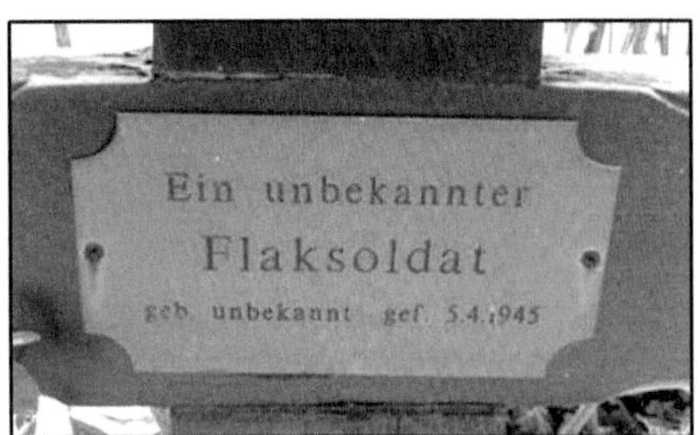

Grabstätte für gefallene Flaksoldaten auf dem Friedhof Frankleben
Fotos: J. Möller, Februar 2013

Gedenktafel für Gefallenen der Flakbatterie 3./226 neben der Kirche in Dörstewitz
Foto: J. Möller, Februar 2013

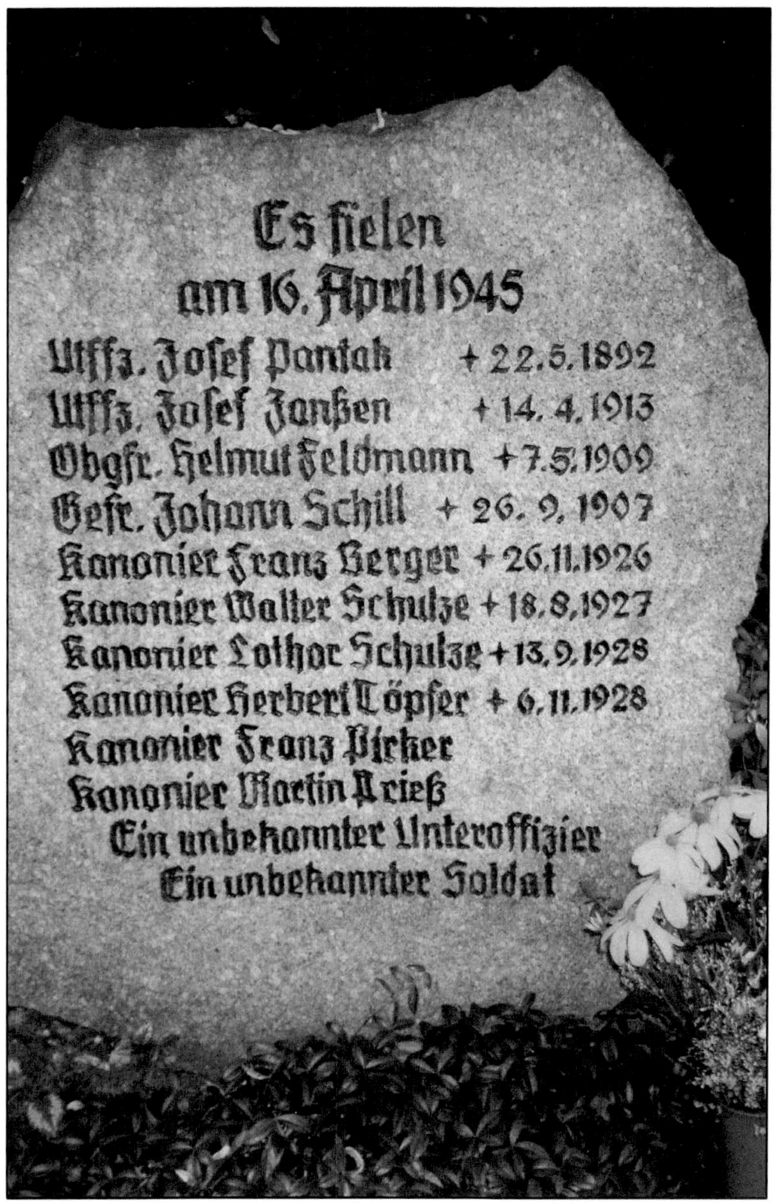

Grabstein für Gefallene der Kämpfe vom 16. April 1945 auf dem Friedhof von Tollwitz
Foto: Czepluch, 2004

Grabstätte für zwei gefallene Flaksoldaten auf dem Friedhof in Friedensdorf (ehemals Kriegsdorf)
Foto: J. Möller, Februar 2013

Die Gedenktafel am Gefallenendenkmal an der Kirche von Wallendorf erinnert an die Bombenopfer von 1944 und die Gefallenen der Kampfhandlungen bei Wallendorf
Foto: J. Möller, Februar 2013

Gedenkstein für gefallene deutsche Soldaten auf dem Friedhof Großkayna und Grab der Flaksoldaten auf dem Friedhof Zöschen Fotos: J. Möller, Februar 2013

Kriegsgräberstätte des KZ Arbeitslagers Zöschen mit einem Gedenkstein für die gefallenen italienischen Zwangsarbeiter. Unten eine der Tafeln mit den Namen der Opfer, sortiert nach Nationen
Foto: J. Möller, Februar 2013

Name des Verstorbenen	Geburtstag	Todestag
Mario Antonutti	26.09.1916	23.03.1945
Alfonso Colombini	02.10.1923	24.03.1945
Aldo Rocca	14.10.1905	24.03.1945
Giosue Citro	07.02.1900	25.03.1945
Guido Panzeri	05.09.1922	26.03.1945
Ullee Biancardi	21.03.1922	29.03.1945
Angelo Paradini	18.10.1924	31.03.1945
Giuseppe Giordano	18.01.1922	01.04.1945
Luigi Grandi	05.04.1914	02.04.1945
Luigi Amato	14.01.1923	06.04.1945
Benito Bauzato	23.03.1923	04.04.1945
Giuseppe Villa	01.11.1922	05.04.1945
Kroatien		
Nikola Radosavljevic	16.12.1908	21.01.1945
Andrija Vijant	04.07.1921	08.02.1945
Ljubomir Sasic	20.09.1910	08.02.1945
Lettland		
Peter Kolkhaus	06.09.1925	18.03.1945
Litauen		
Vencas Barkauskas	26.07.1913	04.04.1945
Antonius Kischelius	24.01.1910	07.10.1944
Republik Polen		
Franz Kuptschak	26.11.1909	06.09.1944
Vaclav Tuszynski	19.12.1919	02.10.1944
Stanislaus Taranowsky	07.07.1910	05.10.1944
Martin Kowal	09.02.1925	06.10.1944
Vaclaw Kozyra	03.02.1922	13.10.1944
Franz Grones	13.08.1895	16.10.1944
Sylvester Iwaszkowicz	31.12.1904	21.10.1944

Name des Verstorbenen	Geburtstag	Todestag
Ludwik Jachimowicz	22.05.1906	22.10.1944
Alexander Kolasa	19.08.1926	07.11.1944
Waslav Szymczyk	17.10.1918	13.11.1944
Josef Olupozinski	12.09.1912	14.11.1944
Levenslaw Kowalski	23.01.1913	15.11.1944
Franz Komsta	14.04.1914	19.11.1944
Johann Sokala	29.11.1924	23.11.1944
Vladislaw Kadwidka	27.08.1921	25.11.1944
Adalbert Bankorz	04.03.1926	26.11.1944
Leo Fojutowski	05.09.1922	29.11.1944
Wassil Osmak	14.11.1925	01.12.1944
Michel Karpiak	10.08.1914	04.12.1944
Pawel Dwnzkiewicz	18.01.1896	12.12.1944
Zeslaw Czchalinski	08.11.1926	14.12.1944
Bronislaus Krolikowski	18.09.1896	18.12.1944
Wladislaus Stempi	12.07.1912	18.12.1944
Czeslaw Olje	09.02.1909	18.12.1944
Jan Feciura	11.06.1921	22.12.1944
Leo Sawotzki	30.05.1915	22.12.1944
Roman Szymanski	25.07.1910	28.12.1944
Mironim Zagorski	24.02.1925	01.01.1945
Johann Grabowski	17.08.1923	03.01.1945
Johann Szkabara	12.03.1912	07.01.1945
Francisek Sukiennik	13.06.1903	08.01.1945
Wladislaus Kluska	16.02.1922	10.01.1945
Valerian Scyeke	04.12.1900	12.01.1945
Zygmunt Wawrzyniak	28.01.1915	13.01.1945
Gregor Guschinski	16.05.1902	13.01.1945
Josef Sosinski	03.03.1918	22.01.1945
Josef Gibek	07.03.1912	23.01.1945
Josef Pawlowski	01.04.1925	26.01.1945
Edaard Skutecki	30.08.1923	28.01.1945
Johann Kowalak	04.12.1908	31.01.1945

Kriegsgräberstätte für Zwangsarbeiter und KZ-Häftlinge in Großkorbetha
Fotos: J. Möller, Februar 2013

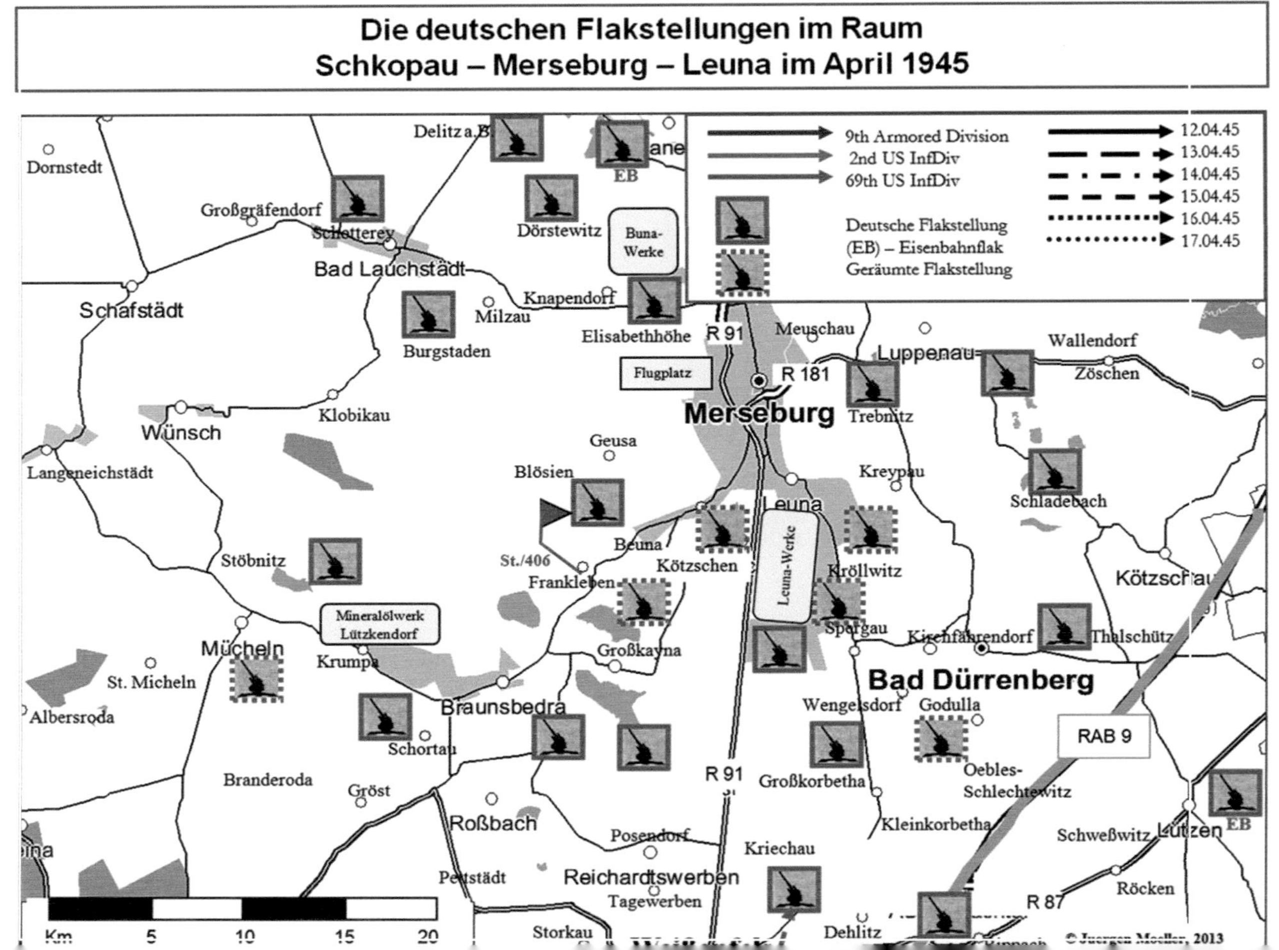

Die deutschen Flakstellungen im Raum
Schkopau – Merseburg – Leuna im April 1945
9th Armored Division
2nd US InfDiv
69th US InfDiv
Deutsche Flakstellung
(EB) – Eisenbahnflak
Geräumte Flakstellung
12.04.45
13.04.45
14.04.45
15.04.45
16.04.45
17.04.45
Dornstedt
Großgräfendorf
Schotterey
Bad Lauchstädt
Delitz a.B.
Dörstewitz
Buna-Werke
EB
Knapendorf
Milzau
Schafstädt
Burgstaden
Elisabethhöhe
R 91
Meuschau
Luppenau
Wallendorf
Zöschen
Flugplatz
R 181
Merseburg
Trebnitz
Klobikau
Wünsch
Geusa
Langeneichstädt
Blösien
Kreypau
Schladebach
Leuna
Beuna
Kötzschen
St./406
Frankleben
Leuna-Werke
Kröllwitz
Kötzschau
Stöbnitz
Mineralölwerk Lützkendorf
Spergau
Kirchfährendorf
Thalschütz
Mücheln
Krumpa
Großkayna
Bad Dürrenberg
St. Micheln
Albersroda
Braunsbedra
Wengelsdorf
Godulla
RAB 9
Schortau
Branderoda
Gröst
R 91
Großkorbetha
Oebles-Schlechtewitz
Roßbach
Kleinkorbetha
Schweßwitz
Lützen
Posendorf
Kriechau
Pettstädt
Reichardtswerben
Tagewerben
Röcken
R 87
Km
5
10
15
20
Storkau
Dehlitz
© Juergen Moeller, 2013

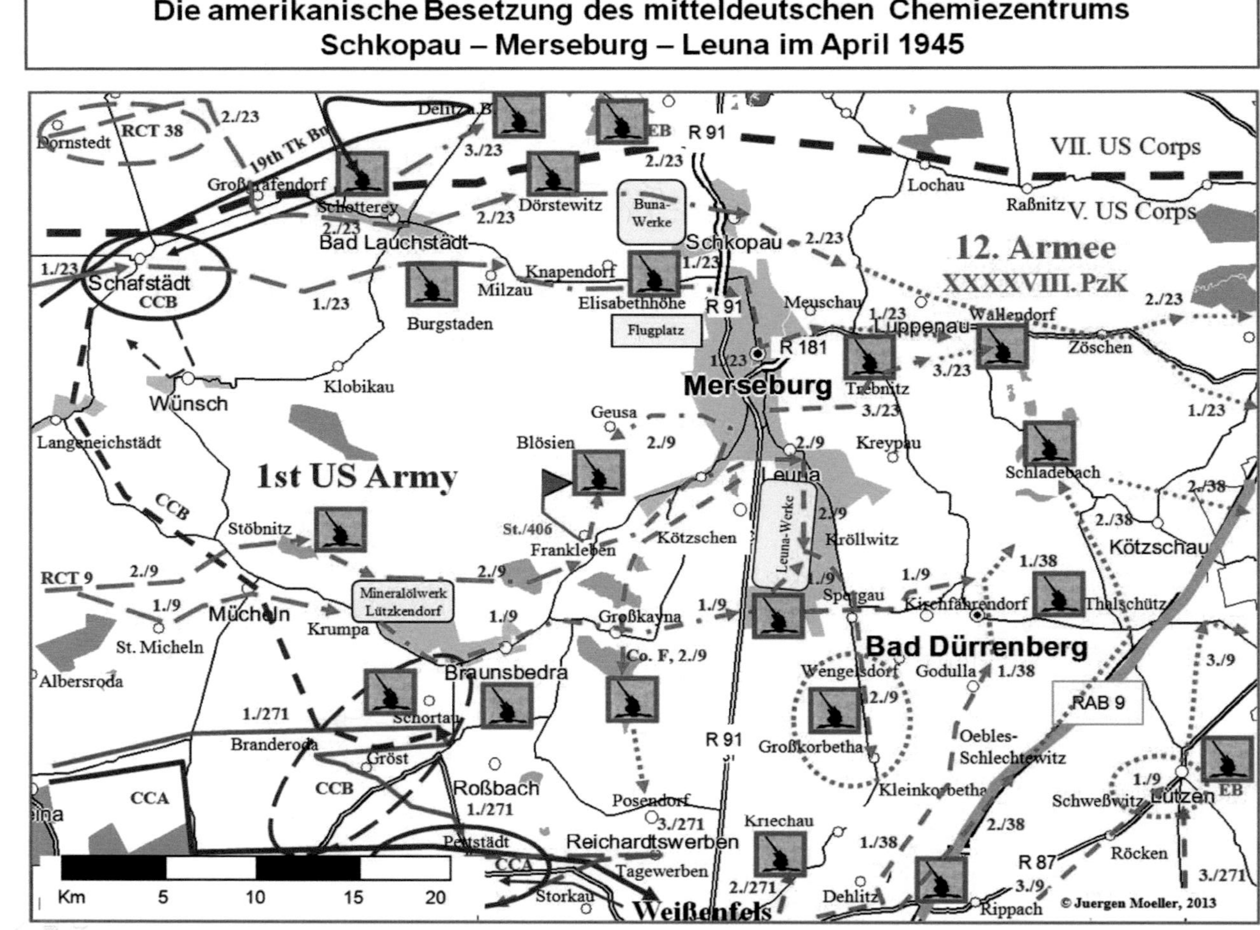
Die amerikanische Besetzung des mitteldeutschen Chemiezentrums
Schkopau – Merseburg – Leuna im April 1945
VII. US Corps
V. US Corps
12. Armee
XXXXVIII. PzK
1st US Army
Merseburg
Bad Dürrenberg
Weißenfels
Schkopau
Leuna
Leuna-Werke
Buna-Werke
Flugplatz
Mineralölwerk Lützkendorf
RAB 9
R 91
R 181
R 87
RCT 38
RCT 9
CCB
CCA
19th Tk Bn
St./406
Co. F, 2./9
1./23
2./23
3./23
1./9
2./9
3./9
1./38
2./38
1./271
2./271
3./271
EB
Dornstedt
Schafstädt
Großgräfendorf
Schotterey
Bad Lauchstädt
Dörstewitz
Knapendorf
Milzau
Elisabethhöhe
Burgstaden
Klobikau
Wünsch
Langeneichstädt
Stöbnitz
Mücheln
Krumpa
St. Micheln
Albersroda
Braunsbedra
Schortau
Branderoda
Gröst
Roßbach
Pettstädt
Storkau
Tagewerben
Reichardtswerben
Posendorf
Großkayna
Frankleben
Blösien
Geusa
Kötzschen
Kröllwitz
Spergau
Kreypau
Trebnitz
Meuschau
Lochau
Raßnitz
Luppenau
Wallendorf
Zöschen
Schladebach
Kötzschau
Thalschütz
Kirchfährendorf
Godulla
Wengelsdorf
Großkorbetha
Kleinkorbetha
Oebles-Schlechtewitz
Lützen
Schweßwitz
Röcken
Rippach
Dehlitz
Kriechau
Km
5
10
15
20
© Juergen Moeller, 2013

Die Gliederung der 1st US Army während der Besetzung Mitteldeutschlands April 1945

1st US Army

12th Army Group

1st US Army
Gen. Hodges

- **V. US Corps** – Maj.Gen. Huebner
  - **69th US InfDiv** – Maj.Gen. Reinhardt
  - **2nd US InfDiv** – Maj.Gen. Robertson
  - **9th US AD** – Maj.Gen. Leonard
- **XVIII. Corps Airborne** – Maj.Gen. Ridgway – Ruhrgebiet
- **III. Corps** – Maj.Gen. Milikin – Ruhrgebiet – ab 18.04. 3rd US Army
- **VII. US Corps** – Lt.Gen. Collins
  - **3rd US AD** – Brig.Gen. Hickey
  - **104th US InfDiv** – Maj.Gen. Allen
  - **1st US InfDiv** – Maj.Gen. Andrus
  - **9th US InfDiv** – Maj.Gen. Craig – ab 14.04.

Die Gliederung der 14. Flakdivision im April 1945

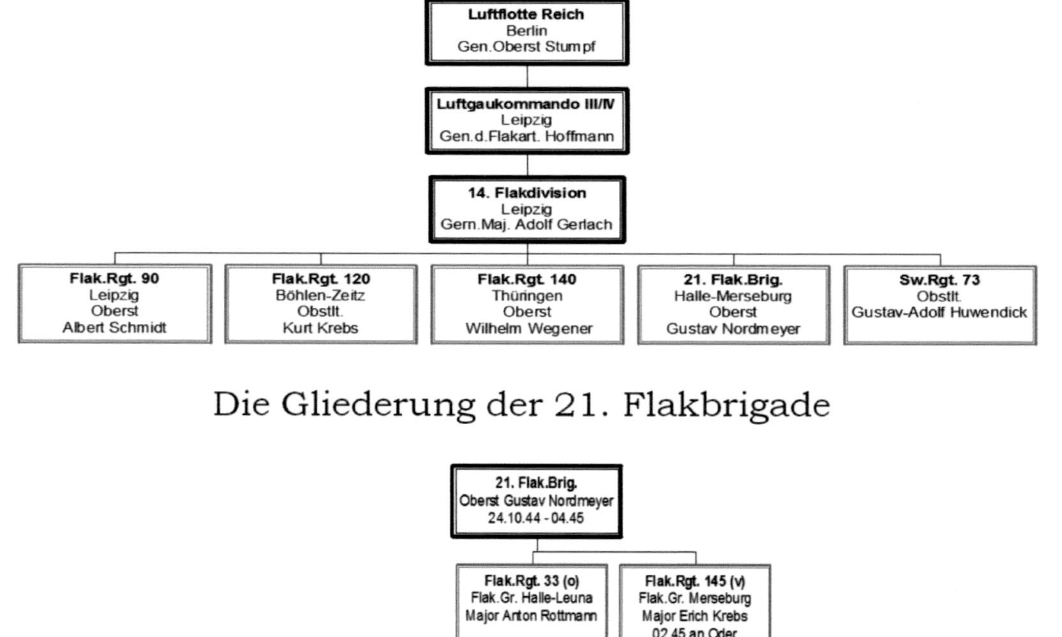

Der Autor, Jürgen Möller, wurde 1959 in Gotha/Thüringen geboren, ist verheiratet und lebt zur Zeit in Lauda-Königshofen/Baden-Württemberg.

Neben seiner Tätigkeit als Offizier der Bundeswehr beschäftigt er sich seit mehr als zehn Jahren mit der militärgeschichtlichen Erforschung des Kriegsendes 1945 in Mitteldeutschland. Als Ergebnis der bisherigen Forschungen erschienen in den letzten Jahren die folgenden Dokumentationen:

Kriegsende 1945

Die Kampfhandlungen im Raum nördlich Mühlhausen–Langensalza und der Vorstoß des V. US Corps von der Werra durch die Landkreise Heiligenstadt, Worbis und Sondershausen zur Unstrut und weiter zur Saale

1. Band – 2. Auflage 2010 | Autor Jürgen Möller
Festeinband mit 224 Seiten und 92 Abbildungen

ISBN 978-3-86777-212-9

Der Vorstoß des V. US Corps im April 1945 zur Weißen Elster, die Kampfhandlungen im Leipziger Südraum, die letzten Kriegstage an Mulde und Elbe und die amerikanische Besatzungszeit im Leipziger Südraum

2. Band – 2. Auflage 2011 | Autor Jürgen Möller
Festeinband mit 320 Seiten und 163 Abbildungen

ISBN 978-3-86777-168-9

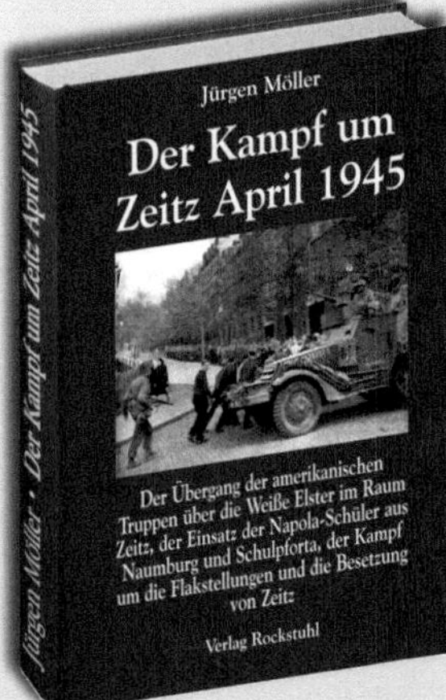

Der Übergang der amerikanischen Truppen über die Weiße Elster im Raum Zeitz, der Einsatz der Napola-Schüler aus Naumburg und Schulpforta, der Kampf um die Flakstellungen und die Besetzung von Zeitz

3. Band – 2. Auflage 2012 | Autor Jürgen Möller
Festeinband mit 240 Seiten und 176 Abbildungen

ISBN 978-3-86777-477-2

in Mitteldeutschland

Der Vorstoß des VII. US Corps
durch das nördliche Eichsfeld, den West, Süd- und Ostharz und die Goldene Aue zur Saale, die Besetzung von Nordhausen, die Befreiung des KZ Dora-Mittelbau und die Zerschlagung des Harzkessels

4. Band – 2. Auflage 2013 | Autor Jürgen Möller
Festeinband mit 352 Seiten und 92 Abbildungen

ISBN 978-3-86777-257-0

Der Vorstoß des VII. US Corps aus dem Raum Sangerhausen zur Saale und Mulde, die Besetzung der Stadt Halle und der mitteldeutschen Industrieregion Dessau – Bitterfeld – Wolfen und die alliierte Besatzungszeit zwischen Harz und Mulde

5. Band – 1. Auflage 2012 | Autor Jürgen Möller
Festeinband mit 332 Seiten und 60 Abbildungen

ISBN 978-3-86777-334-8

Die Besetzung
des mitteldeutschen Chemiezentrums Schkopau – Merseburg – Leuna durch das V. US Corps im April 1945

6. Band – 1. Auflage 2013 | Autor Jürgen Möller
Festeinband mit 224 Seiten und 171 Abbildungen

ISBN 978-3-86777-457-4

Bücher von Jürgen Möller im Verlag Rockstuhl

Reihe „Das Kriegsende in Mitteldeutschland 1945“

1. Band [2010]* - Kampf um Nordthüringen im April 1945 ISBN 978-3-86777-212-9
2. Band [2011] - Kriegsschauplatz Leipziger Südraum 1945 ISBN 978-3-86777-168-9
3. Band [2014] - Kampf um Zeitz im April 1945 ISBN 978-3-86777-477-2
4. Band [2021] - Kampf um den Harz April 1945 ISBN 978-3-86777-257-0
5. Band [2017] - Endkampf an der Mulde 1945 ISBN 978-3-86777-334-8
6. Band [2013] - Flak im Endkampf Leuna 1945 ISBN 978-3-86777-457-4
7. Band [2022] - Kriegsende an Saale und Unstrut 1945 ISBN 978-3-86777-456-7
8. Band [2014] - Die letzte Schlacht Leipzig 1945 ISBN 978-3-86777-687-5
9. Band [2017] - Sturmlauf Werra zur Saale April 1945 ISBN 978-3-86777-647-9
10. Band [2017] - Panzerkeile Thüringer Autobahn 1945 ISBN 978-3-86777-648-6
11. Band [2018] - Durchbruch zur Zwickauer Mulde April 1945 ISBN 978-3-86777-649-3
12. Band [2019] - Der Kampf um die Thüringer Pforte April 1945 ISBN 978-3-95966-109-6
13. Band [2020] - Der Kampf um Weißenfels April 1945 ISBN 978-3-95966-401-1
14. Band [2021] - Kriegsschauplatz Thüringer Wald April 1945 ISBN 978-3-95966-110-2
15. Band [2022] - Kampf um die Thüringer Waffenschmiede April 1945 ISBN 978-3-95966-111-9
16. Band [2023] - Kriegsende im Thüringer Schiefergebirge April 1945 ISBN 978-3-95966-112-6
17. Band [2024] - Sturm auf die Erzgebirgsstellung April 1945 ISBN 978-3-95966-113-3
18. Band [2025] - Das Finale im Erzgebirge April 1945 ISBN 978-3-95966-475-2
19. Band [2026] - Endziel Berlin – Der Stoß zur Elbe 1945 ISBN 978-3-95966-476-9

Spezialausgaben „Das Kriegsende in Mitteldeutschland 1945“

1. Band [2017] - Konzentrationslager Buchenwald Weimar April 1945 ISBN 978-3-95966-274-1
2. Band [2018] - Konzentrationslager Mittelbau-Dora 1945 ISBN 978-3-95966-390-8

Handbuch - Kriegsende Mitteldeutschland 1945 ISBN 978-3-86777-588-5

*****) *Erscheinungsjahr*

Stand MAI 2022